SLOVAK FOR YOU

Slovak for Speakers of English for Beginners and Intermediate Students

by ADA BÖHMEROVÁ

SLOVENČINA PRE VÁS

Slovenčina pre začiatočníkov a stredne pokročilých po anglicky hovoriacich študentov

PERFEKT

SLOVAK FOR YOU (Slovak for Speakers of English for Beginners and Intermediate Students)
SLOVENČINA PRE VÁS (Slovenčina pre začiatočníkov a stredne pokročilých po anglicky hovoriacich študentov)

6ᵗʰ edition
6. vydanie

This textbook of Slovak arose on the basis of teaching Slovak at John Carroll University in Cleveland, USA. Its contents and methodology have been tested and have proved to be effective in teaching Slovak to foreigners in Slovakia as well as abroad. It is recommended for students and teachers of Slovak at universities or other types of schools where the mediating language is English. It is also suitable for self-teaching.

Táto učebnica slovenčiny vznikla na základe vyučovania slovenčiny na Univerzite Johna Carrolla v Clevelande, USA. Jej obsah a metodické postupy boli overené a osvedčili sa v praxi pri výučbe cudzincov na Slovensku i v zahraničí. Odporúča sa pre študentov a učiteľov slovenčiny na univerzitách či iných typoch škôl, kde sprostredkujúcim jazykom je angličtina. Je vhodná aj pre samoukov.

Autor/Autorka	PhDr. Ada Böhmerová, CSc., M. A.
Illustrations/Ilustrácie	Jitka Součková, Miroslav Regitko
Design/Design	Ružena Danayová
Photography/Fotografie	M. Balogová, A. Böhmerová, V. Červený, E. Drobný, M. Dulla, M. Jablonská, O. Koníková, I. Kováčová, J. Sedmák, A. Sládek, T. Woof, J. Zvalo, archív Národnej diaľničnej spoločnosti, a. s.
Reviewers/Lektori	Assist. Prof. Louise B. Hammer, PhD. Prof. PhDr. Ján Horecký, DrSc. Doc. PhDr. Jana Pekarovičová, PhD. PhDr. Heather Trebatická, B. A.
Published by/Vydal:	PERFEKT, a. s. Karpatská 7 811 05 Bratislava SLOVAK REPUBLIC

ISBN 978-80-8046-464-6

BOLCHAZY-CARDUCCI PUBLISHERS
1000 Brown Street
Wauconda, IL 60084
USA
ISBN: 978-0-86516-655-4

Library of Congress Cataloging-in-Publication Data

Böhmerová, Ada.
   Slovak for You: Slovak for speakers of English for beginners and intermediate students = Slovenčina pre vás: slovenčina pre začiatočníkov a stredne pokročilých po anglicky hovoriacich
študentov / by Ada Böhmerová. – 4th revised and extended edition.
   p. cm.
Includes bibliographical references.
   ISBN: 978-0-86516-655-4
   1. Slovak language – Textbooks for foreign speakers – English. I. Title. II. Title: Slovenčina pre vás: slovenčina pre začiatočníkov a stredne pokročilých po anglicky hovoriacich študentov
PG5239.3.E54B64   2006
491.8'782421-dc20

                                                                2006019052

CONTENTS

Preface

More than a decade has now passed since the
idea of writing this textbook arose. It was born
during the first year of my Fulbright lectureship of
Slovak language and culture at John Carroll
University in Cleveland, USA, and exactly ten years
have passed since the textbook was first published.

Originally, it started with the preparation of
materials for my classes of Slovak to suit my
regular full-time university students, as well as the
students in my evening classes, who were mostly
enthusiasts from the Slovak American community
and their family members or friends. Though I was
familiar with the existing textbooks and teaching
materials and their merits, I felt that to make my
native language more available and more
„learner-friendly" for English speakers, it had to
be presented from their linguistic perspective.
Finding that strategy viable and efficient with my
students encouraged me to consider a university
textbook of my own to meet this need.

As I wrote in the original version of this text-
book, it could not have arisen without my students of
Slovak. They were its raison d'être, they were also
the first ones to be exposed to and test its initial
fragments, they were my challenge and constant
inspiration. I owe them a lot of sincere thanks for
a number of interesting ideas and useful comments,
for their encouragement, their patience with the
budding materials and their enthusiasm for Slovak.
John Carroll University and its Department of
Classical and Modern Languages and Cultures
provided not only the roof for our Slovak studies,
but a wonderful atmosphere and overall support,
for which I would like to express my gratitude.

Since returning to Slovakia, I have used the
textbook to teach Slovak at Comenius University,
my alma mater, to visiting foreign students and
professionals working or living in Slovakia. Its
present reviewed, updated and extended version
owes much to their comments and questions. It is
nice to know that the textbook has taken its own
course in life by now, and has been used not only
in the USA, Canada, Britain and Australia, but
also in countries like Finland, Japan, India or
China, where it serves to mediate the Slovak
language to mostly non-native speakers of English.

For the final content and form of the original
as well as this new version of the textbook I owe
special thanks to its reviewers, Assist. Prof. Louise
B. Hammer, PhD., Prof. PhDr. Ján Horecký,
DrSc., and Assoc. Prof. PhDr. Jana Pekarovičová,
PhD., for their careful scrutiny of the text, their
expertise, corrections and valuable contributions.
For suggesting corrections in the English in the
book I owe much gratitude to Mr. Martin Ward
and PhD. Heather Trebatická, B. A. Last but not
least I am thankful to the Perfekt publishers for
not only having trusted my zeal for the project, but
also for all their input presenting my text to its best
advantage, and for supporting, preparing and
launching also the present version.

Finally, I would like to thank my family and
friends, both in Slovakia and in the US, for caring.

Ada Böhmerová

INTRODUCTION

PURPOSE

This textbook of Slovak is designed for all those who are interested in beginning to learn Slovak. Its intention is to provide texts, linguistic information and guidance to university students who are native speakers of English, or speakers of English as a second language, as well as to all those coming from various walks of life who decide to master individually or in Slovak classes the basics of this deep-rooted but modern central European Slavic language. With very special thoughts it is intended also for – and, in many ways above all for – the numerous Slovak Americans and people of Slovak descent in other countries who want to rediscover and revive their Slovak legacy. Last but not least, it is designed to help teachers of Slovak in English-speaking environments.

STRUCTURE

Each of the sixteen chapters contains the introductory text(s), the corresponding vocabulary listing the Slovak words and phrases and their English equivalents, grammatical and lexical patterns and linguistic explanations, and a number of exercises. Depending on the extent and intensity of work, the content of the textbook could be mastered within one or two terms.

TEXTS

The introductory texts were written as dialogs and/or monologs exemplifying the functioning of Slovak, and act as linguistic introductions to the particular basic themes. By their content they provide linguistic and non-linguistic information, as well as stimulate the usage of the language. The texts are in standard Slovak, most of the chosen vocabulary items belonging to the most frequently used words and phrases, but also included are some terms and colloquial expressions commonly used in modern contemporary Slovak. In conceiving the textbook we always bore in mind the need for the communicative naturalness and authenticity of the texts. As a result, the choice of the particular grammatical phenomena present in them was not a governing principle, but was a function of the combination of the communicative needs and possibilities within the given stages of learning the language.

In accordance with a long-standing tradition that has been adhered to by a number of authors of Slovak textbooks both from the United States and from Slovakia, each chapter is concluded by lyrics and music of Slovak songs. Most of them are traditional folk songs that are known and cherished by many Slovaks, and several others included have been composed by Slovak authors.

VOCABULARY

The vocabulary accompanying the texts lists the Slovak words used in them, with their grammatical and, if necessary, communicative characteristics, and, of course, their English equivalents. Usually, only the equivalent concerning the actual meaning of the word or phrase in the particular text is given. If at some point later in the textbook the same word occurs in a different meaning, in the vocabulary of that chapter it is listed again, with only the meaning it has in that particular lesson.

The vocabulary contained in the lessons of the textbook is compiled into a dictionary which forms a separate section of the textbook and lists each lexical item with all its meanings found in the textbook. The vocabulary in the lessons contains some entries presenting only a particular grammatical form of a word if the form occurs before a systemic grammatical presentation concerning the given word. In the final dictionary the same word is presented in its established dictionary form, i.e. the basic form and the systemic lexicographical data.

For the sake of the completeness of the data for reference, the systemic grammatical data are, as a rule, given with each word beginning with the first lesson, and they can be temporarily – so to speak – "disregarded" until they are respectively explained in the textbook. Not included in the dictionary are words used in the textbook only to exemplify some linguistic phenomena (e.g. in the explanations and exercises on rules of pronunciation) and words occurring in the lyrics of songs which as additional vocabulary could be, if necessary, checked in dictionaries.

Explanations of abbreviations and symbols and of the way of presenting each word category are given on p. 5. As the textbook was conceived in an American environment and for users many of whom might be Americans, a number of the English equivalents will be found to be Americanisms.

GRAMMAR

For those users who do not mind grammar and even like it, believing that explanation facilitates language usage and understanding, each chapter offers what is believed to be an explicit and operable account of the chosen linguistic phenomena as they might be viewed from the perspective of a native speaker of English. Stress is laid not on a mere description of the phenomena, but on their contrastive English-Slovak presentation, their explication and on offering as much predictability and transparency as possible. Our intention certainly is not to present a complete grammar of Slovak, but to provide coherent selected grammatical information relevant for the communicative needs of a beginner and intermediate student of Slovak. As the intended users are both academic and non-academic, in view of the latter users some of the explanations are simplified, simple terminology is used, and some phenomena are not presented in their full intricacy.

Grammatically, Slovak is a rather complex language, and some communicative needs can be restricted by this complexity. In view of this the texts were composed in such a way that they both allow for as many communicative functions as possible, but do not confuse or overburden the students with too many grammatical phenomena at one time. The choice of the grammatical phenomena was based on their communicative importance, their frequency and the supposed ease of their acquisition by the speakers of English.

Although the actual passages of grammatical explanations could be found rather extensive, the grammar itself is included in small and systematic steps. The numeric ordering of explanations allows not only for organizing the linguistic information, but also for cross-referencing which, as we hope, might be found useful. Slovak grammar has of course already been handled in both textbooks and monographs (see the Appendix), some of them written in English. However, we believe that in this textbook, in addition to our perhaps throwing some new light on the functioning of Slovak from a supposed perspective of a native English speaker, we have succeeded in making the explanations as explicit as possible and in presenting also some cross-linguistic issues that have not been observed or formulated so far.

Many learners of languages are badly discouraged from learning a language by the very mention of the word grammar and prefer to believe that a language, even outside its natural linguistic environment, can be learned without learning any grammar. If you are in their number and believe in miracles – which, certainly, do happen sometimes – you will probably not choose to go into reading any extensive grammatical explanations. However, you might still like to take a short glance at the sets of basic grammatical forms and patterns which in charts are highlighted in color for your convenience of quick scanning, and we hope that these can facilitate your using Slovak correctly.

EXECISES

The last and quite extensive part of each lesson consists of exercises. They are intended to provide a variety of tasks for receptive but, above all, productive use of the material within the classes as well as within home assignments. They are a guidance for the communicative conversational or written usage of Slovak and for practising the language and its phenomena in various contexts. In designing the exercises, as well as the texts of the lessons, the author found very useful her extensive experience in teaching English as a foreign language to Slovaks at Comenius University, Bratislava, Slovakia, from modern British, American and Slovak textbooks, as well as in being involved in contrastive English-Slovak linguistic research. For extending the contact with Slovak, some simple instructions to the exercises are given in Slovak, while the rest of them are in English. We hope that the illustrations in the textbook can be found a welcome source of inspiration for communication in Slovak.

REALIA

Throughout the textbook, in addition to the linguistic data on which it was focused, there can also be found information on at least some of the basic contemporary Slovak realia, as well as some general data on Slovakia. We believe that in spite of the limitations of the textbook (including its possible extent) it could perhaps be instrumental not only in assisting students in understanding and using Slovak, but also in understanding a bit more about Slovakia.

APPENDIX

For reference and further studies the Appendix contains some additional data. These include: some spelling data; conversion charts of measures and weights; Slovak male and female names in the calendar; Slovak bank holidays and most common religious holidays; updated bibliography of some books on the Slovak language and Slovakia; a brief survey of Slovak history; and the dictionary.

NEW EDITION

This new edition of the textbook has been revised, updated and extended by two chapters. Included in them are texts concerning healthy lifestyle, natural disasters, cars, traffic, and communications in the third millenium. Grammar is extended by two cases, Locative and Dative, and by some word-formative issues.

CD

To help develop listening, pronunciation and oral communicative skills this new edition of the textbook is accompanied by a CD presenting the introductory texts from all the lessons and a number of exercises recorded by native speakers of Slovak. By giving the answers or linguistic solutions, the recorded exercises can serve also as a key to the particular exercises. In addition, recorded are some exercises which are not included in the textbook with the aim to give the students additional chances for further developing and testing their listening skills and oral command of Slovak.

EXPECTED LANGUAGE-ACQUISITION LEVEL

With its approximately 2500 vocabulary items (most of them selected on the basis of their communicative frequency) contained in the texts, basic patterns of the chosen grammatical phenomena and numerous exercises, the textbook is designed to enable the student to understand Slovak and use it in common everyday situations, as well as read and produce texts on a number of currently occurring themes. After studying from it the student can reach an intermediate level of command of Slovak.

We hope this textbook can provide guidance, inspiration and gratification from the efforts invested in learning Slovak. To study a language involves a lot of systematic concerted effort but, as we believe, also a lot of fun. We believe the textbook can offer grounds for both, and to those interested can make the Slovak language and Slovakia more accessible as well as more enjoyable.

ABBREVIATIONS AND SYMBOLS

Abbr	abbreviated	*+Hum*	noun referring to a human
Acc	accusative case	*–Hum*	noun not referring to a human
+ Acc	requiring to be followed by accusative case	*Imper*	imperative mood
		Inf	infinitive
Adj	adjective	*Infml*	informal
Adv	adverb	*Instr*	instrumental case
+Anim	noun referring to an animate being	*Interj*	interjection
		Loc	locative case
–Anim	noun referring to an inanimate phenomenon	*M*	masculine gender
		Mod	modal verb
BE	British English	*N*	neuter gender
C	hard consonant	*Nom*	nominative case
Č	soft consonant	*Nondecl*	nondeclinable
Coll	colloquial	*NP*	non-perfective verb
Dat	dative case	*P*	perfective verb
F	feminine gender	*Pers*	person (in conjugation)
Fml	formal	*Pl*	plural number
Gen	genitive case	*Sg*	singular number
(+ Gen)	potentially (if used as transitive verb) requiring to be followed by genitive case	*[ ]*	brackets enclosing pronunciation

COLORS

TEXTS

EXCERCISES

VOCABULARY

GRAMMAR

USEFUL PHRASES

METHOD OF VOCABULARY DATA PRESENTATION

NOUNS:

1	2	3	4	5	6
profesor,	-a;	-i,	-ov	*M*	(male) professor
kniha,	-y;	-y,	kníh	*F*	book
auto,	-a;	-á,	áut	*N*	car
deň,	dňa;	dni,	dní	*M*	day

1. basic form – nominative singular,
2. ending or form of genitive singular
3. ending or form of nominative plural
4. ending or form of genitive plural
5. gender
6. English translation

ADJECTIVES AND RELATED WORDS

1	2	3	4
pekný	-á, -é	*Adj*	nice
ktorý,	-á, -é		which
môj,	**moja, moje**		my; mine

1. basic form – masculine nominative singular
2. endings or forms of feminine and neuter
3. *Adj* indicates the word category of adjectives, With pronous the word category is not indicated, as it can be deduced from the English translation.
4. English translation

Notes:
a) When the adjective has regularly formed feminine and neuter endings and corresponds to an English adjective, the endings are not given.

b) As a rule, feminine gender form ends in -á/a/ia and neuter gender form in -é/e/ie, e.g. pekná, pekné; krásna, krásne; cudzia, cudzie; for more details see rules in 4.1.

c) Possessive, indefinite, interrogative and negative pronouns having the same or analogous forms as adjectives are listed with their feminine and neuter endings or forms.

VERBS:

1	2	3	4	5	6
čítať,	-am,	-ajú		*NP*	*(+ Acc)*
vidieť,	-ím,	-ia;	*Past* videl	*NP*	*(+ Acc)*
mať,	mám,	majú		*NP*	*+ Acc*
písať,	píšem,	píšu		*NP*	*(+ Acc)*
prísť,	prídem,	prídu;	*Past* prišiel	*P*	

1. basic form – infinitive
2. 1st person singular present tense
3. 3rd person plural present tense
4. past tense (listed only when irregular or not quite transparently predictable)
5. perfective *(P)* or non-perfective *(NP)* verb
6. requires (or potentially requires if intransitive) to be followed by the particular case or cases. Usually only the cases occurring in the texts of this textbook are listed.

Imperative:

1	2
čítaj/čítajte	(*Imper of* **čítať**)

1. 2nd person Sg – informal
2. 2nd person Pl; 2nd person Sg – formal

For the formation of the imperative see 10.3.

Oslovenie a pozdravy

pán Horák
pani Horáková
pani Eva
slečna Mária
Katarína
Peter
otec
mama
pán doktor
pani doktorka
pán profesor
pani profesorka

Dobré ráno!
Dobrý deň!
Dobrý večer!
Dobrú noc!

Dovidenia!
Zbohom!
Ahoj!
Ahojte!
Čau!
Nazdar!
Servus!

pán Horák

slečna Nováková

Peter

slečna Mária

pán Taylor

SLOVNÍK

a and

abeceda, -y; -y, abecied *F* alphabet

ahoj *(Infml Coll greeting between two friends; used also between children and teenagers)* hi; bye

ahojte *(Pl of **ahoj**; used in the same situations as ahoj, but when greeting more than one person)* hi; bye

angličtina, -y; -y, angličtín *F* English language

cesta, -y; -y, ciest *F* trip; road

cvičenie, -ia; -ia, -í *N* exercise

čau/te *(Infml Coll greeting, used mostly by young people)* hi; bye

čítaj/te *(Imper of **čítať**)* read

čítať, -am, -ajú *NP + Acc* to read sth

ďakovať, ďakujem, ďakujú *NP (+ Dat + za + Acc)* to thank sb for sth

ďakujem (I) thank (you/sb)

deň, dňa; dni, dní *M* day

dobré ráno *N* good morning

dobrú chuť *F* bon appétit

dobrú noc *F* good night

dobrý *Adj* good

dobrý deň *M* greeting during daytime *(not in the evening or at night; compare to Australian "good day")*

dobrý večer *M* good evening

doktor, -a; -i, -ov *M* male doctor

doktorka, -y; -y, -riek *F* female doctor

dovidenia see you, good-bye

fráza, -y; -y, fráz *F* phrase

lekcia, -ie; -ie, -ií *F* lesson

mama, -y; -y, mám *F (Infml)* mom

Zdvorilostné frázy

Nech sa páči./Prosím.
Ďakujem.
Prosím.

Dobrú chuť!
Ďakujem. Podobne.
Ďakujem.

Na zdravie!
Na zdravie!

Na zdravie!
Ďakujem.

Šťastnú cestu!
Ďakujem.

1.1 SLOVAK ALPHABET – Slovenská abeceda

		dĺžeň		*prehláska*		*mäkčeň*	
A a	Adam, auto	Á á	Ábel, áno	ä	mäso		
B b	Betka, brat						
C c	Cyril, cesta					Č č	Čína, prečo
D d	Dana, dom					Ď ď	Ďuro, meď
Dz dz	Dzurilla, bryndza					Dž dž	džús
E e	Eva, pero	É é	Éter, pekné				
F f	Filip, film						
G g	Gabriel, gitara						
H h	Helena, hora						
Ch ch	Chorvát, chlapec						
I i	Ivan, pivo	Í í	Ír, víno				
J j	Ján, ja						
K k	Katarína, káva						
L l	Ladislav, lampa	ĺ	vĺča			Ľ ľ	Ľuda, ľad
M m	Mária, mama						
N n	Nórsko, noc			*vokáň*		Ň ň	ňuch, dlaň
O o	Oto, otec	Ó ó	óda, gól	Ô ô	ôsmy, kôň		
P p	Pavol, pán						
Q q	Quaker, aqua						
R r	Róbert, dobrý	ŕ	vŕba				
S s	Stanislav, syn					Š š	Šariš, náš
T t	Tatry, toto					Ť ť	Ťahanovce, ťažký
U u	Urpín, ruka	Ú ú	Úbrež, úhor				
V v	Viera, voda						
W w	Walter, watt						
X x	Xénia, xerox						
Y y	Yveta, ty	Ý ý					
Z z	Zita, vozí					Ž ž	Žilina, žena

1.1.1 Reading the Letters of the Slovak Alphabet (as represented by Slovak spelling)

A	– á	H	– há	N	– en	U	– ú
B	– bé	Ch	– chá	O	– ó	V	– vé
C	– cé	I	– í	P	– pé	W	– dvojité vé
D	– dé	J	– jé	Q	– kvé	X	– iks
E	– é	K	– ká	R	– er	Y	– ypsilon
F	– ef	L	– el	S	– es	Z	– zet
G	– gé	M	– em	T	– té		

1.1.2 Comments on the Slovak Alphabet

1.1.2.1 Printed letters are basically the same in Slovak as in English. For both the letters of the Latin alphabet are used.

1.1.2.2 However, some Slovak letters have the so-called diacritical marks or diacritics above or to the right side of them, and these diacritics change the phonetic (i.e. sound) quality of the letters. There are the following diacritical marks in Slovak:

´ dĺžeň – length mark: á, é, ó, í, ý, ú; í, ŕ; Á, É, Ó, Í, Ý, Ú; note that long í and ŕ do not have counterparts in capital letters;

ˇ ’ mäkčeň – palatalization mark; the phonetic value of its two graphical variants is the same; their distribution in printed texts is conventionally conditioned by the shape of the letters (ˇ for „low" letters and capitals, ’ for „tall" letters): e.g. ň, Ď, š, Č, ď, ľ, ť;

^ vokáň – occurs only with ô and changes its pronunciation into [wo]: kôň, ôsmy, nôž;

¨ prehláska – occurs only with ä. In literary and formal Slovak it is pronounced as [ae], otherwise as [e]: mäso, päť. Capital Ä can be found only in foreign words or names. In foreign words or names this diacritical mark can occur also with other vowels (e.g. ö, ü).

1.1.2.3 dz, dž – though being characters of the Slovak alphabet, are usually not enumerated within it. Similarly, usually left out in conventional enumeration are long vowels and consonants, the soft consonants ď, ľ, ň, ť and sometimes also the letter w.

1.1.2.4 q, w, x occur only in foreign words, e.g. aqua, whisky, taxík...

1.1.2.5 Letter Charts

Vowels

Short Vowels:	a, e, i/y, o, u, ä
Long Vowels:	á, é, í/ý, ó, ú
Diphthongs:	ia, ie, iu, ô

Consonants

Voiced:	b, d, ď, dz, dž, g, h, z, ž, v
Voiceless:	p, t, ť, c, č, k, ch, s, š, f
Voiced Unpaired:	m, n, j
Voiced Syllabic:	a) Short: l, r
	b) Long: ĺ, ŕ
Without "mäkčeň":	c, d, dz, l, n, s, t, z
With "mäkčeň":	č, ď, dž, ľ, ň, š, ť, ž

nazdar *(slightly old-fashioned)* hello; bye
na zdravie 1. to your health, cheers
2. God bless you *(to sb who is sneezing)*
nech sa páči 1. here you are
2. *(when offering sth)* please
3. after you
noc, -i; -i, -í *F* night
odpovedať, -ám, -ajú *NP* to answer
odpovedz/te *(Imper of* **odpovedať***)* answer
oslovenie, -ia; -ia, -í *N* addressing sb
otec, -a; otcovia, otcov *M* father
pán, -a; -i, -ov *M* Mr; sir; gentleman
pani, -i/-ej; -i/-ie, paní *F* Mrs; lady, madam
podobne the same (to you)
pozdrav, -u; -y, -ov *M* greeting

Note 1: The above letters also occur as capital letters (see 1.1), except for ä, long í and ŕ which only occur as small letters.

Note 2: For the division of consonants into hard, soft and neutral see 2.2.

1.2 READING AND PRONUNCIATION
Čítanie a výslovnosť

1.2.1 Stress

1.2.1.1 In Slovak stress is on the first syllable and it is not very marked (the stressed syllable is underlined here): ruka, demokratický, Bratislava, Slovensko. In Slovak stress is independent of the length of vowels: ráno, volá, veselý.

1.2.1.2 Some monosyllabic words are not stressed (unless they are the bearers of contrastive emphasis). Among these unstressed words are:
a/ monosyllabic conjunctions:
a (and), aj (also, too), i (and), že (that);
b/ monosyllabic personal pronouns in their so-called enclitic, i.e. short form, the stress being on the word preceding them:
ma, ťa, ho, mi, ti, mu;
c) forms of the auxiliary verb byť:
som, si, je, sme, ste, sú.

1.2.1.3 As in Slovak prepositions are mostly pronounced together with the following word (i.e. non-syllabic and mono-syllabic prepositions), syllabic prepositions are the bearers of stress and the word that follows them is not the bearer of stress:
pred domom, za korunu, pre slečnu.

1.2.2 Relationship of Letters and Sounds

1.2.2.1 In Slovak the spelling is phonetic, i.e. there is a relatively regular and predictable relationship (except for foreign words) between letters and sounds.
In English the relationship of spelling to pronunciation is historical, conventional and hence synchronically rather unpredictable, the same letters being read differently in different words, e.g.
drought/draught, pink/pine, I read/I have read, some/home, daughter/laughter.

1.2.2.2 As a rule, in Slovak one letter regularly corresponds to one and the same sound:
zem, rak, noha, dym.

1.2.2.3 However, there are the following exceptions to the above (see 1.2.2.2):
a) ô, q, x, being single letters, are pronounced as two sounds each, i.e. [wo], [kv], [ks] respectively:
nôž, quartz, fax;
b) dz, dž, ch, being two-letter characters, are pronounced as one sound each:
bryndza, džem, chyba;
c) in foreign words the original spelling can be preserved: juice, show; however, borrowed words can also have their Slovak, assimilated spelling: džús, šou;
d) the regular pronunciation of some consonants can be influenced by their voiced or voiceless environment within assimilation and assibilation (for more details see 2.3), e.g.
s bratom [z bratom], vstaň [fstaň].

1.2.2.4 d, l, n, t are pronounced as palatalized (soft) if followed by -e, -i, -í, -ia, -ie, -iu in non-foreign words, e.g.

deti, vidí, deň, letí, nič, neviem, ticho, platím, divadlo, nízky, diaľka, liať, dieťa, niekto, paniu.

1.2.2.5 However, there are the following exceptions in which the consonants *d, l, n, t* followed by *-i, -í or -e* are read as hard ones:

a) the pronouns: *ten* (that), *tento* (this), (and their gender and case forms, e.g. *tej, títo, tieto,* etc.);

b) the words: *jeden* (one), *žiaden* (none), *teda* (hence), *teraz* (now), *vtedy* (then), *slečna* (Miss);

c) case endings of adjectives or words declined like adjectives, e.g.
peknej, jednej, šiestemu, pekní, desiateho;

d) in derived words in which the prefix ends in *-d* followed by *-i/í: predizba, predísť, odísť,* etc.;

e) in some names: *Tibor, Dita, Tereza, Martin;*

f) of course (as also follows from 1.2.2.4 above), no palatalization occurs in foreign words, whether proper names, e.g. *Denisa, Leonard, Denver, Nero,* or generic words (not proper names) of foreign origin (that have not become phoneticaly assimilated), e.g. *demokracia, telepatia, liberál, termín, technika, matematika, kozmetika, terapia, študent, neón, idea, teória, displej* etc.

1.2.2.6 *v* occurring in a word after a vowel or after *r* in the same syllable is pronounced as English *w:*
spev, krivda, domov, krv.

1.2.3 Vowels

1.2.3.1 Slovak vowels differ from English vowels.

1.2.3.2 The Slovak vowels *a, e, i/y* (the latter are graphical variants of the same sound), *o, u* are more tense than their English counterparts. In their pronunciation this actually (in a simplified form) means the following:

a is pronounced with more open lips:
Adam, Alena, Dana;

e, i/y are pronounced with more horizontal stretching of lips:
vedel, Peter, vina, kino, tenis, ryby;

o, u are pronounced with more rounded lips:
dom, oko, zub, dub.

1.2.3.3 The above (see 1.2.3.2) also applies for the long vowels *á, é, í/ý, ó, ú* which are pronounced as longer in comparison with their short counterparts:
ráno, pekné, víno, nový, rybí, sóda, vedú.

1.2.3.4 As length of vowels can differentiate words, it is important to differentiate between short and long vowels in Slovak pronunciation, e.g.

mam (delusion), *mám* (I have); *pani* (lady), *páni* (gentlemen); *dom* (house), *dóm* (cathedral); *sud* (barrel), *súd* (trial; court house), *babka* (grandma), *bábka* (puppet); *rad* (line), *rád* (glad; religious order; award).

1.2.3.5 *ä* in literary formal Slovak is pronounced as [ae], otherwise as [e]: *päsť, zmätok.*

1.2.4 Diphthongs

1.2.4.1 *ia, ie, iu, ô* are the four Slovak diphthongs. They are pronounced in the way that by English spelling could be represented as: *ia* [ya], *ie* [ye], *iu* [yu], *ô* [wo in swop], and, in addition, they are pronounced as more tense: *viac, piatok, viem, vietor, cudziu, psiu, nôž.*

1.2.4.2 With regard to length, Slovak diphthongs count as long vowels.

1.2.5 Consonants

1.2.5.1 The pronunciation of most Slovak consonants is practically identical with English consonantal sounds (though some of them having different spelling in each language), namely:

b	*bol, byt, bábika*	
č	*čaj, číta, čin*	(in English spelled as *ch*)
dž	*džem, džez, džavot*	(„ *j*)
f	*film, fit, fajn*	
g	*gágať, gunár, gombík*	
j	*ja, moja, jedlo*	(„ *y*)
m	*mama, myš, dom*	
n	*noha, sen, nový*	
s	*syn, sova, sito*	
š	*škola, šaty, štýl*	(„ *sh*)
v	*víno, voda, dva*	
x	*fax, xerox, Xénia*	
z	*zima, zuby, rezať*	
ž	*žena, žaba, ryža*	(„ *zh* in Zhivago)

1.2.5.2 *j, q, w* are pronounced differently from the way these letters are pronounced in English. Their Slovak pronunciation could graphically be represented in English as [y], [kv] and [v] respectively, e.g. *jama, aqua, watt.*

1.2.5.3 The following Slovak consonants differ from their English counterparts:

a) *d, k, p, t* are not aspirated in Slovak, i.e. they are not accompanied by the [h] sound:
dom, Dánsko, veda; kino, Katka, kilo; pero, Peter, pivo; tona, tenis, Betka;

b) *h* is pronounced with more "force":
hora, noha, hala;

c) *l* is not pronounced as "dark", i.e. not with the tongue-tip turned backwards, but forwards:
láska, lom, hala;

d) *r* is "trilled", i.e. similar to its pronunciation in Scottish or Irish English: *ryba, rana, drevo;*

e) *l, r* can be syllabic in Slovak, i.e. in combination with another consonant/other consonants they can form syllables:
vlk, vrt, vlna, Štrba, žlna, trpí.

---

preložiť, -ím, -ia *P* do (into) +*Gen* (+ *Acc* sth) to translate
prelož/te (*Imper of* **preložiť**) translate
preložte do angličtiny/slovenčiny translate into English/Slovak
profesor, -a; -i, -ov *M* (male) professor
profesorka, -y; -y, -riek *F* (female) professor
prosím 1. here you are
  2. *(when offering sth)* please
  3. *(in response to* ďakujem; *in Slovak it is impolite not to say anything)* you are welcome
  4. after you
  5. please
prosiť, -ím, -ia *N P + Acc* to ask sb
ráno, -a; -a, rán *N* morning
servus *(old-fashioned; used by older people)* hello; bye

1.2.5.4 Slovak has the following consonants which do not exist in English:

a) *ď, ľ, ň, ť* are palatal ("soft"). They are pronounced not by touching the roof of the mouth with the tip of the tongue, but with the flattened front part of the tongue behind its tip:
meď, Ďuro, ľan, peľ, dlaň, tona, ťuká, ťava;
this palatalization also occurs in the cases of *d, l, n, t* followed by *i/í, e, ia, ie, iu* (see also 1.2.2.4 above). However, these sounds can be found in some variants of English, e.g. in dew, lure, new, lune.

b) *ĺ, ŕ* which are long and (similarly to *l, r*) syllabic (see 1.2.5.3 e):
vĺča, tĺcť, kŕč, hŕba, vŕta, kŕmi;

c) *c* which is pronounced as [ts] in very quick succession:
cena, vec, citrón;

d) *dz* which is pronounced as [dz] in very quick succession:
hrádza, nevädza;

e) *ch* which is pronounced similarly to *h*, but with the back of the tongue approaching the back part of the roof of the mouth:
chata, chyba, chlieb.

1.3 FEMININE SURNAMES – Ženské priezviská

1.3.1 Feminine surnames can have the following forms:
a) *-ová* is the most frequently occurring suffix and it is added to the male family surname:
Novák – Nováková
Pekár – Pekárová
The final *-a* is dropped before adding *-ová*:
Mrkvička – Mrkvičková

b) If the surname is lexically an adjective in Slovak, *-ová* is not added. Instead, the final masculine adjectival ending *-ý/-y, -í/-i* is changed into the feminine adjectival ending *-á/-a* (the short vowel is used only when the syllable preceding the ending is long):
Veselý – Veselá, Vážny – Vážna

c) Foreign feminine surnames usually also take *-ová*:
Kelleová, Streisandová, Nagyová

1.4 PÁN, PANI AND SLEČNA

1.4.1 The words *pán* and *pani* are polite references to adults, *slečna* is a reference to an unmarried young girl or woman. They are used with last names, degrees and professions, but often also with first names. In contrast to the speakers of English, the Slovaks do not use these with their own names.

slečna, -y; -y, -čien *F* miss, young lady, unmarried woman
slovenčina, -y *F* Slovak language
slovník, -a; -y, -ov *M* vocabulary; dictionary
šťastnú cestu *F* have a nice trip
šťastný *Adj* happy
učebnica, -e; -e, učebníc *F* textbook
večer, -a; -y, -ov *M* evening
zbohom good-bye
zdvorilostný *Adj* polite, concerning politeness *(used only with inanimate nouns)*

1.4.2 Note that *pán* and *pani* are capitalized only at the beginning of sentences or statements, e.g.
Pán Novák nie je doma. Doma je pán Starý.

1.4.3 The above words can also serve to address strangers. If used without a name, *pane* is used, which is the vocative case of the word *pán*. E.g.
Prepáčte, pane, kde je tu banka? (Excuse me, (sir), where is the bank here?)
Pani and *slečna* do not change their form in this usage, e.g. *Prepáčte, pani/slečna.*

1.5 DOKTOR, DOKTORKA, PROFESOR, PROFESORKA

1.5.1 The words *doktor, doktorka* refer to a medical doctor and/or to the bearer of an academic title.

1.5.2 If the words *doktor, doktorka* refer to an academic title only, as a rule the Slovak bearers of these titles do not use them when introducing themselves. The same also applies for *profesor, profesorka.*

1.5.3 When addressing a doctor or professor, in Slovak, in contrast to English, the title is preceded by *pán* or *pani* (*slečna* is not used), e.g. *pán doktor, pani profesorka.* To address a person as e.g. *profesor* or doktorka only would be impolite.

1.5.4 When referring to a third person, in polite or formal conversation the words *pán* and *pani* are used, too, e.g.
Je tam pán profesor Brown. Má to pani profesorka.

1.5.5 When somebody is both a Doctor and a Professor, in Slovak the latter is used when addressing the person:
Pán profesor Slivka (Prof. PhDr. Jozef Slivka, PhD.).

1.6 GENDER – Rod

1.6.1 Slovak nouns have one of the 3 grammatical genders: masculine *M*, feminine *F* and neuter *N*.

These are relevant for their case forms and gender concord. As the gender is not „natural" but grammatical, it has to be learned together with each noun.

1.6.2 In the vocabulary of this textbook we indicate the gender of each noun by *M, F* and *N* respectively (for gender predictability see 5.2). We also present the relevant case forms which are important for the pattern type and declension of each noun, and which constantly characterize each noun. The vocabulary presents the basic nominative case singular form, then the ending or form of the genitive singular; after the semicolon the nominative plural, and the last form is the genitive plural, e.g.
večer, -a; -y, -ov *M*
mama, -y; -y, mám *F*
ráno, -a; -a, rán *N*

The case forms themselves will be studied only later, in the following chapters. However, for the sake of the completeness and systemic character of the vocabulary data, we present their basic forms with each word beginning in the first chapter already (for guidance on the vocabulary presentation see p. 5).

1.6.3 With adjectives we present in the dictionary their masculine form (see p. 5). As a rule, the feminine ends in *-á/a/ia* and the neuter in *-é/e/ie*, e.g.
šťastný *M*, -á *F*, -é *N*, **cudzí** *M*, -ia *F*, -ie *N*
(for more details see 4.1).

CVIČENIA

I. Čítajte, prosím:

(This and the following pronunciation exercises are aimed only at reading, hence the meanings of the words are neither given nor required to be identified or learned.)

- oko, okno, dom, dóm, domov, vodovod, bod, ráno, noc, Karol, Róbert, tony, tóny, Tono, Toronto, hotovo, okolo, Oregon, Európa, Slovensko
- mama, sama, ráno, máme, mame, rána, rana, kabát, noha, padá, rády, rady, pas, pás, hlava, jama, dáma, pani, pán, páni
- baví, robí, číta, vina, vína, viní, mína, kiná, ryby, rybí, zimy, myši, myší, uši, vlasy, syčí, vozy, vozí, nosy, nosí, činy, Čína, sily, šili, syry, závislý, rýdzi, milý
- duša, ruža, žaba, rub, rúb, zub, kus, vezú, Zuzana, zuby, pulz, haluz, núdza, Turecko, Luxemburg, Utah
- kôň, nôž, vôl, vôbec, tôňa, dôvod, pôvod, kôš, tobôž, rôsol, kôpor, bôľ, kôra, stôl, pôsobí, rôzny
- viac, diaľka, piatok, sviatok, Vianoce, vidia, riad, riadi
- viem, sieť, dielo, piesok, vietor, miesto, pieseň, Viedeň, biely, svieti, lieta, piest, tieň, niečo, kvietok
- cudziu, väčšiu, menšiu, lepšiu, staršiu

II. Čítajte:

- tuto, tento, totálny, tenis, tričko, treba, tráva, tri, traja, trón, tradícia, trochu, Nitra, Prešov
- dom, dym, doba, Dana, Dušan, dobre, dva, dáva, doma, dúha, dodá, háda, rada, Dunaj
- kino, kilo, káva, kúpi, kam, kedy, kto, kolo, kapusta, kakao
- pero, pivo, pán, pani, Peter, preto, práca, pije, spí, právo, potom, popol, stop
- bubon, bábika, byt, bál, bol, treba, slabý, bar, brat, bonbón, býk, bosý, chrbát, báseň

III. Prosím, čítajte:

- ryba, rak, ráno, dobre, dobrý, večer, prosím, premiéra, príroda, robí, robota, poriadok, prúd, trúba, vrčí, hrči, Paríž, Rím, Praha, Amsterdam, Rakúsko, Rumunsko, Bardejov, Bratislava, Stará Turá, Trenčín, Trnava, Ružomberok, Poprad
- vlna, plný, slnko, hlboký, hĺbka, dĺžka, dlhý, trpí, tŕpne, vŕzga, hŕba, kŕdeľ, kĺzačka, vĺča, vŕta, stĺp, kĺb, kŕmiť, mŕtvy, bŕ

- chyba, chorý, strach, prach, duch, chlap, chlapec, páchnuť, pochvala, chudák, charakter, chór, chlór, chabý, chata
- cena, vec, cibuľa, citrón, Cyril, Cecília, ocot, celý, otec, celkom, cval, práca, cvik, cvičenie, vrabec, chlapec, umelec
- Čína, čaj, čas, čačky, počasie, pečiem, koláč, čaro, čo, čie, čomu, plač, tečie, stačí
- fax, xerox, xylofón, Xaver, box, extra, prax
- za dom, pred dom, pri škole, pod mostom, od mamy
- život, džavot, šaty, šije, hrádza, šum, plaší, smaží, džem
- spev, hnev, dievča, krv, div, vplyv, vplyvný, dav, splav, prv, prví, novší, stav

IV. Čítajte, prosím:

deti, dedo, delo, telo, divý, nedeľa, neviem, dediť, ďaleko, ten, ťava, ťahať, otec, teória, ťažký, titul, niť, ňuchať, dlaň, kôň, ľavý, leží, ľúbiť, laň, jeden, tento, ľad, laď, ľadový, hlad, vtedy, nikto, nikdy, nemá, slečna, dedí, hodí, hody, hady, hadí, Detva, Devín, ďakujem

V. Give the corresponding feminine surnames:

Novák, Kováč, Rybár, Horák, Baláž, Nový, Vážny, Veselý, Šťastný, Starý, Široký, Polák, Moravčík, Hora, Pravda, Smith, Wilson

VI. Odpovedzte:

Dobrý deň.
Ahoj.
Na zdravie.
Dobrú noc.
Šťastnú cestu.

VII. What greetings would you use in Slovak:

1. in the morning
2. during the day
3. in the evening?

VIII. Odpovedzte, prosím:

1. How would you wish somebody well in Slovak?
2. What do you say in Slovak when you offer something to somebody?
3. What do you say in Slovak when somebody sneezes?
4. How do you address people in Slovak?
5. Do you wish anything in Slovak to somebody who is eating or going to eat?
6. How would you bid farewell in Slovak?
7. Above what letters can you find ˇ and ¨ in Slovak?

IX. Preložte do angličtiny:

1. Nech sa páči.
2. Ahojte.
3. Na zdravie.
4. Šťastnú cestu!
5. Dovidenia.
6. Zbohom.
7. Servus.

X. Correct the following:

1. Dobrý chut.
2. Podobne.
3. Ďakujem, páni doktorka.
4. Dobré večer.
5. Dobrý noc, slečna Maria.

XI. Say and write down what the characters in the following situations would say:

XII. Fill in:

1. Dobrú.....................
2. .... zdravie!
3. Dobrý.........................
4. .... cestu!
5. Dobré ....
6. .... chuť!
7. pani................................. (doctor)
8. pani................................. (professor)

XIII. Learn the following proverb:

*Všade dobre,
doma najlepšie.*

(East or west, home is best.)

XIV. Learn the following song: ▶

Tancuj, tancuj...

Tan-cuj, tan-cuj, vy-krú-caj, vy-krú-caj, len mi piec-ku
ne-zrú-caj, ne-zrú-caj, dob-rá piec-ka na zi-mu, na zi-mu,
ne-má kaž-dý pe-ri-nu, pe-ri-nu. Tra-la-la-la, tra-la-
la-la la la la la la la la la la. la la la la.

Stojí vojak na varte, na varte,
v roztrhanom kabáte, kabáte.
Od večera do rána, do rána,
rosa naňho padala, padala.

Prvé rozhovory

Pán Horák: Dobrý deň.
Slečna Nováková: Dobrý deň.
Pán Horák: Ako sa máte, slečna Nováková?
Slečna Nováková: Ďakujem, dobre.
A vy, pán Horák?
Pán Horák: Ďakujem, tiež dobre.
Slečna Nováková: Dovidenia.
Pán Horák: Dovidenia.

Peter: Ahoj, Mária.
Mária: Ahoj, Peter.
Peter: Ako sa máš?
Mária: Ďakujem, dosť dobre. A ty?
Peter: Bohužiaľ, nie veľmi dobre.
Mária: Prečo?
Peter: Lebo zajtra mám skúšku.
Mária: Tak veľa šťastia. Ahoj.
Peter: Ahoj.

Pán Mrkvička: Dobré popoludnie, pani Veselá.
Tak ako?
Pani Veselá: Ďakujem, chvalabohu, celkom
dobre. A vy?
Pán Mrkvička: Jaj, nie dobre. Mám chrípku.
Pani Veselá: Už dlho?
Pán Mrkvička: Už tri dni.
Pani Veselá: Ajajaj. No, všetko dobré. Dovidenia.

Pán Mrkvička: Dovidenia.
Pán Sokol: Dobrý deň, pán Straka.
Pán Straka: Dobrý deň.
Pán Sokol: Vitajte.
Pán Straka: Ďakujem. Ako sa máte?
Pán Sokol: Ja dobre. Ale ako sa máte vy?
Pán Straka: Ďakujem, dobre. Len som trochu
unavený. Je to dlhá cesta. Ale som rád,
že som už tu.
Pán Sokol: Nech sa páči, sadnite si.
Pán Straka: Ďakujem. Máte pekný dom.
Pán Sokol: Ďakujem. Prosíte si kávu, čaj alebo whisky?
Pán Straka: Prosím si kávu.
Pán Sokol: Moment. Nech sa páči, káva.
Pán Straka: Ďakujem. A kde je pani Sokolová?
Pán Sokol: Nie je doma. Je v práci.
Ale o chvíľu je tu.
Pán Straka: Prepáčte, prosím, máte cukor?
Pán Sokol: Áno, nech sa páči, cukor je tam.
Pán Straka: Ďakujem. Káva je veľmi dobrá, silná.
Pán Sokol: Fajn. Som rád, že ste tu.

SLOVNÍK

ako sa máš? how are you? *(addressed to a person with whom one is on informal terms)*
ako sa máte? how are you? *(addressed to more than one person, or to one with whom one is on formal terms)*
ale but
áno yes
bohužiaľ unfortunately
byť, som, sú; Past bol *NP* to be
celkom quite
cukor, cukru *(usually only Sg) M* sugar
čaj, -u; -e, -ov *M* tea
číslo, -a; -a, čísel *N* number
číslovka, -y; -y, -viek *F* numeral

desať ten
deväť nine
dlho for a long time
dlhý *Adj* long
dobre *Adv* well, fine
dobré popoludnie *N* good afternoon
dobré predpoludnie *N* good morning *(used during later morning hours till noon)*
dom, -u; -y, -ov *M* house
dosť sufficiently, quite
druhý second (in sequence)
dva two
fajn all right, fine
chrípka, -y; -y, chrípok *(usually only Sg) F* flu, influenza;
mám chrípku I have the flu

2.1 CARDINAL NUMERALS 1 – 10
Základné číslovky 1 – 10

číslo	číslovka	číslo	číslovka
0	nula		
1	jeden	6	šesť
2	dva	7	sedem
3	tri	8	osem
4	štyri	9	deväť
5	päť	10	desať

2.2 MORE ON SLOVAK SPELLING
Ešte o slovenskom pravopise

2.2.1 *i/y* and *í/ý* are in Slovak positional graphical variants only (see also 1.2.3.2), and the pronunciation of each pair of these variants is the same, i.e. [i] and [í] respectively.

2.2.1.1 The distribution of *i/y* and *í/ý* in principle depends on the preceding consonant, on its being soft, hard or neutral, e.g.:
dym, divý, chyba, cibuľa, nohy, deti, etc.

2.2.1.2 As to the opposition *soft – hard* the Slovak consonants are divided into:

Soft:	c,	dz,	j	and	all	with	mäkčeň
Hard:	d,	g,	h,	ch,	k,	l,	n, t
Neutral:	b,	f,	m,	p,	r,	s,	v, z

2.2.1.3 *i/y* and *í/ý* are distributed according to the following basic rules:
a) *-i/-í* is written after soft consonants, or after those which are pronounced as soft, i.e. palatals:
cit, hrádzi, vecí, bojí, stojí; čin, živý, šije; divý, ticho, deti, nič;
b) *-y/-ý* is written after hard consonants, e. g.:
nohy, hýbe, chyba, chýba, vlaky, taký, dym, chudý, rany, ranný, ty, dotýka.

2.2.1.4 The distribution of *i/y* and *í/ý* does not depend on the preceding consonant in the following instances:
a) when the spelling is governed by the form of the grammatical ending (suffix), e.g.:
pekný (Adj M Nom Sg), pekní (Adj M Nom Pl);
b) when the word is a foreign one, in which case the foreign spelling can be preserved:
kilo, kybernetika, chirurg, bicykel, civil, história, hystéria, nihilizmus, nymfa, titul, etc.
In these instances the presence of *i/í* or *y/ý* is not caused by the rules of Slovak spelling, but by the spelling in the foreign source of borrowing. The spelling of foreign words can also depend on the degree of their assimilation in Slovak, e.g. the English word *team* can be spelled as *team* or *tím.*

2.2.1.5 Neutral consonants, i.e. *b, f, m, p, r, s, v, z* potentially allow for the writing of either *i/í* or *y/ý,* their distribution in the particular words being conditioned historically and traditionally. Examples:
biť, byť, fičí, harfy, myš, milý, pije, pyšný, hríb, ryba, sivý, syn, vidí, vysoký, zima, jazyk.
In Slovak elementary schools the children learn lists of words, the so-called „*vybrané slová*" (selected words), in which *y/ý* is written after these consonants. To exemplify them, let us present here the list of Slovak words in which *y* is written after *b:*
by, aby, byť, bystrý, Bystrica, Bytča, byt, nábytok, bydlisko, bývať, príbytok, dobytok, obyčaj, kobyla, býk.
In the Appendix to this textbook (see p. 122) a complete list of „*vybrané slová*" is presented.

2.2.1.6 In grammatical endings the distribution of *i/í, y/ý* depends on the given grammatical pattern or paradigm. Examples:
slabý (Adj M, Nom Sg), slabí (Adj M, Nom Pl), stoly (Noun M, –Hum Nom Pl), bolí (Verb Pres 3rd Sg), dvory (Noun M, –Hum Nom Pl), doktori (Noun M, +Hum Nom Sg).

2.3 MORE PRONUNCIATION RULES
Ďalšie pravidlá výslovnosti

2.3.1 The pronunciation of some letters can be influenced by voicing assimilation, i.e. by the change caused by a voiced or voiceless environment.

2.3.1.1 With regard to their being voiced or voiceless, Slovak consonants are divided into the following groups:

voiced unpaired:	j, l, ľ, ĺ, m, n, ň, r, ŕ
voiced paired:	b, d, ď, dz, dž, g, h, v, z, ž
voiceless paired:	p, t, ť, c, č, k, ch, f, s, š

2.3.1.2 With assimilation the following changes take place:
a) (paired) voiced consonants devoice in word-final position:
dub [dup], *obed* [obet], *voz* [vos];
b) the last consonant in a cluster determines voicing:
1. *hladká* [hlatká], *všade* [fšade], *ťažko* [ťaško], *vzpierač* [fspierač], where *d, v, ž, vz* become devoiced before the voiceless consonant;
2. *kde* [gďe], *nikdy* [ňigdi], where *k* becomes voiced before the voiced consonant.

Rule b) also applies to words in contact, i.e. sounds at the end of one word and at the beginning of the following word, e.g.

1. *z práce* [spráce], *bez toho* [bestoho], *plod stromu* [plotstromu]; but *z domu* [zdomu], *bez boja* [bezboja], *plod jablone* [plodjabloňe], where devoicing (see 2.3.1.2 a)) does not occur because of the following voiced consonant;
2. *s bratom* [zbratom], *dnes doma* [dnezdoma].

2.4 PERSONAL PRONOUNS
Osobné zámená

2.4.1 In Slovak there are nine personal pronouns, five for singular and four for plural. Out of these 3rd person singular has three forms and 3rd person plural 2 forms.

chvalabohu fortunately, thank God/goodness
chvíľa, e; -e, chvíľ *F* a (little/short) while; **o chvíľu** in a (short) while
ja I, me
jaj(!) *(expressing pity or displeasure; in other cases also a reaction to pain or to being frightened)* wow (!)
je *(3rd Pers Sg of byť);* (he/she/it) is
káva, -y; -y, káv *F* coffee
kde where
lebo because
len only, just
mať, mám, majú *NP* to have
moment, -u; -y, -ov *M* moment; just a moment
my we, us
naučiť sa, -ím sa, -ia sa *P + Acc* to learn sth
nauč/te sa *(Imper of naučiť sa)* learn

ja	I	my	we
ty	you	vy	you
on	he	oni	they (M +Anim)
ona	she	ony	they (M –Anim, F, N)
ono	it		

2.4.1.1 *ty* is used as a reference to a person with whom we are on informal terms: *Mária, ty máš zajtra skúšku?*

2.4.1.2 *vy* is used either as a plural reference (to more than one person), or to a person with whom we are on formal terms:
Vy máte chrípku, pán profesor?

2.4.1.3 *on* (he), *ona* (she), *ono* (it) are used as pronoun references to the respective three genders.

2.4.1.4 As has already been mentioned (see 1.6), gender in Slovak is not a "natural" category, but a grammatical one. As a result, e.g. inanimate nouns can be of any of the three genders, cf.:
stôl (table) *M, stolička* (chair) *F, okno* (window) *N*.
Similarly, nouns referring to animate beings do not necessarily have the gender logically corresponding to their sex, cf.
dievča (girl) *N, chlapčisko* (derogatory for boy) *N, ryba* (fish, both male and female) *F.*
Consequently, pronominal references are used according to the gender, not the sex, nor according to the opposition animate-inanimate. Hence, e.g. *dievča – ono, chlapčisko – ono.*
The gender has to be learned with each noun. For gender predictability see 5.2.

2.4.1.5 *ony* is used as a reference to *M –Anim, F* and *N*. However, it tends to be declining in use and is often replaced by *oni.*

2.4.1.6 In Slovak, personal pronouns are mostly dropped because the verbal endings express the categories of person and number.

2.4.1.7 Personal pronouns are sometimes preserved in initial statements, and usually preserved when they need to be communicatively stressed or contrasted. Cf:
Ja som Peter Nový. Som profesor.
Oni sú z Clevelandu. Sú Američania.
My sme zo Slovenska. My nie sme Američania. Oni sú Američania.

2.5 BYŤ – To Be

2.5.1 The verb *byť* is irregular and two different roots, i.e. *s-* and *j-*, are used for its present tense conjugation:

	byť				Negation: nebyť		
Sg			Pl		Sg		Pl
(ja)	**som**	I am	(my)	**sme**	we are	(ja)	**nie som**	(my)	**nie sme**
(ty)	**si**	you are	(vy)	**ste**	your are	(ty)	**nie si**	(vy)	**nie ste**
(on)	**je**	he is	(oni)	**sú**	they are	(on)	**nie je**	(oni)	**nie sú**
(ona)	**je**	she is	(ony)	**sú**		(ona)	**nie je**	(ony)	**nie sú**
(ono)	**je**	it is				(ono)	**nie je**		

2.5.1.1 The form *si* of the verb *byť* is used within an informal relationship to the addressee:
Peter, si unavený?

2.5.1.2 The form *ste* of the verb *byť* is used as a plural form, or within a formal relationship to the addressee, e.g.
Ste tu, Peter a Mária? Ste unavený, pán Novák?

2.5.1.3 Note that *si* is homonymous with the reflexive formant *si*, e.g.
Ty si tu?
Prosím si kávu. (see also 2.8)

2.5.1.4 After the demonstrative pronoun the choice of 3rd Pers Sg or Pl depends on whether the noun that follows is in Sg or Pl:
To je môj doktor. – To sú moji doktori.
The same also applies for concord with other verbs.

2.5.1.5 The conjugated forms of the verb *byť* are negated with the help of the negative particle *nie* placed before the appropriate verbal form, e.g.
On nie je profesor.

2.5.1.6 The infinitive form of the verb *byť* is negated with the help of the negative prefix *ne-*. Hence, in Slovak Hamlet´s famous statement reads:
Byť či nebyť, to je otázka.

2.6 MAŤ – To Have

2.6.1 The verb *mať* is conjugated in the following way:

	mať					Negation: nemať			
Sg			Pl			Sg		Pl	
(ja)	**mám**	I have	(my)	**máme**	we have	(ja)	**nemám**	(my)	**nemáme**
(ty)	**máš**	you have	(vy)	**máte**	you have	(ty)	**nemáš**	(vy)	**nemáte**
(on)	**má**	he has	(oni)	**majú**	they have	(on)	**nemá**	(oni)	**nemajú**
(ona)	**má**	she has	(ony)	**majú**		(ona)	**nemá**	(ony)	**nemajú**
(ono)	**má**	it has				(ono)	**nemá**		

2.6.1.1 *mať* is negated with the help of the negative prefix *ne-* (this prefix is also used to negate all other verbs except the conjugated forms of *byť*):
Nemá dom.

2.6.1.2 Note that the root vowel is short in the infinitive and the 3rd person plural: *mať, majú*, while in other forms it is long.

2.6.1.3 The reflexive verb *mať sa* is conjugated the same way as *mať*, e.g. *Mám sa dobre. Aj on sa má dobre.*

2.7 ABSENCE OF ARTICLES
Neexistencia členov

2.7.1 Slovak does not have any articles (counterparts of the English *a, an, the*) accompanying nouns:
a/the new car – *nové auto*
an/the old house – *starý dom*
a/the good student – *dobrý študent*.

2.7.2 In some contexts the English *a/an* can be translated by the numeral *jeden/jedna/jedno* (one) or by an indefinite pronoun, e.g. *nejaký/nejaká/nejaké* (some):
There is a student there. – *Je tam jeden/nejaký študent.*

2.7.3 In some contexts the English *the* can be translated by the demonstrative pronouns *ten/tá/to* (that) *tí/tie* (those), e.g.
The doctor is tired. – *Ten doktor je unavený.*
Tá doktorka je unavená.

2.8 REFLEXIVE FORMANTS SA, SI
Zvratné formanty sa, si

2.8.1 In Slovak there are two reflexive formants (often called reflexive pronouns), *sa* and *si*. They take the second "slot" (syntactic member position) in the sentence:

1	2		1	2	
Máme	**sa**	**dobre.**	**My**	**sa**	**máme dobre.**
Prosíte	**si**	**kávu?**	**Vy**	**si**	**prosíte kávu?**

Notice that the first syntactic member can be composed of several words, e.g.

	1		2
Nový americký profesor		*sa*	*má dobre.*

(where *nový americký profesor* counts as one syntactic member, in this case the subject).

2.8.2 The reflexive formants *sa* and *si* are used with all grammatical persons of reflexive verbs (i.e. verbs of which the reflexive formants are a part in the Slovak vocabulary), e.g.
Mám sa dobre. Majú sa dobre. Peter si prosí kávu. My si prosíme kávu.

2.8.3 Reflexive formants can be dropped in responses, e.g.

Máte sa dobre?	*Mám.*
Prosíte si kávu?	*Áno, prosím.*
	Nie, neprosím.

2.8.4 Verbs with reflexive formants are conjugated the same way as the corresponding verbs without these formants, e.g.

Učím matematiku.	I am teaching mathematics.
Učím sa matematiku.	I am studying/learning mathematics.

2.9 WORD ORDER – Slovosled

2.9.1 The word order in Slovak often has the same pattern as in English, i.e. **subject, predicate (verb), object**. However, **Slovak word order is relatively free**, which is in contrast to English, this being due to the fact that in Slovak grammatical endings mark the words as to their syntactic roles (nominative case marks the subject, other cases the object(s) of the sentence). Consequently, in Slovak the roles of the words can be identified in spite of the free word order:

Peter píše otcovi. Otcovi píše Peter. – both meaning: Peter writes to (his) father.

Otec píše Petrovi. Petrovi píše otec. – both meaning: Father writes to Peter.

(see also 10.1.0 and 10.1.1)

2.9.2 The actual word order is influenced by functional sentence perspective, i.e. by what we want to present as new or important information, and what we want to stress:
Peter píše otcovi. – Peter writes to (his) father.
Peter otcovi píše. – *To father Peter writes/is writing. Peter does write to (his) father.

Otcovi píše Peter. – Peter writes to father.
It is Peter who writes to father.
Otcovi Peter píše. – Peter does write to father.
*To father Peter does write.

Note: Sentences marked with * are possible, but not very probable.

2.9.3 Adjectives, as a rule, precede the nouns which they modify:

Adj	Noun
dobrý	*deň*
pekná	*pieseň*

2.9.4 However, in your later studies of Slovak you will find that adjectives can follow the nouns which they modify:
a) in terminology, above all in botanical and zoological nomenclature:
fialka trojfarebná (heartsease, wild pansy)
mucha domáca (domestic fly);
b) in poetry and song lyrics:
dievča krásne (beautiful girl)
láska sladká (sweet love).

2.10 QUESTION FORMATION – Tvorenie otázok

2.10.1 In Slovak, questions are formed in one of the following ways:
a) by inversion (using predicate-subject word order), e.g.:

*Peter **je** doma.*	*Mama **má** čas.*
***Je** Peter doma?*	***Má** mama čas?*

b) with the help of question words, e.g.:

Ako	*sa máte?*
Kde	*je pani Sokolová?*

c) by question intonation only, without any word order changes:

Peter sa má dobre? Pán Straka je doma?

2.11 RESPONSES TO YES-NO QUESTIONS Odpovede na zisťovacie otázky

2.11.1 The basic positive response is *áno*, the basic negative response is *nie*:

Prosíte si kávu?	*Áno.*
Prosíte si cukor?	*Nie.*

nie 1. no *(as a sentential negative response)*
2. not *(with the conjugated forms of the verb* byť *or with non-verbal negation)*
no well, so *(a hesitation or a contact word)*
odpoveď, -e; -e, í *F* (na + *Acc*) answer (to sth)
o chvíľu in a (little/short) while
on he
ona she
oni they
ono it
ony they *(referring to F, N; M –Anim)*
osem eight
otázka, -y; -y, otázok *F* question
päť five
pekný *Adj* nice, nice-looking, pretty

pieseň, -sne; -sne, -sní *F* song
poludnie, -ia; -ia, -í *N* noon
popoludnie, -ia; -ia, -dní *N* afternoon
porekadlo, -a; -á, -diel *N* proverb
práca, -e; -e, prác *F* work
prečo why
predpoludnie, -ia; -ia, -dní *N* time between (early) morning and noon
prepáčiť, -im, -ia *P* to excuse
prepáč/te *(Imper of* **prepáčiť***)* excuse (me/us)
prosím si I would like (to have); *(asking for something)* please
prosiť si, -ím si, -ia si *NP + Acc* to be asking for sth/sb
prosíte si kávu? would you like coffee?
rád, rada, rado; radi glad
rozhovor, -u; -y, -ov *M* dialogue

2.11.2 A polite response often contains also at least the verb (or verbal part of the predicate), e.g.:

Prosíte si kávu?	*Nie, neprosím.*
Je Mária doma?	*Áno, je.*
Je Peter unavený?	*Nie, nie je.*

2.11.3 Of course, the answer can also have the form of a complete sentence, e.g.:

Je Peter unavený?	*Áno, Peter je unavený.*

2.12 RESPONSES TO AKO SA MÁŠ/MÁTE?
Odpoveď na *Ako sa máš/máte?*

2.12.0 English *How are you?* is translated as *Ako sa máš?* when addressing one person with whom we are on informal terms, and *Ako sa máte?* when addressing more persons or one person with whom we are on formal terms, i.e.

How are you?	*Ako sa máš?*	*Sg Infml*
	Ako sa máte?	*Pl or Sg Fml*

2.12.1 The usual responses are:
Ďakujem, dobre.
Ďakujem, celkom/dosť dobre.
In colloquial style the response can be:
Ďakujem, fajn.

2.12.2 Although the basic linguistic situation in these responses is the same in both English and Slovak, there are the following communicative differences:

a) The English *How are you?* is sometimes used as the end of a greeting – a mere contact phrase to which no answer is expected and/or given except for the same *How are you?* The Slovak *Ako sa máš/máte?* is not the end of the greeting but the beginning of a conversation, however short it might be. An answer is always expected after it – it would be rude not to say anything in response, or „respond" by *Ako sa máš/máte?*

b) In contrast to English, in Slovak in informal situations the response is more governed by sincerity than sheer politeness. Hence the responses often are:

Ďakujem, nie (veľmi) dobre.
Bohužiaľ, dosť zle.

(not only when speaking e.g. to a doctor), etc. This can also be due to a preference of understatment in this response. Actually, responses like:

Ďakujem, výborne. (Great, thank you.)

are used only when something unusually good has happened, or ironically, or else they are conceived of as too optimistic or even boastful.
These attitudes to the responses in Slovak are also governed by the fact that a standard positive answer (conventional and communicatively unmarked) does not have to be a stimulus for conversation, while a negative or over-positive answer tends to stimulate it.

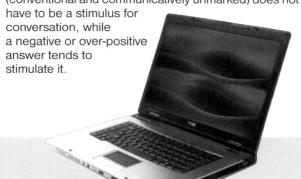

CVIČENIA

Exercises I, II and III are aimed only at reading, not at checking or learning the meanings.

I. Čítajte, prosím:

zub, kozub, správa, vták, plod, včela, hlad, sme, s baletkou, z kina, nikdy, bodka, druh, dokáž, bez, bež, odváž, chod, choď, zrod, pravda, krivda, z práce, bez čoho, pre koho, hrad, sklad, haluz, stav, bravčový, krvný, dievča

II. Čítajte, prosím:

- lebo, leto, lenivý, len, hole, do vôle, list, lístie, ligot, ľavý, ľad, bôľ, laň, ľanový, ľud, ľudový, lepí, letí, lev, Paľo, Ľuda, Leonard, Ľudo, Ľudovít
- tenký, tesný, teta, telo, tetiva, tebe, ťava, tieň, ďateľ, ďatelina, deň, jeden, teoretický, ťažký, ťahať, ťarcha, ťukať, dediť, háďa, ďaleko, mať, mater, Teodor, Tereza, Terchová, Tekov, Bardejov
- neviem, nerozumiem, nič, niť, sníva, dane, nehnuteľnosť, nikdy, nihilizmus
- vrčí, trčí, treba, tri, tráva, ráno, ryba, kapor, rak, tára, ráta, kára, rachot, rozbor, tvorba, súper, super, Štrbské Pleso
- vŕba, tŕň, kŕč, hŕstka, trpká, vŕta, kŕdeľ, vŕzga, stŕpnuť, bŕ
- kĺb, stĺp, hĺbať, Sĺňava, dĺžka, hĺbka, vzbĺknuť
- box, tenis, basketbal, futbal, golf, hokej, volejbal, karate, gymnastika, parašutizmus
- taxík, auto, autobus, univerzita, počítač, anekdota, šou, fit, hit, hotdog, bilbord, hazard, biznis, telefón, televízor, video, videokamera, mobil

III. Explain why the following words are spelled with *-i/-í* or *-yl-ý*:

hady, cibuľa, chyba, stojí, cit, čit, žito, vozy, vozí, hovädzí, taký, sila, syn, rany, raní, roky, kilo, ty, deti, život.

IV. Odpovedzte:

1. When would you use „*Ako sa máš?*" and when „*Ako sa máte?*"?
2. When could you use „*vy*" for one person?
3. When would you use „*Vitaj!*" and when „*Vitajte!*"?
4. Do „*prepáč*" and „*prepáčte*" mean the same?

---

sadni/te si *(Imper of* **sadnúť si***)* sit down
sadnúť si, sadnem si, sadnú si; *Past* sadol si *P* to sit down
sedem seven
si *(2nd Pers Sg of* **byť***)* (you *Sg*) are
silný *Adj* strong, hefty
skúška, -y; -y, -šok *F* examination, exam;
   mám skúšku I have an exam
sme *(1st Pers Pl of* **byť***)* (we) are
som *(1st Pers Sg of* **byť***)* (I) am
som rád/rada/rado I am glad
ste *(2nd Pers Pl of* **byť***)* (you *Pl*) are
sú *(3rd Pers Pl of* **byť***)* (they) are
šesť six
šťastie, -ia; -ia, -í *N* happiness; (good) luck
tak *(a hesitation or contact word to begin a statement)* well, so

V. Čítajte telefónne čísla:

397 4371, 569 2418, 338 4295, 011 427 339 294, 155, 157

VI. Odpovedzte, prosím:

1. Ako sa máte?
2. Ste rád, že ste tu?
3. Máte chrípku?
4. Máte pekný dom?
5. Máte doma cukor?
6. Prosíte si kávu?
7. Ste unavený?
8. Máte zajtra skúšku?
9. Ste Peter?
10. Kde je Peter?
11. Ste milionár?
12. Ste šťastný?

VII. Fill in:

1. Ako ... máš? 2. Bohužiaľ, ... dobre. 3. Už tri dni ... chrípku. 4. Som ... unavená. 5. Ale som ..., že som tu. 6. Nech ... páči, káva. 7. Je to ... cesta. 8. Káva je ... 9. Nie som doma, som v ... 10. Prosíte ... cukor?

VIII. Change the following statements, using all the personal pronouns in turn:

(ja) nie som unavený
(ja) mám skúšku
(ja) som profesor
(ja) nemám kávu
(ja) mám sa dobre
(ja) som doma
(ja) nie som v práci

IX. Give short answers.

Example:
Otázka: *Máš čas?*
Odpoveď: *Nie, nemám.*
1. Ste doma? 2. Ste na Slovensku? 3. Ste v USA? 4. Máte sa dobre? 5. Ste unavený? 6. Prosíte si čaj? 7. Máte doma cukor? 8. Máte doma whisky? 9. Máte dom? 10. Máte mercedes? 11. Máte šťastie?

X. Preložte do angličtiny:

1. Veľa šťastia.
2. Už štyri dni mám chrípku.
3. Sadnite si.
4. Som rád, že som tu.
5. Nech sa páči.
6. Vitajte.
7. Šťastnú cestu.
8. Zbohom.
9. Prosíš si cukor?
10. Je mama doma?
11. Otec nemá čas.

XI. Correct the following sentences:

1. Ako máš sa?
2. Fšetko dóbre.
3. Som trohu unavený.
4. Neh sa pačí.
5. Dovídenja.
6. Pani Nováková, máš skúšku?
7. Ja nesom Peter.

XII. Preložte do slovenčiny:

unfortunately, fortunately, answer, song, quite, because, work, why, numeral, where, examination, flu, a bit/little, welcome, tomorrow, to learn, excuse me, tired, also, everything

XIII. Form sentences from the following words:

1. mať sa, ja, dobre
2. čaj, dobrý, je, to
3. byť, pieseň, to, pekný
4. šťastie, ona, mať
5. profesor, on, byť
6. si, kávu, prosiť, vy

XIV. Change the following sentences into negative ones:

1. Som profesor. 2. Otec je unavený. 3. Mama sa má dobre. 4. Eva má chrípku. 5. Zajtra mám skúšku. 6. Mám kávu. 7. Sú doma. 8. Je popoludnie. 9. Mária je šťastná. 10. Tu je cukor.

---

tak ako? well, how are you? *(in style and tone similar to "how are you doing?")*
tam there
tiež also, too
tri three
trochu a bit, a little
tu here
ty *(2nd Pers Sg Infml)* you
unavený *Adj* tired
už already, yet
už tri dni for three days already/now *(už is usually not placed at the end of the sentence or statement)*

veľa šťastia (lots of) good luck
veľmi very
vitaj(!) welcome *(to somebody with whom we are on informal terms)*
vitajte(!) welcome *(to two or more persons, or to somebody with whom we are on formal terms)*
všetko everything, all
všetko dobré all the best; best wishes
vy you *(also a formal address to one person)*
whisky *(Nondecl) F* whisky
zajtra tomorrow
že that *(relative conjunction)*

XV. Ask somebody in Slovak to do the following:

please, sit down
read
translate
answer

XVI. Napíšte rozhovory:

1. Greet your friend Katka, ask her how she is and say goodbye. Wish her good luck.
2. Mária and Mr. Novák meet in the morning. They are both fine.
3. Jozef and Peter meet in the afternoon. Peter is fine, Jozef is not, he has an exam tomorrow. Peter wishes him good luck.
4. Your friend meets you in the evening. He is fine, but you are not. Tell him why. Offer him something to drink. Ask him where Mária (his wife) is. Tell him that Eva (your wife) is at work. But in a while she will be (in Slovak use the present tense) at home.
5. Your father comes to visit you. Welcome him, ask him how he is, and offer him a seat and coffee.
6. Make a toast to a professor, wish him a nice journey and good luck.

XVII. What would the characters say in the following situations:

XVIII. Naučte sa porekadlá:

Aký otec, taký syn.
Aká matka, taká Katka.

(Like father, like son.)

XVIII. Naučte sa pieseň: ▶

Jedna ruža, dve ruže

Jed - na ru - ža, dve ru - že,
dve ru - žič - ky čer - ve - né,
kto - že bu - de,
mo - je líč - ka čer - ve - né?
kto - že bu - de boz - ká - vať
hej,

2. Bozkával ich Janíček, ale už ich nebude,
/: hej, akože ťa, akože ťa, duša má, akože ťa zabudnem?:/

Stretnutia a rozhovory

Pani Široká: Dobré ráno, pani doktorka.
Doktorka Hrušková: Dobré ráno, pani Široká. Tak ako sa máte dnes?
Pani Široká: Bohužiaľ zle, pani doktorka. Zas to srdce.
Doktorka Hrušková: Dobre, pani Široká. Tu je, prosím, liek.
Pani Široká: Ďakujem pekne, pani doktorka. Tak dovidenia.
Doktorka Hrušková: Dovidenia.

Muž: Dobrý deň. Je tu, prosím, voľné miesto?
Žena: Dobrý deň. Áno, je. Nech sa páči, sadnite si.
Muž: Ďakujem. Ja som Vlk.
Žena: Teší ma. Ja som Zajacová. Ste z Bratislavy?
Muž: Nie, som z Nitry. Idem domov. A vy ste odkiaľ, pani Zajacová?
Žena: Ja som zo Žiliny. Tam máme dom. Žilina je pekné mesto.

Pán Starý: Dobrý deň. Mám už, prosím, fotografie na vízum hotové?
Pani Nová: Dobrý deň. Ako sa, prosím, voláte?
Pán Starý: Á, prepáčte. Ja som Starý. Volám sa Ján Starý.
Pani Nová: Počkajte, prosím, pán Starý. Áno, už sú hotové. Nech sa páči.
Pán Starý: Ďakujem. Čo platím?
Pani Nová: Dvesto korún.
Pán Starý: Nech sa páči, tu sú peniaze.
Pani Nová: Ďakujem.
Pán Starý: Dovidenia.
Pani Nová: Dovidenia. A šťastnú cestu.

Mária Krátka: Dobrý deň. Prepáčte, je tu, prosím, profesor Slivka?
Profesor Slivka: Ja som profesor Slivka. Prepáčte, vy ste kto?
Mária Krátka: Ja som Mária Krátka. Som slovenská študentka. Som zo Žiliny. Toto je Peter Young. Je z USA.
Peter Young: Dobrý deň, pán profesor. Ja som americký študent. Študujem tu slovenský jazyk. Teraz budem váš študent.
Profesor Slivka: Vitajte.
Peter Young: Ďakujem, pán profesor.
Profesor Slivka: Odkiaľ z USA ste?
Peter Young: Som z Clevelandu.
Profesor Slivka: Ste tu dlho?
Peter Young: Nie, jeden mesiac.
Profesor Slivka: Tak veľa šťastia.
Peter Young: Ďakujem. Dovidenia.
Profesor Slivka: Dovidenia.

SLOVNÍK

á *Interj* oh
ako sa voláš? what is your name? *(Sg within an informal relationship)*
ako sa voláte? what is your name? *(Pl; or Sg within a formal relationship)*
americký *Adj* American
blízko *Adv* near, nearby
budem *(Future Tense of byť)* I will be
čas, -u; -y, -ov *M* time
čo what
čo platím? how much is it? *(literally: "how much do I pay?")*
ďakujem pekne thank you very much
ďaleko *Adv* far

deväťdesiat ninety
devätnásť nineteen
dlho (for a) long time
dnes today
do + *Gen* to, into
do kina to the movies/cinema
doma at home
domov home *(direction)*
doobeda *Adv* before noon
doplniť, -ím, -ia *P* + *Acc* to fill in
doplň/te *(Imper of doplniť)* fill in
dvadsať twenty
dvanásť twelve
dvesto two hundred
dvesto korún two hundred crowns

Telefonát

Ferko: Haló! Dobrý deň. Tu Fero.
Mama: Haló! Prosím? Prepáčte,
   nerozumiem. Kto je tam?
Ferko: Tu Fero. Je, prosím,
   Katka doma?
Mama: Áno, je. Moment.
   Katka, máš telefón.
Katka: Haló, prosím?
Ferko: Ahoj, Katka. Tu Fero. Ako sa máš?
Katka: Dobre. A ty?
Ferko: Fajn. Máš čas?
Katka: Prečo?
Ferko: Poď do kina.
Katka: Kedy?
Ferko: Teraz.
Katka: Dobre.
Ferko: Tak čau v kine.
Katka: Čau.

Hotel

Pán Taylor: Prepáčte, prosím, kde je hotel Lux?
Muž: Tu vľavo. Nie je ďaleko. Je veľmi blízko.

Recepcia

Pán Taylor: Dobrý večer.
Recepčná: Dobrý večer. Prosím?
Pán Taylor: Je tu rezervovaná izba na tri noci
   na meno Samuel Taylor? Som z USA.
Recepčná: Moment. Áno, mám to. Nech sa páči.
   Je to izba č. 213. Je tam aj WC, kúpeľňa,
   teplá a studená voda, telefón a televízor. Dobre?
Pán Taylor: Áno, dobre.
Recepčná: Prosím si váš pas, pán Taylor. Potrebujem jeho číslo.
Pán Taylor: Nech sa páči.
Recepčná: Ďakujem. A toto je váš kľúč. Dobrú noc.
Pán Taylor: Dobrú noc.

Kedy?

ráno	in the morning
predpoludním; doobeda	before noon
na poludnie; na obed	at noon
popoludní; poobede	in the afternoon
večer	in the evening
v noci	at night
teraz	now
potom	then
dnes	today
zajtra	tomorrow

fajn well, fine
fotografia, -ie; -ie, -ií F photograph; **fotografia na vízum**
   visa photograph
haló hallo
hotel, -a; -y, -ov M hotel
hotový Adj ready, finished
idem (1st Pers Sg of **ísť**) I am going
idem domov I am going home
ich their(s)
ísť, idem, idú NP to go
izba, -y; -y, izieb F room
jazyk, -a; -y, -ov M language
jedenásť eleven
jeho (M/N Possessive Pronoun) his; its

jej her(s)
kedy when
kino, -a; -á, kín N movies, cinema;
   v kine at/in the movies/cinema
kľúč, -a; -e, -ov M key
koruna, -y; -y, korún F crown (Slovak monetary unit)
kto who
kto je tam? who is calling?; who is there?, who is it?
kúpeľňa, -ne; -ne, -ní F bathroom (the toilet is usually
   not part of it)
liek, -u; -y, -ov M medication, medicine
máš telefón you have a telephone/telephone call
matka, -y; -y, matiek F (slightly Fml) mother
meno, -a; -á, mien N name; first name

3.1 HANDWRITING – Písmo písané rukou

3.1.1 Although so far this has not been acknowledged in textbooks of Slovak, there are considerable differences between Slovak and English handwriting. These can lead to difficulties in reading handwritten texts, or even to misinterpretation or illegibility, and cause obstacles above all in personal correspondence and in hand-written documents.

3.1.2 Therefore, this textbook, for the sake of demonstration, comparison, and correct usage or reading presents the standard Slovak handwriting as taught at Slovak schools and, along with it, the American handwriting (see p. 23) as taught at American elementary schools (the latter from Bowman/Noble: Handwriting, Bowman/Noble Publishers, Inc.).

SLOVAK HANDWRITING

a	*a*	A a	*ako, mama, Adam*	ako, mama, Adam
B	*b*	B b	*byť, dobre, Brezno*	byť, dobre, Brezno
C	*c*	C c	*celý, ulica, Cyril*	celý, ulica, Cyril
D	*d*	D d	*dom, študent, Devín*	dom, študent, Devín
E	*e*	E e	*leto, je, Eva*	leto, je, Eva
F	*f*	F f	*film, telefón, Filip*	film, telefón, Filip
G	*g*	G g	*gajdy, liga, Gabčíkovo*	gajdy, liga, Gabčíkovo
H	*h*	H h	*hotový, noha, Helena*	hotový, noha, Helena
Ch	*ch*	Ch ch	*chvíľa, trochu, Choč*	chvíľa, trochu, Choč
I	*i*	I i	*idem, nič, Irena*	idem, nič, Irena
J	*j*	J j	*jem, moja, Ján*	jem, moja, Ján
K	*k*	K k	*kedy, pekná, Katka*	kedy, pekná, Katka
L	*l*	L l	*len, malý, Levoča*	len, malý, Levoča
M	*m*	M m	*mám, doma, Mária*	mám, doma, Mária
N	*n*	N n	*naša, dnes, Nitra*	naša, dnes, Nitra
O	*o*	O o	*ona, sto, Orava*	ona, sto, Orava
P	*p*	P p	*prosím, teplý, Poprad*	prosím, teplý, Poprad
Q	*q*	Q q	*quarz, aqua, Quebeck*	quarz, aqua, Quebeck
R	*r*	R r	*ráno, prepáč, Rožňava*	ráno, prepáč, Rožňava
S	*s*	S s	*som, mesto, Slovensko*	som, mesto, Slovensko
T	*t*	T t	*tam, otec, Trenčín*	tam, otec, Trenčín
U	*u*	U u	*už, musím, Uh,*	už, musím, Uh
V	*v*	V v	*voda, dva, Viera*	voda, dva, Viera
W	*w*	W w	*watt, Walter*	watt, Walter
X	*x*	X x	*xerox, box, Xavier*	xerox, box, Xavier
Y	*y*	Y y	*my, syn, Yvona*	my, syn, Yvona
Z	*z*	Z z	*zima, raz, Zuzana*	zima, raz, Zuzana

1 2 3 4 5 6 7 8 9 10 1 2 3 4 5 6 7 8 9 10

mesiac, -a; -e, -ov *M* month; moon
mesto, -a; -á, miest *N* town; city
miesto, -a; -a, miest *N* seat; place
milión, -a; -y, ov *M* (one) million
môj, moja, moje my; mine
muž, -a; -i, -ov *M* man; (Infml) husband
na meno in the name
na obed at noon
na poludnie at noon
nerozumieť, -iem, -ejú; *Past* nerozumel *NP* not to understand
odkiaľ where from
osemdesiat eighty
osemnásť eighteen
pas, -u; -y, -ov *M* passport
päťdesiat fifty

pätnásť fifteen
pekne *Adv* nicely
pekný *Adj* nice, pretty, handsome
peniaze, peňazí *(only Pl)* money
platiť, -ím, -ia *NP* to pay
po anglicky *Adv* (in) English
po slovensky *Adv* (in) Slovak
počkať, počkám, počkajú *NP (+ Acc)* to wait (for)
poď/te *(Imper of ísť)* come
poobede in the afternoon
popoludní in the afternoon
potom then
potrebovať, -buje, -bujú *NP + Acc* to need
povedať, poviem, povedia; povedz *P* to say

3.1.3 Of course, in addition to the differences in the two standards of handwriting presented above, there also occur individual differences making the situation still more complicated cross-linguistically. As to American handwriting, let us now present what are considered *handwriting demons* in American individual handwriting (from *Bowman/Noble*, p. 42):

AMERICAN HANDWRITING

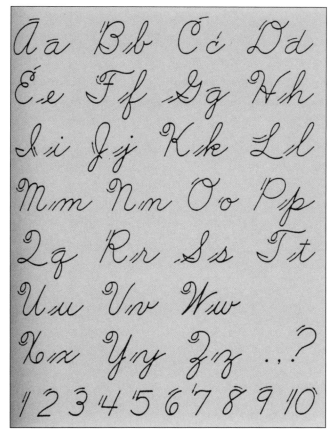

Handwriting Demons	Wrong	Right
1. a like o		
2. a like u		
3. a like ci		
4. b like li		
5. d like cl		
6. e closed		
7. h like li		
8. i like e with no dot		
9. m like w		
10. n like u		
11. o like a		
12. r like i		
13. r like half n		
14. t like l		
15. t with crossbar above		
Numeral Demons		
A. 5 like 3		
B. 6 like 0		
C. 7 like 9		

English   *Slovak*

3.1.4 As you may have noticed, interestingly enough, some of the samples of *demons* in American handwriting currently occur in the standard or individual handwriting of many Slovaks.

3.1.5 As to the American and Slovak standard handwritings, please note the most striking differences:

povedz/te *(Imper of* **povedať***)* say
predpoludním before noon
prepáčiť, -im, -ia *P + Dat* (sb) *+ Acc* (sth) to excuse
prepáč/te *(Imper of* **prepáčiť***)* excuse me
príklad, -u; -y, -ov *M* example
prosím? 1. *(when answering the phone)* hallo?
      2. *(when not understanding or hearing something well)* pardon me?
recepcia, -ie; -ie, -ií *F* reception *(office in a hotel)*
recepčná/recepčný *F/M* receptionist (female/male)
rozumieť, -miem, -mejú; *Past* rozumel *NP* to understand
sedemdesiat seventy
sedemnásť seventeen
Slovensko, -a *N* Slovakia
srdce, -a; srdcia, sŕdc *N* heart

sto one hundred
stretnutie, -ia; -ia, -í *N* meeting
studený *Adj* cold
šesťdesiat sixty
šestnásť sixteen
štrnásť fourteen
študent, -a; -i, -ov *M* (male) student
študentka, -y; -y, študentiek *F* (female) student
tá *F* that
ten *M* that
televízor, -a; -y, -ov *M* television set
teraz now
telefón, -u; -y, -ov *M* telephone; *(Coll)* telephone call; **máš telefón** you have a phone call
telefonát, -u; -y, -ov *M* telephone call

3.2 CARDINAL NUMERALS 11 AND ABOVE
Základné číslovky od 11 vyššie

3.2.1 The following table lists cardinal numerals from 11 above:

11 jedenásť		
12 dvanásť	20 dvadsať	21 dvadsaťjeden
13 trinásť	30 tridsať	.
14 štrnásť	40 štyridsať	46 štyridsaťšesť
15 pätnásť	50 päťdesiat	.
16 šestnásť	60 šesťdesiat	.
17 sedemnásť	70 sedemdesiat	72 sedemdesiatdva
18 osemnásť	80 osemdesiat	.
19 devätnásť	90 deväťdesiat	.
100 sto	1 000 tisíc	1 000 000 milión
200 dvesto	2 000 dvetisíc	
300 tristo	3 000 tritisíc	
400 štyristo	4 000 štyritisíc	

3.2.2 *11-19* (incl.) end in *-násť*.

3.2.3 *Štrnásť* contains a reduced form of the word *štyri*.

3.2.4 *20-40* end in *-dsať* which is pronouced as (-cať).

3.2.5 *50-90* end in *-siat*.

3.2.6 *700, 1 000, 1 000 000*, i. e. the English *one hundred*, *one thousand* and *one million* correspond in Slovak to *sto, tisíc* and *milión* respectively, i. e. the numeral corresponding to *one* is currently not lexically present here in Slovak. It is used only in special instances, e.g. when filling in financial documents, in which there should be written *jednosto, jedentisíc, jedenmilión*.

3.2.7 Each three digits are separated by a space. Note that in Slovak sometimes a period is used in the numeric representation of *thousand* and *million* (unlike the period in English), e.g. 2.523, 3.000.000. However, usually the numeral is written without any period. Instead, a space is left out, e.g. 18 745.

3.2.8 In Slovak there also exist the so-called group numerals of which in forming compound cardinal and ordinal numerals and compound words the following are above all used:

jedno-, dvoj-, troj-, štvor-

e.g. *jednosto, jednoizbový, dvojstý, trojstý, štvorstý, dvojposteľový, trojizbový, štvorposteľový* (see also 4.5.6 e))
If *5-9* (and above) occur in compound ordinal numerals and in compound words, the former are in their cardinal forms, e.g. *päťstý, osemstý, šesťizbový, deväťposteľový, stokorunový*.

3.3 RHYTHMIC SHORTENING
Rytmické krátenie

3.3.1 Rhythmic shortening does not allow a long vowel/ syllable to be followed by another long one in Standard Slovak. Note that diphthongs count as long. Consequently, a regularly long ending is shortened if the preceding syllable is long, e.g.:
kolo, kolá (*Nom Pl* of *N*);
but: sólo, sóla, miesto, miesta
pekný (*Adj M*);
but: vážny, smiešny, múdry, horúci
nesú (*3rd Pers Pl*);
but: píšu, viažu
Exceptions to the rhythmic shortening are rare (e.g. *v lístí* – among the leaves, *od kvietia* – from the blossoms) and are given in dictionaries.

3.4 DIVIDING SYLLABLES – Delenie slabík

3.4.1 In Slovak, syllables are divided differently from English, on the basis of different rules, e.g. *dem-o-crat-ic* vs *de-mo-kra-tic-ký*.

3.4.2 In Slovak syllables are divided on the basis of the following rules:
   a) after a vowel and before the following consonant or a separate vowel (which is not part of a diphthong): *rá-no, vi-de-o, ďa-ku-jem,*
   b) consonantal clusters occurring on the morphological boundaries between a prefix and the root are divided according to these boundaries, e.g. *po-chvá-liť, roz-ví-tať, pri-pra-viť, vy-zdvih-núť;*
   c) in other consonantal clusters the division is made between two consonants, in the case of a cluster of more than two consonants, the division is usually made after the first consonant: *drob-nosť, brat-ský, hor-stvo;*
   d) remember that in Slovak also l/ĺ, r/ŕ, are syllabic (cf.1.25.3 and 1.25.4 b)), hence: *vĺ-na, hĺb-ka, hr-niec, kŕ-deľ,*
   e) note the fact that the pairs of letters which are pronounced as one sound, i.e. *dz, dž, ch* are indivisible, e.g. *me-dza, há-dže, mu-cha.*

3.5 DEMONSTRATIVE PRONOUNS
Ukazovacie zámená

Slovak demonstrative pronouns (in the nominative case) are:

Singular				Plural			
M	F	N		M +Hum	M -Hum	F	N
ten	**tá**	**to**	that	**tí**	**tie**	**tie**	**tie**
tento	**táto**	**toto**	this	**títo**	**tieto**	**tieto**	**tieto**

---

teplý *Adj* warm
teší ma nice to meet you
tí *M +Hum* those
tie *M –Hum, F, N* those
tisíc one thousand
to it, that
toto this
tretí third (in sequence)
tridsať thirty
trinásť thirteen
tu (je) *(when identifying oneself in a telephone call)* this is
tvoj, tvoja, tvoje *(Infml 2nd Pers Sg Possessive Pronoun)* your (s)
v/vo + *Loc* at; in; v kine at/in the movies/cinema
váš, vaša, vaše *(2nd Pers Pl or Fml 2nd Pers Sg Possessive Pronoun)* your(s)

vízum, víza; víza, víz *N* visa
vľavo on the left; to the left
v noci at night
voda, -y; -y, vôd *F* water
volám sa my name is
volať sa, -ám sa, -ajú sa *NP* to be called, to have some name
voľné miesto *N* available seat
voľný *Adj* available, free
WC (vécé) *(Nondecl) N* toilet, restroom *(ladies' room, men's room)*
z from
zajtra tomorrow
zas again
zle *Adv* badly
zo from *(used before z, s, or a consonantal cluster containing z or s)*
žena, -y; -y, žien *F* woman; *(Infml)* wife

3.6. POSSESSIVE PRONOUNS
Privlastňovacie zámená

3.6.1 In Slovak there are the following possessive pronouns (in the nominative case):

Singular				Plural			
M	F	N		M	F	N	
môj	moja	moje	*my*	náš	naša	naše	*our*
tvoj	tvoja	tvoje	*your*	váš	vaša	vaše	*your*
jeho	jeho	jeho	*his*	ich	ich	ich	*their*
jej	jej	jej	*her*				
jeho	jeho	jeho	*its*				

3.6.2 In Slovak, possessive pronouns for the 1st and 2nd persons singular and plural have three different forms each for the respective genders of the single phenomenon with regard to which possessiveness is expressed, e.g.:

M	F	N
môj otec	moja mama	moje šťastie
tvoj liek	tvoja univerzita	tvoje číslo
náš doktor	naša skúška	naše rádio
váš problém	vaša Amerika	vaše mesto

3.6.3 Note that the choice of the 1st and 2nd person possessive pronoun does not depend on the sex or gender of the "owner(s)":
Peter, to je tvoja káva. Mária, to je tvoja káva.

3.6.4 The possessives for 3rd persons singular and plural do not have differing forms for each of the genders of the phenomena possessed. 3rd person singular has two forms:

M, N	F
jeho (his; its)	**jej** (her)

 e.g. jeho/jej otec, mama, auto
 3rd person plural has only one form: **ich** (their).

3.6.5 The usage of the appropriate Slovak possessive pronoun can transparently be presented in the following way:
It depends on the irrelevance or relevance of the gender of the "owner(s)" (subject) and of what they "own" (object):

CVIČENIA

Subject Gender Irrelevant in:

3rd Pers Pl	ich	their	dom(y), kniha/y, auto/á
Plural Object	**moje**	my	
	tvoje	your	domy, knihy, autá
	naše	our	
	vaše	your	

Subject Gender Relevant in:

3rd Pers Sg M/N	jeho	his/its
	jej	her

Object Gender Relevant in:
1st/2nd Pers Sg/Pl

	dom	kniha	auto	
Sg	**môj**	**moja**	**moje**	my
	tvoj	**tvoja**	**tvoje**	your
Pl	**náš**	**naša**	**naše**	our
	váš	**vaša**	**vaše**	your

3.6.6. Similarly to the situation in personal pronouns (see 2.6.1.1., 2.6.1.2.), the 2nd person singular pronoun is used for one person with whom we are on informal terms, the 2nd person plural for more than one person, or for one person with whom we are on formal terms, e.g.
Peter, to je tvoja káva.
Priatelia, to je vaša fotografia.
Pán doktor, to je vaše pero.

3.6.7 In Slovak there does not exist the opposition of non-emphatic and emphatic possessive pronouns corresponding to English *my – mine, your – yours,* etc. In Slovak the above listed Slovak pronouns (see 3.4.1) are used in both situations.
That is my coffee. *To je moja káva*
That coffee is mine. *Tá káva je moja.*

3.6.7. For Slovak possessive pronouns used for plural objects or phenomena see also 6.4.2.1.

I. Divide the following words:

večer, slovenský, dobrý, hrdina, mesiac, osemnásť, prepáčte, dĺžka, stretnutie, doplňte, vrchný, brmbolec, odporný, srdce, tridsať, hrdlo, brzdil, študentka, vlčí, dermatologický, oceľ, hotel, mestský, krmivo, prirodzený, obchádzať, oceliarsky, environmentálny, univerzitný

II. Doplňte mať (mám, máš, …):

1. Peter ... chrípku. 2. (Ja) ne... liek. 3. My ... čas, ale oni ... . 4. Ty ... zajtra skúšku? 5. Vy ... pekný dom. 6. ... Mária telefón? 7. Ty ... jeho číslo? 8. Kde ... pán Novák dom? 9. Pani Široká už ... liek. 10. Ja ne... pas.

III. Read the following words slowly, record your reading on a tape, and then listening to your recording write down, without the help of your textbook:

a) deň, dom, dobrý, cit, čit, cín, čin, šiška, šťastný, nebojí sa, hrádza, roky, strach, rany, syn, sila, šila, dym, divá, ticho, ďakujem

b) Dobrú chuť. Prosím, preložte to. Šťastnú cestu. Bohužiaľ, zajtra mám skúšku. Som trochu unavený. Prosím si čaj a cukor. Prepáčte, čo platím? Nech sa páči, toto je jeho číslo. Odkiaľ je táto žena? Slečna, prosím si kľúč.

IV. Doplňte byť (som, si, …):

1. Ty ... študent? 2. Áno, ja ... študent. 3. ... slovenský študent. 4. Jean ... americká študentka. 5. Vy ... unavený. 6. Odkiaľ... pani Youngová? 7.... z New Yorku. 8. Mária ... šťastná. 9. My ... doma. 10. Oni... v práci. 11.... to ďaleko? 12. Vy ... z Bratislavy? 13. Kde ... ich hotel?

V. Rozhovory:

1. Ask a person about his or her name. Ask where he/she is from. Tell the person where you are from.
2. Over the phone invite your friend to the movies.
3. Visit professor Nováková. Introduce to her your American friend who studies Slovak.
4. Ask whether a professor whom you don't know is present. Introduce yourself and say you are his student of Slovak.

5. Go to pick up your medication. Ask whether it is ready and how much it is.
6. You are a waiter. Your customer asks you for something but you do not understand what. The customer repeats it. You tell the person to wait a moment, and then bring what was asked for.
7. Ask at a hotel whether a room is reserved for your friend for 2 nights.

VI. Doplňte:

Pani Nová: Dobrý deň, ... doktorka.
Doktorka Hrušková: Dobrý deň, pani Nová. Ako sa ...?
Pani Nová: Ďakujem, dnes nie ... dobre.
Doktorka Hrušková: Prečo?
Pani Nová: ... chrípku.
Doktorka Hrušková: Počkajte. – Áno, je ... chrípka. Tu ... liek.
Pani Nová: Ďakujem, ... doktorka. Dovidenia.
Doktorka Hrušková: Dovidenia. A všetko ....

VII. Povedzte po slovensky:

now, today, tomorrow, why, when, where from, welcome, excuse me, to the movies, nice to meet you, bye, all the best, good luck, unfortunately, fortunately, I do not understand, I do not know, just a moment

VIII. Write down as words the following numbers:

15, 45, 50, 9, 73, 139, 1 268, 5 879 356

IX. Somebody has just said something and you have not understood part of it. Say "Prepáčte, nerozumiem", and then ask with the help of the words in brackets:

Príklad: *John je doma. (kto) Prepáčte, nerozumiem. Kto je doma?*
1. Peter je z USA. (odkiaľ)
2. Mária sa má dobre. (ako)
3. Otec je unavený. (kto)
4. Zajtra mám skúšku. (kedy)
5. Mária nemá šťastie. (čo)
6. Pán Starý nemá čas. (kto)
7. Ten muž sa volá Ján. (ako)
8. To je Peter. (kto)
9. Tu je tvoja káva. (kde)
10. Tam je cukor. (čo)
11. Pas mám doma. (kde)
12. Ján je doktor. (kto)
13. Tu nie je recepcia. (čo)
14. Jeho manželka je z Bratislavy. (odkiaľ)
15. Tam je váš liek. (kde)

X. Explain why the following words are spelled with -i/í or -y/-ý:

unavený, whisky, dobrý, páči, pekný, prosím si, číslo, ty, vy, kino, kedy, vitajte, slovenčina, slovenský, angličtina, americký, pani, zo Žiliny, teší ma, nie, vietor, tri, štyri, päť

XI. Preložte do angličtiny:

Pani Zajacová: Je tu rezervovaná izba na meno Zajacová?
Recepčná: Nie, nie je.
Pani Zajacová: A máte voľnú izbu?
Recepčná: Áno, máme. Na dnes?
Pani Zajacová: Na dnes a na zajtra. A je tam kúpeľňa?
Recepčná: Áno, je.
Pani Zajacová: Dobre. Čo platím?
Recepčná: Tisícosemsto korún.

XII. Use Slovak possessive pronouns corresponding to the English ones given in brackets:

(his) čas; *(my)* liek; *(our)* doktorka; *(your)* šťastie; *(their)* kino; *(our)* profesor; *(my)* chrípka; *(your)* srdce; *(her)* pas; *(your)* káva; *(their)* študent; *(our)* univerzita; *(your)* dom; *(his)* skúška; *(my)* kúpeľňa; *(her)* kľúč

XIII. Protest against the following statements:

Príklad: *To je môj liek.*
           Prepáčte, to nie je váš liek. To je môj liek.
1. To je naša izba.
2. To je jeho profesor.
3. Tu je ich telefón.
4. Peter je ich študent.
5. Tu je jej káva.
6. Toto je môj pas.
7. To je moja koruna.
8. To je ich liek.
9. To je môj čaj.
10. To je môj problém.

XIV. Odpovedzte:

1. Kedy máte čas? *(in the evening)*
2. Kedy je pán Brown v hoteli? *(at night)*
3. Kedy má Mária skúšku? *(in the morning)*
4. Kedy si prosíš kávu? *(in the afternoon)*
5. Kedy ide Katka do kina? *(now)*
6. Kedy študujete slovenčinu? *(before noon)*

XV. Čítajte, prosím:

Ivan, Hlohovec, Železničná ulica číslo 11, Gabčíkovo, Peter, zima, prepáčte, totálny chaos, Zvolen, dom číslo 1719

XVI. Preložte do slovenčiny:

1. Here you are – this is my passport.
2. That is his mother.
3. Excuse me, that is my whisky.
4. Professor, excuse me, that is her seat.
5. Excuse me, doctor, where is my medication?
6. His father and mother are in the USA.
7. Mary has my house and my heart.

XVII. Preložte do slovenčiny a odpovedzte:

1. What is your name?
2. Where are you from?
3. Are you a Slovak?
4. Are you an American?
5. Have you been in the USA/Slovakia a long time?
6. Are you a student?
7. What do you study?
8. How are you?
9. Are you tired?
10. Are you happy?
11. Do you have time?
12. Do you have your passport here?
13. Is this your key?
14. Do you have a telephone here?
15. Would you like coffee?

XVIII. Doplňte po slovensky:

1 three
2 million
3 seven
4 fifty
5 twenty
6 six
(The box should contain a word for a number ending in zero.)

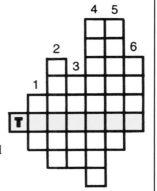

XIX. Write down what the characters in the following situations could say:

XX. Naučte sa porekadlo:

Oko za oko, zub za zub.

(An eye for an eye, a tooth for a tooth.)

XXI. Naučte sa pieseň: ▶

Anička, dušička, kde si bola

Gmi   Cmi   C⁷   F   B
1. A - nič - ka, du - šič - ka, kde si bol - la, keď si si

F⁷   B   Gmi   Cmi
čiž - mič - ky za - ro - si - la? Bo - la som v há - jič - ku,

Gmi   D   D⁷   Gmi
ža - la som trá - vič - ku, du - ša mo - ja, du - ša mo - ja.

2. A ja som po tri dni trávu kosil,
ja som si čižmičky nezarosil.
/: A ja som hrabala, teba som čakala,
duša moja, duša moja. :/

Ja a moja rodina

Ja som Peter Young. Som z USA, z Clevelandu. Teraz som na Slovensku. Študujem slovenčinu.

Moja rodina nie je veľká: moji rodičia – otec a mama, moji súrodenci – sestra a brat a moji starí rodičia – stará mama a starý otec. Môj otec je úradník v banke. Moja mama je učiteľka. Moja sestra je ešte malá, má 8 rokov. Volá sa Ann. Je žiačka. Môj brat má 20 rokov. Je šofér, teraz vlastne taxikár. Volá sa John. Je vysoký, veľmi veselý a sympatický. Ženatý nie je, ale má už dievča. Je Francúzka, má 18 rokov a je manekýnka. Samozrejme, je štíhla a pekná.

Moja stará mama je otcova mama. Je zo Slovenska, ale už je Američanka. Býva v USA od roku 1942. Je už stará, má 83 rokov. Je nízka a trochu tučná. Vždy je veľmi veselá, milá a dobrá. Môj starý otec je otcov otec. On je z Írska, ale už je tiež Američan. Je tu už 65 rokov. Je veľmi šikovný a múdry. Má rád históriu. Moji starí rodičia sú manželia už 60 rokov a sú na penzii. Bývajú v New Yorku, ale myslím, že teraz sú na Floride. Aj tam majú byt. Mamin otec a mamina mama už zomreli.

Pozrite, tu je naša fotografia. Sú tam aj moji bratranci a moje sesternice, moji strýkovia a moje tety.

Moja priateľka Mária je Slovenka. Študuje na univerzite angličtinu. Jej otec je lekár a mama je predavačka. Mária je zo Žiliny. Jej brat má 14, je ešte žiak. Niekedy je veľmi zlý, ale inak je veselý a zábavný.

Môj otec je veľmi rád, že študujem slovenčinu. On nevie po slovensky. Po slovensky vie len moja stará mama a ja. Viem už celkom dobre písať aj čítať, len hovoriť ešte neviem veľmi dobre. Ale čo nie je, môže byť. A tak sa učím.

SLOVNÍK

adresa, -y; -y, adries *F* address
aj also, too
aký, -á, -é *(about quality, kind, etc.)* what, of what kind
Američan, -a; -ia, -ov *M* American (male)
Američanka, -y; -y, -niek *F* American (female)
angličtina, -y *F* English (language)
babka, -y; -y, babiek *F (Infml)* grandmother
banka, -y; -y, bánk *F* bank
brat, -a; -ia, -ov *M* brother
brat(r)anec, -nca; -nci, -ncov *M* male cousin
byt, -u; -y, -ov *M* apartment
čí, čia, čie whose
číslo pasu *N* passport number

čo what *(about a substance, phenomenon, thing)*
dátum, -u; -y, -ov *M* date
dcéra, -y; -y, dcér *F* daughter
dedo, dedko, -a; -ovia, -ov *M (Infml)* grandfather
desiaty tenth
deviaty ninth
dievča, -čaťa; -čatá, -čat *N* girl
dotazník, -a; -y, -ov *M* questionnaire, personal data form
ešte still, yet
Florida, -y *F* Florida
Francúz, -a; -i, -ov *M* Frenchman
Francúzka, -y; -y, -zok *F* Frenchwoman
hádanka, -y; -y, -niek *F* riddle
história, -ie *(usually only Sg) F* history
hlúpy *Adj* stupid, dumb

Príbuzní

starí rodičia	rodičia	deti	súrodenci	vnuci, vnúčatá
starý otec, dedo/dedko	otec	syn	brat	vnuk
stará mama, babka	mama	dcéra	sestra	vnučka
manžel				
manželka	švagor	synovec	bratranec	
strýko; ujo	švagriná	neter	sesternica	
stryná; teta	svokor	zať		
	svokra	nevesta		
prastarý otec				pravnuk
prastará mama				pravnučka

DOTAZNÍK
(Píšte tlačeným písmom)

Krstné meno: .... Emília ....
Priezvisko: .... Krátka ....
Rodné meno: .... Kolárová ....
Dátum narodenia: **deň** 7. **mesiac** 11. **rok** 1963
Miesto narodenia: .... Zvolen .... **štát:** .... Slovensko ......
Vek: .... 43 rokov ....
Pohlavie: .... ženské ....
Stav: .... vydatá ....
Národnosť: .... slovenská ....
Štátna príslušnosť: .... Slovenská republika ....
Adresa: **ulica** .... Dlhá.................... **číslo** .... 78 ... **mesto/obec** ..... Žilina
PSČ .... 010 00 ....
Zamestnanie: .... predavačka ....
Zamestnávateľ: .... Jednota, Žilina ....
Číslo pasu: 0007779933

Dátum: .... 19. 1. 2006 .... **Podpis:** ...... *E. Krátka*

PROTIKLADY

dobrý	zlý
múdry	hlúpy
zábavný	nudný
šikovný	nešikovný
veselý	smutný
nízky	vysoký
malý	veľký
štíhly	tučný

hovoriť, -ím, -ia *NP* to speak; **hovoriť po anglicky** to speak English; **hovoriť po slovensky** to speak Slovak
inak otherwise; at other times
Írsko, -a *N* Ireland
koho whom
koľko how many
krátky *Adj* short
krstné meno *N* first name
ktorý, -á, -é which
lekár, -a; -i, -ov *M* (medical) doctor (male)
lekárka, -y; -y, -rok *F* (medical) doctor (female)
malý *Adj* small, little
mamin mother's
manekýnka, -y; -y, -nok *F* fashion model
manžel, -a; -ia, -ov *M* husband

manželka, -y; -y, -liek *F* wife
milý *Adj* kind, nice
môcť, môžem, môžu; *Past* mohol *Mod* to be allowed to, can
môže *(3rd Pers Sg of* **môcť***)* (he/she/it) can or is allowed to
múdry *Adj* clever, bright, educated
mužský *Adj* male
myslieť, myslím, myslia; *Past* myslel *NP* to think
myslím *(1st Pers Sg of* **myslieť***)* I think, I suppose
na Floride in Florida
národnosť, -ti; -ti, -tí *F* (ethnic) nationality
na univerzite at a/the university
nevedieť, neviem, nevedia; *Past* nevedel *NP* not to know
nevesta, -y; -y, neviest *F* daughter-in-law; bride
nevie *(3rd Pers Sg of* **nevedieť***)* he/she/it does not know

4.1 GENDER FORMS OF ADJECTIVES
Tvary prídavných mien podľa rodu

4.1.1 Slovak adjectives have different forms for each of the three genders, i.e. the gender of the noun requires concord of the gender form of the adjective (as we will see later, there is also concord in number and case).

4.1.2 The relevant gender endings of adjectives are as follows:

	after a hard/neutral consonant		after a soft consonant	
Masculine	-ý/-y	nový, múdry	-í/-i	cudzí, horúci
Feminine	-á/-a	nová, múdra	-ia/-a	cudzia, horúca
Neuter	-é/-e	nové, múdre	-ie/-e	cudzie, horúce

The short ending is used when the preceding vowel is long (or after a diphthong, which counts as a long vowel), e.g.

starý otec, stará mama, staré číslo
but: štíhly doktor, štíhla doktorka, štíhle dievča, cudzí dom, cudzia univerzita, cudzie číslo

4.1.3 The above forms of adjectives are in the singular number, i.e. are used when referring to singular phenomena. For the plural forms of adjectives see 6.4.

4.1.4 The vocabulary of this textbook presents the masculine form. The feminine and the neuter are formed as shown above in 4.1.2.

4.2 POSSESSIVE ADJECTIVES
Privlastňovacie prídavné mená

4.2.1 In Slovak possessive nouns from proper names and from words referring to human beings are usually formed with the help of the following suffixes:

from masculine nouns:	-ov, -ova, -ovo	Martinov, -a, -o
		bratov, -a, -o
from feminine nouns:	-in, -ina, -ino	Katkin, -a, -o
		mamin, -a, -o

4.2.2 When the masculine name or noun ends in -ec, -er, the -e- is usually dropped, e.g.:

Peter – Petrov, otec – otcov
But note also: Malec – Malecov.

4.2.3 When the feminine name or noun ends in -a, this is dropped before adding the suffix -in, e.g.

Mária – Máriin, žiačka – žiačkin.

4.3 GENDER FORMS OF INTERROGATIVE PRONOUNS – Rod opytovacích zámen

4.3.1 In addition to the interrogative pronouns kde, kam, kedy, prečo, odkiaľ, etc., which do not change their form, and to kto and čo which only have nominal case forms (see 10.2.23), there are also interrogative pronouns which have adjectival gender forms. These are:

M	F	N	
aký	aká	aké	(of what kind, quality, etc.)
aký štát	aká sestra	aké miesto	
čí	čia	čie	
čí syn	čia dcéra	auto	
ktorý	ktorá	ktoré	
ktorý dom	ktorá žena	ktoré mesto	

Note that each of these pronouns has gender forms, i.e. is governed by concord with the gender of the particular noun it modifies.

4.4 INTERROGATIVE PRONOUNS KTO, ČO AND THE FORM OF ADJECTIVES
Opytovacie zámená kto, čo a tvar prídavných mien

4.4.1 To ask about somebody or something we use the questions:

Kto je to?	Who is it?
Čo je to?	What is it?

4.4.2 In questions of the type:

Sg	M
Kto je	sympatický?
Kto je	veselý?

Sg/Pl	N
Čo je	nové?
Čo máte	nové?

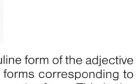

kto is always used with the masculine form of the adjective (or word having the grammatical forms corresponding to those of adjectives) and čo with neuter form. This is the case regardless of what the gender of the actual noun in the given context is, e.g.

Kto je sympatický? Mária je sympatická.
Kto je veselý? Deti sú veselé.
Čo je nové? Dom je nový.
Čo máte nové? Máme nové knihy.

---

niekedy sometimes
nudný Adj boring
obec, obce; obce, obcí F community
od since, from the time of; od roku since/from the year
otcov father's
otec, otca; otcovia, otcov M father
ôsmy eighth
penzia, -e; -e, -ií F retirement, pension;
    na penzii in retirement, retired
piaty fifth
písať, píšem, píšu NP + Acc to write sth
písmo, -a; -a, píšem N script, letters; handwriting;
    (system of) writing
píšte (Imper of písať) write;
    píšte tlačeným písmom print, write in printed letters

podpis, -u; -y, -ov M signature
pohlavie, -via; -via, -ví N sex
povolanie, -ia; -ia, -í N occupation, profession
pozrieť, pozriem, pozrú; Past pozrel P + na + Acc
    to look, to (have a) look
pozri/te (Imper of pozrieť) look, have a look
prastará mama F great-grandmother
prastarý otec M great-grandfather
pravnučka, -y; -y, -čiek F great grand daughter
pravnuk, -a; pravnuci, pravnukov M great grandson
predavač, -a; -i, -ov M shop assistant, attendant (male), sales person
predavačka, -y; -y, -čiek F shop assistant, attendant (female)
priateľ, -a; -ia, -ov M friend (male)
priateľka, -y; -y, -liek F friend (female)

4.5 ORDINAL NUMERALS
Radové číslovky

4.5.1 The following is a list of Slovak ordinal numerals:

1.	prvý, -á, -é	11.	jedenásty, -a, -e
2.	druhý	12.	dvanásty
3.	tretí, -ia, -ie	13.	trinásty
4.	štvrtý	14.	štrnásty
5.	piaty, -a, -e	15.	pätnásty
6.	šiesty	16.	šestnásty
7.	siedmy	17.	sedemnásty
8.	ôsmy	18.	osemnásty
9.	deviaty	19.	devätnásty
10.	desiaty	20.	dvadsiaty
30.	tridsiaty	31.	tridsiaty prvý
40.	štyridsiaty	47.	štyridsiaty siedmy
50.	päťdesiaty	.	
60.	šesťdesiaty	.	
70.	sedemdesiaty	.	
80.	osemdesiaty	.	
90.	deväťdesiaty	.	
100.	stý	155.	stopäťdesiaty
200.	dvojstý	279.	dvestosedemdesiaty deviaty
300.	trojstý	.	
400.	štvorstý	.	
500.	päťstý	.	
1 000.	tisíci, -a, -e	.	
2 000.	dvojtisíci, -a, -e	.	
10 000.	desaťtisíci	.	
1 000 000.	milióntý	.	

4.5.2 Ordinal numerals end in:

Pronunciation	Spelling	Examples
a) [í, á, é]	-ý, -á, -é	prvý, štvrtá, sté;
b) [i, a, e]	-y/-i, -a, -e	siedmy, tisíci, desiata, miliónte *(The short ending is due to rhythmic shortening.)*
c) [í, ia, ie] -í,	-ia, -ie	*only:* tretí, tretia, tretie

4.5.3 In numeric representation ordinal numbers in Slovak are followed by a period, e.g.

English	Slovak
3rd	3.

When referring to ordinal numerals in the following explanations, their Slovak representation will be used.

4.5.4 By their grammatical form, ordinal numerals correspond to adjectives as they have three different endings for their gender forms, e.g.

M	F	N
prvý deň	prvá dcéra	prvé auto

4.5.5 Presented in 4.5.1 are the masculine forms of the ordinal numerals. To exemplify the formation of the corresponding feminine and neuter cardinal numerals, their endings are listed with the first occurrence of each type, and the following numerals are formed accordingly. For more details about the gender endings see 4.1. and 4.5.6 a) below.

4.5.6 Ordinal numerals are formed in the following ways:

a) *1.-10.* are formed from the modified roots of cardinal numerals to which *-ý/-y, -á/-a, -é/-e* are added. With *3.* the endings are *-í, -ia, -ie, i.e.*

tretí, tretia, tretie (see 4.5.1 and 4.5.2 above).

With *päť* to *desať* the root modification involves lengthening of the syllable before the ending by the vowel changing into a diphthong, e.g. šesť – šiesty, osem – ôsmy.

b) *11.-19.* are formed by changing the final ť into t and adding *-y, -a, -e,* e.g.
jedenásty, trinásta, sedemnáste.

c) *20., 30., 40., 50., 60., 70., 80., 90.* are formed by changing the final
-dsať/-siat into *-dsiaty/-siaty* ending in *-y, -a,* or *-e* respectively, e.g.
dvadsiaty, päťdesiata, osemdesiate.

With *20., 30.* and *40.* the syllable before the ending becomes lengthened by the vowel changing into a diphthong, e.g.
dvadsať – dvadsiaty.

In numerals between the decades both of the numerals are in their ordinal forms, e.g.
štyridsiaty tretí, deväťdesiaty ôsmy.

d) *100.* is formed by replacing the final *-o* in *sto* by *-ý,* i.e.
stý.

e) *200., 300.,* and *400.* are formed from group numerals (see 3.2.8) to which *-stý* is added, i.e.
dvojstý, trojstý, štvorstý.

f) *500. – 900.* are formed from the corresponding cardinal numerals followed by *-stý,* e.g.
päťstý.

g) When the last two digits of an ordinal numeral above *100* are not zero, the numerals sto, tisíc and above are in their cardinal form and the rest of the numeral in the ordinal form, e.g.
sto dvadsiaty piaty, tisíc dvesto päťdesiaty druhý.

h) *1 000., 5 000.... 18 000.... 999 000.* are formed by adding to tisíc the endings -i, -a, -e, e.g.

tisíci, päťtisíca, osemnásťtisíce, deväťsto deväťdesiatdeväť tisíce.
2 000., 3 000. and *4 000.* use for the first digit the group numeral words (see 3.2.8), i.e.

dvojtisíci, trojtisíci, štvortisíci.

i) *1 000 000. ......5 000 000.* etc. are formed by adding to *milión* the endings -ty, -ta, or -te: miliónty, päťmiliónta.

4.5.7 To ask about *which in order* we use ktorý, ktorá, ktoré:

Ktorý dom je to?   *Je to druhý dom.*

4.6 FEMININE NAMES OF OCCUPATIONS
Prechýlené ženské názvy osôb podľa povolaní

4.6.1 In Slovak, names of professions or occupations usually have a different form for the masculine and feminine genders:
profesor M, profesorka F.

4.6.2.1 The feminine gender is formed mostly by adding the suffix *-ka*, e.g.

M	F
....	........+ka
učiteľ	učiteľka

4.6.2.2 When the masculine noun ends in *-a*, this is dropped before adding the suffix *-ka*:

.... a	...............+ ka
futbalista	futbalist + ka
sólista *(soloist)*	sólist + ka

When the masculine ends in *-k*, this is changed into *-č*, and when in *-ch*, this is changed into *-š* before adding *-ka*, e.g.

...........k/ch	.......č/š + ka
úradník	úradníč + ka
žiak	žiač + ka
beloch *(white man)*	beloš + ka

4.6.2.4 When the masculine form ends in *-ec*, one of the following applies (each word has to be checked in a dictionary)

a) the final *-c* changes into *-č* and *-ka* is added, e.g.

........ec	.......č + ka
herec *(actor)*	hereč + ka

b) the final *-ec* is dropped and *-kyňa* added, e.g.

...........c	...........ec
umelec *(artist)*	umel + kyňa

4.6.3 The other endings used for forming such feminine nouns are, e.g.:

-ička: chirurg *(surgeon)*	- chirurgička
-yňa: kolega *(colleague)*	- kolegyňa
-iná: švagor	- švagriná
-ica: učeň *(apprentice)*	- učnica

4.6.4 When referring non-specifically to both men and women, the masculine noun is used, e.g.
žiaci, doktori.

4.6.5 For nouns formed from participles and adjectives see 7.4.

4.7 ASKING ABOUT AGE – Ako sa pýtame na vek

4.7.1

Koľko máš rokov?	How old are you? - *Sg Infml*
Koľko má rokov?	How old is he/she/it?
Koľko máte rokov?	How old are you? - *Pl or Sg Fml*
Koľko majú rokov?	How old are they?

The above are the questions used for asking about somebody´s age. After *koľko* we use the relevant form of the verb *mať*.

4.7.2 The pattern used in the answer is:

Mám ..... rokov.	(I am ...... years old.)

In the phrase the noun *rok* is usually in the form of genitive plural, i.e. *rokov*. The age is stated by giving the appropriate cardinal numeral, e.g.

Mám dvadsať	*rokov.*
On má päťdesiatpäť	*rokov.*

The genitive plural is used from 5 years above.

4.7.3 With lower numerals the situation in the answer is as follows:

a) With *1* the answer is:

Má jeden	*rok.*

Here the noun *rok* is in the nominative singular.

b) With 2-4 the answer is:

Má dva/tri/štyri	roky.

Here the noun is in the nominative plural form. For the concord of numerals and nominal phrase see also 8.5.

---

príbuzná, -ej; -é; -ých *F* a relative (female)
príbuzný, -ého; -í, -ých *M* a relative (male)
priezvisko, -a; -á, priezvisk *N* last name, surname
protiklad, -u; -y, -ov *M* an opposite, sth having opposite meaning
PSČ *(Abbr from* **poštové smerovacie číslo)** (postal) zip code
rodič, -a; -ia, -ov *M* parent
rodina, -y; -y, -dín *F* family
rodné meno *N* surname at birth; maiden name
rodokmeň, -a; -ne, -ňov *M* family tree
rok, -u; -y, -ov *M* year; **má osem rokov** (he/she/it) is eight years old
rozvedený *Adj* divorced
samozrejme of course

sesternica, -e; -e, -níc *F* female cousin
sestra, -y; -y, sestier *F* sister
siedmy seventh
slobodný *Adj* single; free
Slovák, -a; Slováci, Slovákov *M* Slovak (male)
Slovenka, -y; -y, Sloveniek *F* Slovak (female)
smutný *Adj* sad
stará dievka, -y; -y, -vok *F* (derogatory) old maid
stará mama *F* grandmother
starý *Adj* old
starý mládenec *M* bachelor
starý otec *M* grandfather
starý rodič *M* grandparent
strýko, -a; -ovia, -ov *M* uncle (father's brother)
stryná, -ej; -é, strýn *F* aunt (father's sister)

CVIČENIA

I. Prosím, čítajte:

a) 73, 98, 55, 47, 82, 1968, 1465, 1291, 1492, 460 000, 1776, 863, 1863, 1918, 1989, 2005

b) 1. dom, 15. miesto, 20. ulica, 79. študent, 100. deň, 1 000. koruna, 5 000 000. Slovák, 3. syn, 7. pani, 18. lekcia, 356. bicykel, 5 237. deň

II. Odpovedzte:

1. Odkiaľ je Peter Young?
2. Koľko má rokov?
3. Kde je teraz?
4. Čo študuje?
5. Kde na Slovensku študuje?
6. Aké povolanie má jeho otec?
7. Aké povolanie má jeho mama?
8. Je jeho otec vysoký?
9. Je jeho brat vysoký?
10. Je jeho mama štíhla?
11. Koľko rokov má jeho brat?
12. Koľko rokov má jeho sestra?
13. Je jeho brat študent?
14. Je jeho brat zlý?
15. Má jeho brat dievča?
16. Je jeho dievča Američanka?
17. Je jeho stará mama z USA?
18. Kde je teraz jeho stará mama a starý otec?
19. Študuje Petrova priateľka slovenčinu?
20. Vie už Peter dobre po slovensky?

III. Doplňte:

1. Slovenčinu študujem od roku .....
2. V meste .... bývam od roku .....
3. V USA som od roku .....
4. Som ženatý/vydatá od roku .....
5. Auto mám od roku ......
6. Dom mám od roku ......
7. Veľa peňazí mám od roku .....
8. Čas nemám od roku ....

IV. Change the following sentences into negative ones:

1. Moja sestra má 22 rokov.
2. Môj brat má rád históriu.
3. Moja priateľka vie po anglicky.
4. Viem písať po slovensky.
5. Jej mama je predavačka.
6. Jeho brat je šofér.
7. Myslím, že sú na Floride.
8. Jej brat je veľmi zlý.
9. Tvoj otec je v banke.
10. Peter má šťastie.
11. Môj otec sa volá Filip.
12. Tvoja manželka cestuje na Floridu.
13. Jeho druhé auto je mercedes.
14. Moja matka je lekárka.
15. Jeho švagriná býva na Aljaške.

V. Preložte do slovenčiny:

1. He is in Slovakia. He studies Slovak.
2. She has already been in Florida for several days. She is happy.
3. Peter is at home. He is tired.
4. Her father is in the USA. He is old.
5. His mother works in a bank. She is nice.
6. Mary studies at the university. She is bright.
7. This is her first day at the university. She is happy.
8. Mother's brother is a bank officer. He is amusing.
9. I do not know how old his girlfriend is. She is a fashion model.
10. I can read and write in Slovak, but I cannot speak well yet. I study Slovak.
11. My friend lives in New York. She is single. I am not.
12. She is from the USA. Her father is not.
13. I am glad to be here. John is not.
14. William and Ann are fine. We are not.

súrodenec, -nca; -nci, -ncov *M* sibling *(while* sibling *is not frequently used,* súrodenec *is a common and frequent reference to brothers and/or sisters)*
svokor, -kra; -krovia, -krov *M* father-in-law
svokra, -y; -y, -kier *F* mother-in-law
sympatický *Adj* nice, pleasant
syn, -a; -ovia, -ov *M* son
šiesty sixth
šikovný *Adj* handy, skillful
šofér, -a; -i, -ov *M* driver
štátna príslušnosť *F* citizenship
štátny *Adj* pertaining to state
štíhly *Adj* slim
študovať, -ujem, -ujú *NP + Acc* to study sth
študuje angličtinu (he/she/it) studies English

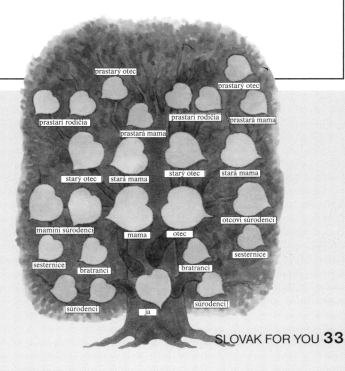

VI. Doplňte:

(starý) ... mama, *(malý)* ... brat, *(americký)* ... študentka, *(slovenský)* ... história, *(môj)* ... šťastie, *(manželkin)* ... práca, *(prvý)* ... skúška, *(bratov)* ... priateľ, *(bratov)* ... dievča, *(otcov)* ... číslo, *(tretí)* ... dcéra, *(milý)* ... stará mama, *(múdry)* ... otec, *(jeho)* ... doktorka, *(matkin)* ... sestra, *(sympatický)* ... úradník, *(ich nový)* ... manekýnka

VII. Complete the sentences, using possessive nouns.

Príklad: *Profesor má auto. To je profesorovo auto.*
1. Otec má liek. To je ....
2. Mama má kávu. To je ....
3. Brat má pekné dievča. To je ....
4. Sestra má nový dom. To je ....
5. Priateľka má skúšku. To je ....

VIII. Give opposites to the following words:

ženský, ženatý, slobodný, veselý, zábavný, blízko, dobrý, múdry, dlhý, starý

IX. Odpovedzte:

1. Je vaša rodina veľká?
2. Je váš otec profesor?
3. Je váš otec úradník?
4. Je váš otec taxikár?
5. Čo je váš otec?
6. Je váš otec sympatický?
7. Koľko má rokov?
8. Je vaša matka učiteľka?
9. Je vaša matka predavačka?
10. Čo je vaša matka?
11. Koľko má rokov váš brat?
12. Koľko má rokov vaša sestra?
13. Máte dom?
14. Koľko rokov má váš dom?
16. Máte auto?
17. Je nové? Je staré?
18. Koľko má rokov?

X. Suppose that you have been told the following sentences, but you have not heard clearly the words in brackets, and so you want to ask about them, using *kto, čo, aký, čí, ktorý.*

Príklad: *Moja mama je (mladá). Aká je tvoja mama?*
1. Jeho otec je veľmi *(zábavný).* 2. *(Mamina)* sestra je Američanka. 3. *(Táto)* manekýnka je pekná. 4. Ten starý pán je *(Petrov)* otec. 5. *(Tento čaj)* je silný. 6. *(Otcova)* sestra je veľmi šťastná. 7. Ich syn je veľmi *(sympatický).* 8. Ich univerzita je *(nová).* 9. *(Vaša matka)* je múdra. 10. *(Jej)* brat je žiak. 11. *(Toto)* auto je americké. 12. Majú *(nový)* dom. 13. *(Jeho svokra)* je milá. 14. *(Tento dom)* je starý.

XI. Produce and fill in a Slovak questionnaire giving the following data:

First Name: Eva
Last Name: Porubská   **Maiden Name:** Vranová
Date of Birth: 7/12/67
Place of Birth: Svit   **State:** SR
Sex: F
Marital Status: divorced
Nationality: Slovak   **Citizenship:** Slovak
Address: Hrachová ulica 15, 821 05 Bratislava
Profession: teacher

XII. Change to refer to women:

predavač, svokor, lekár, úradník, vdovec, starý mládenec, priateľ, rozvedený, zamestnávateľ, vnuk, recepčný, švagor, strýko, šofér, žiak, Slovák, Američan, hokejisti, astronaut, manžel, synovec, bratranec, syn, muž

XIII. In a questionnaire form give:

a) your own personal data;
b) the personal data of one member of your family.

XIV. Say in Slovak in what relationship the following family members are to you:

otcov brat, mamin otec, strýkov syn, sestrina dcéra, tetina dcéra, bratov syn, dedov syn, manželova sestra

---

štvrtý fourth
švagor, -gra; -gri, -grov *M* brother-in-law
švagriná, ej; -né, švagrín *F* sister-in-law
taxikár, -a; -i, -ov *M* taxi-driver (male)
teta, -y; -y, tiet *F* aunt (mother's sister)
tlačené písmo *N* printed letters; **tlačeným písmom** in printed letters
učím sa I am learning
učiť sa, -ím sa, -ia sa *NP + Acc* to learn, to study; to be learning/studying
učiteľ, -a; -lia, -ov *M* teacher (male)
učiteľka, -y; -y, -liek *F* teacher (female)
ujo, -a; -ovia, -ov *M* uncle (mother's brother)
ulica, -e; -e, ulíc *F* street
univerzita, -y; -y, -zít *F* university

úradníčka, -y; -y, úradníčok *F* clerk, office worker (female)
úradník, -a; úradníci, úradníkov *M* clerk, office worker (male); **úradník v banke** bank clerk
vdova, -y; -y, vdov *F* widow
vdovec, -vca; -vci, -vcov *M* widower
vedieť, viem, vedia; *Past* vedel *NP + Acc* to know
vedieť po anglicky/po slovensky to (be able to) speak English/Slovak
veľký *Adj* big
veselý *Adj* joyful
viem *(1st Pers Sg of* **vedieť***)* I know
vlastne actually, in fact
vnučka, -y; -y, vnučiek *F* granddaughter
vnuk, -a; vnuci, vnukov *M* grandson
vydatá *(about a woman) Adj* married

XV. Try to say in another way:

1. Študujem slovenčinu. **2.** Otcov brat je predavač. **3.** Nie je starý. **4.** Toto je manželova sestra. **5.** Nie je štíhla. **6.** Hotel je ďaleko. **7.** To nevadí.

XVI. Preložte do slovenčiny:

1. Sometimes my brother is very amusing.
2. I cannot speak Slovak very well yet.
3. His grandfather is very clever.
4. He can write quite well already.
5. I can read Slovak quite well.
6. Of course, he is very pleasant.
7. Her mother is divorced.
8. She is a sales person.
9. His grandfather is from Slovakia.
10. His grandmother is from Ireland.
11. They have been in Cleveland since 1930.
12. He is kind and handy.
13. How old are you?
14. How old is your brother?
15. How old is your sister?
16. She is short and fat.
17. They are already retired.
18. Give me the questionnaire, please.
19. Write in capital letters.
20. Come to the cinema.
21. Nice to meet you.
22. Wait a moment, please.
23. How much is it?
24. Here you are – here is the money.

XVII. Prepare questions for an interview in Slovak to find out as much data as you can about a person.

XVIII. What would the characters in the following pictures say:

XIX. HÁDANKA

Kto je to?
Je malý a milý. Má sedem rokov, ale nevie čítať ani písať. Nevie po anglicky ani po slovensky, ale je to dobrý priateľ. Je múdry, šikovný a sympatický. Volá sa Rex.

XX. Naučte sa porekadlo:

Kto prv príde, (ten) prv melie.

(First come, first served.)

XXI. Naučte sa pieseň: ▶

Dínom, dánom

vysoký *Adj* tall, high
vždy always
zábavný *Adj* amusing, funny
zamestnanie, -ia; -ia, -í *N* employment
zamestnávateľ, -a; -lia, -ľov *M* employer
zať, -a; -ovia, -ov *M* son-in-law
z Írska from Ireland
zomrieť, -iem, -ú; *Past* zomrel *P* to die
zo Slovenska from Slovakia
ženatý *Adj (about a man)* married
ženský *Adj* female
žiačka, -y; -y, -čok *F* pupil (female)
žiak, -a; žiaci, žiakov *M* pupil (male)

Môj dom

Toto je môj dom. Vlastne otcov a mamin. Je v Žiline. Nie je veľký, ale myslím, že je pekný. Dom je biely, strecha je sivá aj komín je sivý. Náš dom nie je nový, ale nie je ani starý. Má 15 rokov.

Dolu v dome je predsieň, kuchyňa, jedáleň, obývačka, spálňa, kúpeľňa, WC a garáž. Kuchyňa je veľká a pekná. Samozrejme, je tam sporák, chladnička, mraznička, mikrovlnná rúra, umývačka riadu a sú tam skrinky.

Toto je naša jedáleň. Je tu veľký okrúhly stôl a stoličky.

Obývačka je tiež veľká a je svetlá. Steny sú zelené, koberec svetlohnedý. Vpredu sú kreslá a malý stolík, vzadu je kozub, veľký farebný televízor a video. Vpravo je lampa a obraz, vľavo je okno.

Spálňa je malá. Je to otcova a mamina spálňa. Všetko je tam modré alebo biele.

Naša garáž nie je veľká. Je tam naše auto. Je tu aj záhrada a bazén. Moja izba je hore. Pozri, tu je široká posteľ, tmavohnedé skrinky, moderná lampa, polička, písací stôl, stolička a pohodlné kreslo. Toto sú moje knihy, moje učebnice, môj nový anglicko-slovenský slovník, zošity, perá a ceruzky. Tu je môj počítač. Sú tu aj fotografie, ale neviem, kde je album. Nemám tu veľký poriadok, však?

Toto je sestrina izba. Sestra tu teraz nebýva, študuje v Bratislave. Keď tu nie je na návšteve, jej izba je prázdna. Sestrina izba je malá. Je celá ružová. Ružová nie je moja farba, ale to je jej vec. Je tam veľké zrkadlo, skriňa, posteľ, hranatý stôl a stolička. Moja sestra tam má vždy poriadok. No čo, veď je dievča! My chlapci sme trochu neporiadni.

Ale môj otec nie je neporiadny, on má všade poriadok a vždy vie, kde čo má. Škoda, že to nie je dedičné.

SLOVNÍK

album, -u; -y, -ov *M* album
alebo or
ani either; *(with negation)* neither, nor
anglicko-slovenský *Adj* English-Slovak
asi probably, perhaps
auto, -a; -á, áut *N* car
bar, -u; -y, -ov *M* bar, saloon
bazén, -a; -y, -ov *M* swimming pool
biely *Adj* white
brada, -y; -y, brád *F* chin
bývať, bývam, bývajú *NP* to live, to be living (somewhere)
cena, -y; -y, cien *F* price
centrum, -tra; -trá, centier *N* center; **v centre** *(+ Gen)* in the centre (of)

ceruzka, -y; -y, ceruziek *F* pencil
čelo, -a; -á, čiel *N* forehead
červený *Adj* red
čierny *Adj* black
členok, -nka; -nky, -nkov *M* ankle
črevo, -a; -á, čriev *N* intestine
dedičný *Adj* hereditary
dlaň, -ne; -ne, -ní *F* palm of the hand
dohodou *Adv* by negotiation
dolu *Adv* down, downstairs; downwards
euro, -a; -á, eur *N* Euro (monetary unit)
farba, -y; -y, farieb *N* color; **akej farby** of what color
farebný *Adj* color, colored
garáž, -e; -e, -í *F* garage
hľadať, hľadám, hľadajú *NP + Acc* to be looking for

Inzeráty

Predám starý dom v centre mesta. 3 izby, kuchyňa, príslušenstvo, garáž. Cena dohodou. Tel. 63 773 777.
*

Mladý zamestnaný muž hľadá jednoizbový nezariadený byt na l rok.
*

Predám nový luxusný poschodový 5-izbový dom v Žiline. 2 garáže, bazén, veľká záhrada. Len za euro.
*

Prenajmem jednoizbový byt, tichý, svetlý, telefón. Len pre ženu.
*

Hotel Danube – výhodné ubytovanie v centre mesta. Jednoposteľové a dvojposteľové izby, kúpeľňa, telefón.

PROTIKLADY

malý byt	veľký byt
voľná izba	obsadená izba
vysoký dom	nízky dom
tichá ulica	hlučná ulica
svetlá predsieň	tmavá predsieň
prázdna reštaurácia	plná reštaurácia
pekný obraz	škaredý obraz
nový stôl	starý stôl
široká posteľ	úzka posteľ
mladý priateľ	starý priateľ
veselý film	smutný film
štíhla manekýnka	tučná manekýnka
silná káva	slabá káva
teplý čaj	studený čaj
dobrý deň	zlý deň
dobrý deň	nedobrý deň
šťastné dievča	nešťastné dievča
zariadený dom	nezariadený dom
výhodná práca	nevýhodná práca
zamestnaný úradník	nezamestnaný úradník

Akej farby

Of what color

biely	white
červený	red
čierny	black
hnedý	brown
modrý	blue
oranžový	orange
ružový	pink
sivý	gray
zelený	green
žltý	yellow

---

hlava, -y; -y, hláv *F*   head
hlučný, *Adj* noisy
hnedý, *Adj* brown
hore, *Adv* up; upstairs
hranatý *Adj* square
hruď, -e; -e, -í *F* chest (of the body)
chladnička, -y; -y, chladničiek *F* refrigerator
chlapec, -pca; -pci, -ov *M* boy
chodidlo, -a; -á, chodidiel *N* sole of the foot
inzerát, -u; -y, -ov *M* advertisement
jedáleň, -lne; -lne, -lní *F* dining room
jednoizbový *Adj* pertaining to one room
jednoposteľový *Adj* pertaining to a single room
katedra, -y; -y, katedier *F* department (of a faculty)
keď when

koberec, -rca; -rce, -ov *M* carpet
koleno, -a; -á, kolien *N* knee
komín, -a; -y, ov *M* chimney
kozub, -a; -y, -ov *M* fireplace
kreslo, -a; -á, kresiel *N* armchair
krk, -u; -y, -ov *M* neck
kuchyňa, -e; -e, kuchýň *F* kitchen
lakeť, lakťa; lakte, lakťov *M* elbow
lampa, -y; -y, lámp *F* lámp
líce, -a; -a, líc *N* cheek
luxusný *Adj* luxurious
mihalnica, -e; -e, mihalníc *F* eyelash
mikrovlnná rúra *F* microwave oven
mikrovlnný *Adj* microwave
mimo outside, elsewhere than

5.1 GENDER CLASSIFICATION OF NOUNS
Klasifikácia podstatných mien podľa rodu

5.1.1 As we already know (see 1.3.4), the gender of Slovak nouns is grammatical, i.e. nouns do not belong to gender categories according to their reference to males or females, or to things. This means that Slovak nouns differ from English nouns in this important respect.

5.1.2 Nevertheless, there is some predictability of the gender of Slovak nouns:

a) most references to males are of masculine gender, and most references to females are of feminine gender, e.g.:

M	F
otec	mama
študent	študentka
medveď *(bear)*	medvedica *(she-bear)*

b) many words referring to young beings (humans or animals) are of neuter gender, e.g.:

N	
dieťa	*(child)*
vtáča	*(little bird)*
žriebä	*(foal)*
dievča	*(girl)*

5.1.3 Nouns referring to things can belong to any of the three genders. To some extent, their gender can be predicted from their final letter(s)/sound(s) (see 5.2).

5.1.4 The endings of the genders, i.e. the forms of their nominative singular, are relevant for the case/declension patterns which will be learned later.

5.1.5 Following is a basic (simplified) survey of the final letters which, for the sake of simplicity, will be referred to as „endings" of Slovak nouns within each gender in nominative singular (*cons.* stands for *consonant*).

M	a) *cons.:*	(+Hum)	otec, taxikár, priateľ, hráč *(player)*
		(–Hum)	dom, stôl, vlk *(wolf)*, medveď *(bear)*, deň
	b) -a:	(+Hum)	tenista, futbalista, sudca *(judge)*
	c) -o:	(+Hum)	Janko, dedo, strýko
F	a) *hard cons.* + a:		mama, stolička, kniha
	b) -ia:		fotografia, ilúzia
	c) *soft cons.* + a:		spálňa, ryža *(rice)*, ulica
	d) *soft cons.* or -s/-p/-v:		posteľ, jedáleň, kosť *(bone)*, hus *(goose)*
	e) -ná:		kráľovná *(queen)*, princezná *(princess)*
N	a) -o:		auto, video, rádio, pero
	b) 1. -e:		srdce, pole *(field)*, vrece *(bag)*
	2. -ie:		poschodie *(floor)*, údolie *(valley)*
	c) -(e/i)um:		múzeum *(museum)*, centrum akvárium *(aquarium)*
	d) -a; -ä:		dievča, chlapča *(little boy)*, vtáča *(little bird)*, holúbä *(little pigeon)*, žriebä *(foal)*

5.1.6 Foreign words can have different final letters, e.g. whisky F, tabu N, marabu M, kivi N.

5.2 GENDER PREDICTABILITY
Prediktabilita rodu

5.2.1 As has been stated above (see 5.1), the predictability of the gender of Slovak nouns on the basis of their endings is rather limited. However, such predictability does exist, and if we also know the meaning of the noun, our ability to predict gender becomes much higher and allows us to establish the gender of a large number of Slovak nouns.

5.2.2 Full predictability exists only with the endings:

a) -e, -ie, -eum/-ium, which indicate neuter: *srdce, údolie* (valley), *múzeum*; also in foreign words with -um: *centrum*

b) -ä, which denotes the young of animals and neuter gender: *žriebä* (foal);

c) -á, which indicates feminine gender: *kráľovná* (queen).

5.2.3 Partial predictability exists with:

a) final -o: 1. If the noun refers to a human and it is not augmentative, it belongs to masculine gender: *strýko, dedo* (Coll for *starý otec*);

2. If the noun refers to an inanimate phenomenon, or is an augmentative, it belongs to neuter gender: *auto, okno, chlapčisko* (augmentative derogatory for boy).

b) final -a: 1. If the noun refers to an inanimate phenomenon, its gender is feminine: *univerzita, kuchyňa.*

2. If the noun refers to a human or animate being:

A. if it does not refer to a young being or youngling, its gender is masculine or feminine according to sex: *mama F, turista M, turistka F;*

B. if it refers to a young being or youngling, as a rule, its gender is neuter: *dieťa* (child), *medvieďa* (bear cub).

5.2.4 Table of Noun Classification by Endings (with examples):

Symbols used:
- ☐ thing, non-living phenomenon (–Anim)
- ⚲ male human
- ⚲ female human
- ☺ child
- young of an animal
- animal

Translation of the examples used in the Table above: *izba* – room, *mama* – mother, *dieťa* – child, *princezná* – princess, *žriebä* – foal, *strýko* – uncle, *okno* – window, *srdce* – heart, *umenie* – art, *otec* – father, *dom* – house, *hus* – goose, *hráč* – player, *medveď* - bear, *deň* – day, *laň* – hind, *dlaň* – palm of the hand, *múzeum* – museum, *akvárium* – aquarium.

5.2.5 For completeness it should be added that final *-o* al-so occurs in the neuter in:

a) augmentative nouns (expressing large size) ending in *-sko*, e.g.
medvedisko (big bear), *domisko* (huge house);

b) derogatory nouns ending in *-sko*, e.g.
chlapčisko (rascal), *dievčisko* (bad girl).
The augmentative and derogatory function can alternate or coexist in the same words, e.g.
medvedisko (big and/or ugly/bad bear);

c) diminutive nouns or endearments ending in *-tko*, e.g.
dievčatko (little/dear girl), *vtáčatko* (little/dear bird).

5.3 NEGATIVE AND CONTRARY ADJECTIVES
Negatívne a protikladné prídavné mená

5.3.1 In Slovak adjectives can be negated with the help of the negative prefix *ne-*, e.g.

nešikovný, neporiadne, nesympatická, nezariadený

5.3.2 Contrary adjectives, similarly to the situation in English, express mutually opposite meanings, e.g.

mladý – starý´

It is important to note that oné adjective can have different opposites in different meanings, e.g.

mladý doktor
starý doktor
nový doktor

5.3.3 In many cases the negated adjectives exist parallel to contrary adjectives, e.g.
veľký obraz – neveľký obraz, malý obraz.

Here *veľký* only denies its being large, while *malý* says that it is ugly. Hence, the negated adjective usually expresses a less strong negative statement than the contrary one.

CVIČENIA

I. State the gender of the following nouns on the basis of their form (including also the ones that have not yet occurred in this textbook, i.e. without knowing their meaning):

otec, mama, auto, dom, dedo, káva, video, terárium, konferencia, veda, rádio, pero, kúpeľňa, jedáleň, profesor, problém, génius, prezident, program, kilo, zima, leto, jar, jeseň, taxikár, taxikárka, žaba, medveď, medvedica, lietadlo, letisko, pilot, pilotka, ulica, stôl, stolička, more, oceán, rieka, jazero, pole, hokej, hokejista, hokejistka, olympiáda, pivo, whisky, koka-kola, televízor, rádio, opera, film, fantázia, poézia

II. Check the meaning of the following words in the picture, establish their gender from their form, whenever possible, and with the remaining words check the gender in the vocabulary:

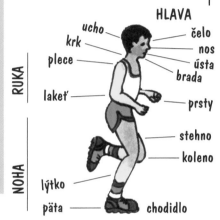

hlava, vlas, oko, ucho, tvár, líce, zub, brada, čelo, nos, obočie, mihalnica, telo, krk, plece, rameno, ruka, lakeť, prst, palec, dlaň, hruď, rebro, srdce, žalúdok, pečeň, črevo, oblička, noha, stehno, koleno, členok, chodidlo, päta

III. Qualify the following nouns by an adjective:

video, spálňa, dom, polica, chladnička, stôl, kniha, taxikár, doktor, futbalista, futbalistka, chlapec, dievča, pero, ceruzka, zošit, fotografia, zrkadlo, počítač, komín, strecha, stena, bazén, katedra

---

mladý *Adj* young
moderný *Adj* modern
modrý *Adj* blue
mraznička, -y; -y, mrazničiek *F* freezer
na návšteve visiting, on a visit
návšteva, -y; -y, návštev *F* visit
nebývať, -am, -ajú *NP* not to live at
neporiadny *Adj* disorderly
no čo *(Coll)* so what; well
noha, -y; -y, nôh *F* leg; foot
nos, -a; -y, -ov *M* nose
nový *Adj* new
oblička, -y; -y, obličiek *F* kidney
obočie, -ia; -ia, -í *N* eyebrow
obraz, -u; -y, -ov *M* picture, painting

obsadený *Adj* occupied
obývačka, -y; -y, obývačiek *F* living room
okno, -a; -á, okien *N* window
oko, -a; oči, očí *N* eye
okrúhly *Adj* round, having a round shape
oranžový *Adj* orange
palec, palca; palce, palcov *M* thumb
pečeň, -ne; -ne, -ní *F* liver
písací stôl *M* desk
plece, -a; plecia, pliec *N* shoulder
plný *Adj* full
počítač, -a; -e, -ov *M* computer
pohodlný *Adj* comfortable
polička, -y; -y, poličiek *F* shelf
poriadok, -dku; -dky, -dkov *M* order

IV. Use the following adjectives (in their appropriate gender form) with nouns:

písací, pohodlný, šikovný, zábavný, prázdny, veselý, svetlý, neporiadny, ružový, nesympatický, tučný, malý, zlý, unavený, nudný, nový, pekný, americký, silný, nezariadený, dlhý, smutný, modrý, šťastný

V. Give the feminine nouns corresponding to the following nouns:

doktor, študent, žiak, učiteľ, taxikár, predavač, Američan, lekár, Slovák, Francúz, profesor, šofér, manekýn, tenista, futbalista, pilot, astronaut, Kanaďan, hokejista, prezident

VI. Fill in the words *rád, rada, rado,* or *radi*:

1. Mária je veľmi ...., že ste tu.
2. Som veľmi ...., že bývam v USA.
3. Sú ...., že študujú slovenčinu.
4. Samozrejme, Peter je ...., že má šťastie.
5. Sme ...., že viete písať po slovensky.
6. Som ...., že je to dobrý liek.
7. Mama je ...., že jej syn je šikovný.
8. Nie som ...., že už ide domov.

VII. Match the following adjectives (in their appropriate gender forms) with as many of the nouns as possible:

široký	auto
tučný	film
sympatický	ulica
farebný	prezident
štíhly	byt
zábavný	kuchyňa
moderný	predavač
šikovný	manekýn
vysoký	kniha
žltý	televízor
nezamestnaný	počítač
zariadený	manžel

VIII. Give answers to the following questions according to the text of Lesson 5:

1. Čí je ten dom?
2. Je to len jeho dom?
3. Kde v Žiline býva?
4. Je jeho izba hore alebo dolu?

5. Je jeho izba ružová?
6. Prečo?
7. Má tam poriadok?
8. Prečo?
9. Má tam fotografie?
10. Býva tam jeho sestra?
11. Kde je sestrina izba?
12. Má tam sestra poriadok?
13. Má jeho rodina video?
14. Majú počítač?
15. Majú americký počítač?

IX. Odpovedzte:

Príklad: *Je ten čaj studený? Nie, je horúci.*
1. Je ten film dobrý?
2. Je to miesto obsadené?
3. Je tá žena tučná?
4. Je ten obraz pekný?
5. Je tá káva silná?
6. Máte starý dom?
7. Máte malý dom?
8. Je váš televízor starý?
9. Je váš dom prázdny?
10. Je váš učiteľ dobrý?

X. List your family members or friends and give their names and age.

XI. Preložte do angličtiny:

1. Vždy vie, kde čo má.
2. To je jeho vec.
3. Má tam poriadok.
4. Pozri, tu je tvoj slovník.
5. To je všetko.
6. Myslím, že profesor je tu.
7. Môj otec nie je neporiadny.
8. Vpredu je kozub, vzadu kreslo.
9. Tu je môj anglicko-slovenský slovník.

XII. Describe:

a) your room at home
b) your room in the dormitory
c) your house or apartment
d) the house of your friend or relative
e) your friend
f) a member of your family

---

poschodový *Adj* having two floors or more than one floor
posteľ, -e; -e, -í *F* bed
prázdny *Adj* empty
predať, predám, predajú *P + Acc* to sell sth
predsieň, -ne; -ne, -ní *F* entrance hall
prenajať, prenajmem, prenájmu *P + Acc* (to offer) to rent sth
príslušenstvo, -a; -á, -stiev *N* bathroom and toilet
protiklad, -u; -y, -ov *M* an opposite
prst, -a; -y, -ov *M* finger
rameno, -a; -á, ramien *N* arm
rebro, -a; -á, rebier *N* rib
reštaurácia, -ie; -ie, -ií *F* restaurant
riad, -u; -y, -ov *M (can also be used in the singular number as a collective noun)* dishes
ruka, -y; -y, rúk *F* hand; arm

rúra, -y; -y, rúr *F* oven
ružový *Adj* pink
sivý *Adj* grey
skriňa, -e; -e, skríň *F* cabinet, wardrobe
skrinka, -y; -y, skriniek *F* cabinet
slabý *Adj* weak
smutný *Adj* sad
spálňa, -e; -e, spální *F* bedroom
sporák, -u; -y, -ov *M* range, stove (for cooking)
srdce, -a; -ia, sŕdc *N* heart
stehno, -a; -á, stehien *N* thigh
stena, -y; -y, stien *F* wall
stolička, -y; -y, -čiek *F* chair
stolík, -a; -y, -ov *M* little table
stôl, stola; stoly, stolov *M* table

XIII. Translate the following colors into Slovak and use each of them with a noun:

green, brown, orange, yellow, white, black, pink, red, blue, gray, light-blue

XIV. Correct the following phrases:

mikrovlnný rúra, neporiadni otec, sestrino izba, ružový stena, slovenské slovnik, môj spálňa, velké garáž, otcova dom, moderné lampa, náš obývačka, pekná dievča, moji knihy, tvoje stará otec, moja rádio, pohodlné zariadené byt

XV. Form negative adjectives from the following:

dobrý taxikár, šikovný brat, veľký problém, pekný bratranec, veselý zať, pohodlné kreslo, moderný dom, šťastný chlapec, zamestnaný otec, poriadny študent

XVI. Odpovedzte:

1. Máte dnes čas?
2. Čítate slovenské knihy?
3. Čítate anglické knihy?
4. Máte rád tenis?
5. Ste dobrý tenista?
6. Máte rada futbal?
7. Ste dobrý futbalista?
8. Máte auto?
9. Ste dobrý šofér?
10. Je vaša mama dobrá šoférka?
11. Máte počítač?
12. Je nový?
13. Je slovenský alebo americký?
14. Je dobrý?
15. Ste vydatá/ženatý?
16. Máte chlapca/dievča?
17. Kde býva?
18. Tiež študuje?
19. Máte rád kino?
20. Je na univerzite kino?
21. Majú študenti čas?
22. Majú študenti čas na kino?

XVII. Somebody is referring to you a person to be hired as secretary. Write down the questions that you would ask him about her.

XVIII. Describe the pictures:

a/ house
b/ room
c/ kitchen

---

strecha, -y; -y, striech *F* roof
studený *Adj* cold
svetlo- light-coloured; **svetlohnedý** *Adj* light-brown
svetlý *Adj* light(coloured)
široký *Adj* wide
škaredý *Adj* ugly
škoda: in: **(je) škoda, že** it is a pity that;
   (je to) škoda it is a pity
štvorposteľový *Adj* with/having four beds
televízor, -a; -y, -ov *M* television set
telo, -a; -á, tiel *N* body
tichý *Adj* quiet
tmavo- dark-coloured; **tmavohnedý** *Adj* dark-brown
tmavý *Adj* dark
tvár, -e; -i, -í *F* face

ubytovanie, -ia; -ia, -í *N* accommodation
ucho, -a; uši, uší *N* ear
umývačka, -y; -y, -čiek riadu *F* dishwasher
úzky *Adj* narrow
vec, -i;-i,-í *F* thing;
   to je jej vec that is her matter/business
veď as; *(Interj)* well
video, -a; -á, videí *N* VCR
vlas, -u; -y, -ov *M* hair
vľavo *Adv* left, on the left
vpravo *Adv* right, on the right
vpredu *Adv* in the front
všade everywhere
však? right? isn't it?
výhodný *Adj* convenient

XIX. By filling in the columns with the appropriate Slovak words, find in the framed in line the name of one room in the house:

1. window
2. at the back
3. father
4. books
5. always
6. bedroom
7. mother

XX. Write as a dictation:

Môj svokor a moja svokra sú manželia už 50 rokov. Majú 3 deti. Ich dcéra je moja manželka. Bývajú v New Yorku. Tu je ich fotografia. Môj svokor je veľmi sympatický, šikovný, múdry a zábavný.

XXI. What would the men in the picture say?

XXII. Naučte sa porekadlo:

Krv nie je voda.

(Blood is thicker than water.)

XXIII. Naučte sa pieseň: ▶

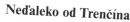

Neďaleko od Trenčína

Ne - ďa - le - ko od Tren - či - na
bý - va krás - na Ka - ta - rí - na.
Čier - ne o - či má,
to mu - sí byť má mi - lá
Ta - kú fra - je - rôč - ku chcem,
čo má me - no Ka - ta - rí - na.

2. Takú frajerku som dostal, akoby ju sám čert poslal.
Čierne oči má, to je moja má milá.
Takú frajeróčku mám, čo má meno Katarína.

3. Previezol ju cez tri hory svojej mamke do komory.
Mamko, mamko má, to je moja má milá.
Takú frajeróčku mám, čo má meno Katarína.

vzadu *Adv* at the back
záhrada, -y; -y, záhrad *F* garden
záchod, -u; -y, -ov *M* toilet
zamestnaný *Adj* employed
zariadený *Adj* furnished
za euro for Euro
zelený *Adj* green
zrkadlo, -a; -á, zrkadiel *N* mirror
zub, -a; -y, -ov *M* tooth
žalúdok, -dka; -dky, -dkov *M* stomach
žltý *Adj* yellow
žurnalistika, -y *F* journalism

Univerzita

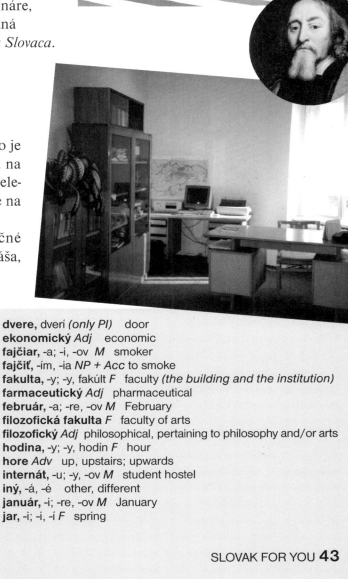

Takmer celá Univerzita Komenského je v centre Bratislavy. Je tam rektorát a sú tam aj fakulty: bohoslovecké, farmaceutická, filozofická, lekárska, manažmentu, matematicko-fyzikálna, pedagogická, právnická, prírodovedecká, telesnej výchovy a športu a nová fakulta sociálnych a ekonomických vied.

Filozofická fakulta je sivá budova pri Dunaji. Má štyri poschodia. Je tam dekan, dekanát, úradníci tam majú kancelárie, učitelia pracovne a sú tam aj posluchárne a učebne. Žiaľ, nie všetky katedry majú študovne. Dolu je jedáleň a bufet. Vedľa je právnická fakulta. Tam je knižnica, predajňa kníh, telocvična, kopírovacie stredisko a aula. Internáty sú v centre aj mimo centra mesta.

Každá učebňa má stoly, stoličky a tabuľu. Je tam aj krieda, ale učitelia používajú najmä spätný projektor. Niekedy potrebujú aj magnetofón a video.

Teraz sú zimné prázdniny a študenti tu nie sú. Letný semester sa začína vo februári. Potom tu slovenskí aj zahraniční študenti zas budú mať prednášky, semináre, cvičenia, konzultácie a skúšky. V lete je na univerzite letná medzinárodná škola slovenčiny *SAS – Studia Academica Slovaca*. Idete tam tento rok aj vy?

Pracovňa

Toto je profesorova pracovňa. Je malá, ale svetlá, lebo je tam veľké okno. Vpravo je stôl, stolička, vľavo polička na knihy a skriňa, malý stolík a dve kreslá. Vpravo je tiež telefón, počítač a tlačiareň. Profesor je, bohužiaľ, fajčiar, ale na fakulte je zakázané fajčiť.

Vonku na dverách je jeho rozvrh a jeho konzultačné hodiny. Na fakulte je takmer každý deň, lebo veľa prednáša, učí, konzultuje a skúša.

SLOVNÍK

apríl, -a; -y, -ov *M* April
august, -a; -y, -ov *M* August
aula, -y; -y, ául *F* (the main/largest) university auditorium
bohoslovecký *Adj* theological
budova, -y; -y, budov *F* building
budú (*3rd Pers Pl Future Tense of* **byť**) (they) will be
bufet, -u; -y, -ov *M* snack bar
celý *Adj* whole, entire
cigareta, -y; -y, cigariet *F* cigarette
december, -bra; -bre, -brov *M* December
dekan, -a; -i, -ov *M* dean
dekanát, -u; -y, -ov *M* dean's office
Dunaj, -a *M* the Danube

dvere, dverí *(only Pl)* door
ekonomický *Adj* economic
fajčiar, -a; -i, -ov *M* smoker
fajčiť, -ím, -ia *NP + Acc* to smoke
fakulta, -y; -y, fakúlt *F* faculty *(the building and the institution)*
farmaceutický *Adj* pharmaceutical
február, -a; -re, -ov *M* February
filozofická fakulta *F* faculty of arts
filozofický *Adj* philosophical, pertaining to philosophy and/or arts
hodina, -y; -y, hodín *F* hour
hore *Adv* up, upstairs; upwards
internát, -u; -y, -ov *M* student hostel
iný, -á, -é other, different
január, -i; -re, -ov *M* January
jar, -i; -i, -í *F* spring

6.1 SEASONS OF THE YEAR – Ročné obdobia

6.1.1 In Slovak references to the seasons of the year are as follows:

Čo?	Kedy?	Aký?
jar	na jar	jarný
leto	v lete	letný
jeseň	na jeseň	jesenný
zima	v zime	zimný

Examples:
Jar je pekné ročné obdobie. Na jar pracujeme v záhrade. Marec je jarný mesiac.
Leto je už tu. V lete ideme na výlet. Dnes je pekný letný deň.

6.1.2 In response to the question *kedy?* (when?), i.e. in the function of an adverbial of time, *na* is used with *jar* and *jeseň*. With the remaining two seasons *v* is used and the noun referring to the season has the ending -e (which is due to its being in the locative case), i.e. *v lete, v zime*.

6.1.3 Adjectives pertaining to the seasons of the year are formed with the help of the suffix -ný, e.g. *jarný, zimný*.

6.1.4 Note that both nouns and adjectives referring to seasons of the year are written with initial small letters.

6.2 MONTHS – Mesiace

6.2.1 Slovak words concerning references to months are as follows:

Čo?	Kedy?	Aký?
január	v januári	januárový
február	vo februári	februárový
marec	v marci	marcový
apríl	v apríli	aprílový
máj	v máji	májový
jún	v júni	júnový
júl	v júli	júlový
august	v auguste	augustový
september	v septembri	septembrový
október	v októbri	októbrový
november	v novembri	novembrový
december	v decembri	decembrový

6.2.2 In response to the question *kedy?* (when?), i.e. in the function of an adverbial of time, the preposition *v* is used. Its variant *vo* is used with *vo februári*, as, for pronunciation reasons, before *v/f* (and consonantal clusters containing them) the vowel -o has to be added.

6.2.3 In response to the question *kedy?* the names of the months have the ending -i, except for the form *v auguste* where there is -e (both these endings are the endings of the locative case of the particular nouns).

6.2.4 Adjectives referring to months (answering the question *aký?*) are formed with the help of the suffix -ový, e.g. *septembrový*.

6.2.5 Note that both nouns and adjectives referring to months are written with small initial letters.

6.3 NOMINATIVE PLURAL OF NOUNS
Nominatív plurálu podstatných mien

6.3.1 In Slovak, depending on the ending of the noun, whether it is a reference to a human or not, and on its belonging to a particular declension pattern, there are the following regular nominative plural endings:

Masculine: (+H)		-i:	doktori, páni, turisti
		-ia:	bratia, priatelia, učitelia, rodičia
		-ovia:	otcovia, dedovia, hrdinovia *(heroes)*, géniovia *(geniuses)*, Petrovia
(-H)	(C):	-y:	domy, stoly, lieky, albumy
	(-Č):	-e:	máje, kľúče, marce
	(-ár):	-e:	doláre, kalendáre *(calendars)*
	(-ier):	-e:	taniere *(plates)*
Feminine:	(-C+a):	-y:	mamy, knihy, stoličky
	(-Č+a):	-e:	ulice, skrine
	(-Č+a):	-e:	postele, obce *(communities)*, tváre *(faces)*
	-ná:	-né:	kráľovné *(queens)*
(-Č; -s, -p, -v):		-i:	myši *(mice)*, noci; husi *(geese)*
Neuter: (-o, -(e)um/ium):		-á/-a:	autá, videá, múzeá *(museums)*; milénia
(-ie):		-ia:	poschodia *(floors)*

Note: C stands for hard/neutral consonants, Č for soft consonants.

jarný *Adj* pertaining to spring
jeseň, -e; -e, -i *F* fall, *BE* autumn
jesenný *Adj* pertaining to fall
júl, -a; -y, -ov *M* July
jún, -a; -y, -ov *M* June
kancelária, -ie; -ie, ii *F* office (of an office worker)
každý, -á, -é every; each
konzultačné hodiny office hours
konzultovať, -tujem, -tujú *NP* to have consultations; to consult
kopírovacie stredisko *N* copy center
krieda, -y; -y, kried *F* chalk
lekársky *Adj* medical, pertaining to medicine
letný *Adj* pertaining to summer
leto, -a; -á, liet *N* summer
magnetofón, -u; -y, -ov *M* tape recorder
máj, -a; -e, -ov *M* May

manažment, -u; -y, -ov *M* management
mapa, -y; -y, máp *F* máp
marec, -rca; -rce, -ov *M* March
matematicko-fyzikálny *Adj* of mathematics and physics
medzinárodný *Adj* international
na dverách *(Loc)* on the door
na fakulte *(Loc)* at the faculty
národný *Adj* national
niektorý, -á, -é some
november, -bra; -bre, -ov *M* November
obdobie, -ia; -ia, -í *N* season
október, -bra; -bre, -brov *M* October
pedagogický *Adj* pedagogical
poslucháreň, -rne; -rne, -rní *F* university auditorium; large classroom
potom then

6.3.2 Referring to the above table, the plural endings of Slovak nouns are as follows:

	Plural	Singular
-i	doktori	*(M +Hum)*
	myši	*(F -Č)*
-y	domy	*(M –Hum)*
	mamy	*(F -C+a)*
-e	kľúče	*(M –Hum -Č)*
	doláre	*(M –Hum -ár)*
	ulice	*(F -Č+a)*
	postele	*(F -Č/C)*
-á	autá	*(N -o/(-e)um̕/-ium)*
-ia	bratia	*(M +Hum)*
	poschodia	*(N -ie)*
-ovia	otcovia	*(M +Hum)*
-né	kráľovné	*(F -ná)*

6.3.2.1 Similarly to the situation in English, most Slovak nouns can have a plural form to refer to plural phenomena. The plural of nouns is formed with the help of endings.

6.3.2.2 The principal ending for the nominative plural of masculine and feminine nouns is *-i/-y*, and it is also the statistically most frequent plural ending. However, it is neither fully predictable, nor is it the only plural ending, as is evident from the chart in 6.3.1. In addition, there also exist nouns the nominative plural of which is irregular (see 8.1).

6.3.2.3 The ending of the plural is predictable in the following cases:

a) *-y* is predictable only with feminine nouns ending in C+a: *žena – ženy, kniha – knihy;*

b) *-á/a* is predictable with neuter nouns ending in -o/(-e)um/ium: *auto – autá, kreslo – kreslá; múzeum – múzeá, milénium – miléniá*

c) *-ia* is predictable:
   1. in masculine nouns referring to humans with the endings *-teľ, -čan/-ďan: učiteľ – učitelia, Žilinčan* (Žilina citizen) *– Žilinčania, Clevelanďan* (Clevelander) *– Clevelanďania;*
   2. in neuter nouns that end in *-e/-ie: pole* (field) *– polia, údolie* (valley) *– údolia;*

d) *-ovia* is predictable:
   1. with the following endings of nouns referring to male humans:

-o: *dedo – dedovia;*

-ca : *sudca* (judge) *– sudcovia, radca* (advisor) *– radcovia;*

-g/-h: *pedagóg – pedagógovia, zbeh* (deserter) *– zbehovia;*

-a (in native words only): *hrdina* (hero) *– hrdinovia;*

-(č)ek, -čik (all diminutive): *chlapček – chlapčekovia, vnúčik – vnúčikovia;*

-ok : *predok* (predecessor) *– predkovia;*

-ius : *génius* (génius) *– géniovia.*

   2. with first names: *Peter – Petrovia, Jozef – Jozefovia.*

e) *-i* is predictable with masculine +Hum which have the foreign suffixes *-ista, -ita: turista – turisti, pianista – pianisti* (piano players), *bandita – banditi.*

f) *-é* is predictable with nouns ending in *-ná: kráľovná – kráľovné* (queens), *princezná – princezné* (princesses).
The number of nouns of this type is very small.

6.3.2.4 Names of animals are declined as inanimate nouns in the plural, e.g.
lev (lion) *– levy, had* (snake) *– hady, medveď* (bear) *– medvede.*
However, the words *vták* (bird), *pes* (dog), *vlk* (wolf), *býk* (bull) can also be declined according to the *+Hum* plural pattern:
vtáky/vtáci, psy/psi, vlky/vlci, býky/býci.

6.3.2.5 As to the feminine nouns ending in a consonant, there is no simple and transparent criterion for the predictability of their belonging to one of the patterns, hence their having the plural with *-e* or *-i* has to be checked in a dictionary and, if possible, memorized.

6.3.2.6 *+Human* masculine nouns change their final consonants *-k/-ch* before the plural ending *-i* into *-c/-s* respectively:
žiak – žiaci, Slovák – Slováci, beloch (white person) *– belosi.*

6.3.2.7 The neuter nouns ending in (-e)um/-ium drop the *-um* before the plural ending *-á* is added, e.g.
múzeá, akváriá.

6.3.2.8 Nouns that have *-ô-* in their last syllable in the nominative singular form change it into *-o-* in all other forms, including the plural:
stôl - stoly, nôž (knife) *- nože.*

6.3.2.9 Nous ending in *-ec, -eň* and *-el* usually drop the *-e-:*
herec (actor) *– herci, koberec – koberce, jedáleň – jedálne, deň – dni, bicykel – bicykle,*

and nouns ending in *-ok* usually drop the *-o-*, e.g.
utorok – utorky.

používať, -am, -ajú *NP + Acc* to use sth
pracovňa, -ne; -ne, -ní *F* (university teacher's) office
právnický *Adj* pertaining to law
prázdniny, prázdnin *(only Pl)* vacation, holidays
pre *+ Acc* for sb/sth
predajňa, -e; -e, -i *F* store
prednášať, -am, -ajú *NP + Acc* to lecture on sth
prednáška, -y; -y, -šok *F* lecture
pri *+ Loc* at, near, by
rektor, -a; -i, -ov *M* rector (university president)
rektorát, -u; -y, -ov *M* rector's office
ročné obdobie *N* season of the year
ročný *Adj* pertaining to a/the year
rozvrh, -u; -y, -ov *M* timetable
semester, -stra; -stre, -strov *M* semester

6.4 NOMINATIVE PLURAL OF ADJECTIVES AND PRONOUNS – Nominatív plurálu prídavných mien a zámen

6.4.0 The following table presents the relevant endings and forms:

	M +Hum		all others	
Adjectives	-i/í	pekní/nízki	-é/e	pekné/nízke
Possessive Pronouns	-i	moji	-e	moje
Demonstraive Pron.	tí		tie	
Interrogative Pron.	čí		čie	
	akí		aké	

6.4.1 Adjectives in nominative plural have the following endings:

-i/-i	Masculine +Hum:	starí otcovia, nízki chlapci
-é/-e	all others:	nové knihy, nízke domy, pekné autá

6.4.2.1 Possessive pronouns have the following endings:

-i	Masculine +Hum:	moji bratia, vaši doktori
-e	all others:	tvoje knihy, naše izby

6.4.2.2 Of course, 3rd person pronouns remain unchanged:

jeho profesori, jej problémy, ich autá.

6.4.3 The English demonstrative pronouns have the following Slovak counterparts:

	that	this	those	these
M	ten	tento	tí +Hum	títo +Hum
M	ten	tento	tie –Hum	tieto –Hum
F	tá	táto	tie	tieto
N	to	toto	tie	tieto

e.g. *tí(to) úradníci, tie(to) domy, tie(to) ženy, tie(to) autá.*

6.4.4 Interrogative pronouns have the following forms in the nominative plural:

čí	M +Hum	čí učitelia
čie	all others	čie dcéry, čie domy, čie autá
akí	M +Hum	akí študenti
aké	all others	aké študentky, aké stoly
ktorí	M +Hum	ktorí doktori
ktoré	all others	ktoré doktorky, ktoré mestá

6.5 NOUNS USED ONLY IN THE PLURAL Podstatné mená používané len v pluráli

6.5.1 Just as in English, there are some nouns also in Slovak that have a plural ending, but actually do or can refer to a non-plural phenomenon, e.g.

trousers (a pair of trousers) – nohavice
scissors (a pair of scissors) – nožnice

These are referred to as *pluralia tantum*. In the vocabulary of this textbook they are marked as *only Pl*.

6.5.2 Although some of the cases of pluralia tantum correspond to each other in both languages (see 6.5.1 above), many others do not, e.g.

dvere	Pl – door
prázdniny	Pl – vacation
Vianoce	Pl – Christmas
peniaze	Pl – money

As to the latter, there also exists the singular form *peniaz*, but it means a coin.

6.5.3 Similarly to English, concord with pluralia tantum requires plural forms in Slovak, e.g.

moje nožnice sú tu
kde sú tie dvere
peniaze nie sú všetko

CVIČENIE

I. Translate into English the following nouns and state their gender:

stredisko, prednáška, basketbalista, basketbalistka, dedo, bufet, predajňa, tenista, predavačka, predavač, magnetofón, video, popolník, kreslo, hodina, učebňa, futbalista, fakulta, leto, zima, jar, jeseň, krieda, šťastie, manžel, zrkadlo, január

II. Give the plural:

ten sympatický študent, milá študentka, nepohodlné kreslo, zlý slovník, dobrá kniha, ten náš dom, veselý chlapec, toto slovenské auto, americký počítač, náš turista, pekný deň, šikovný syn, môj liek, múdry lekár, unavená šoférka, jeho dobrý rodič, toto šťastné dievča, ich stôl, zlý nôž, starý kôň, náš hnedý koberec, americký černoch, malý žiak, naše múzeum, slovenský úradník, dobrý Slovák, mladý Čech, čí problém, aká vec

III. Change into the plural:

1. To je moja slovenská kniha.
2. Tam je ten jej anglický slovník.
3. Toto je ich americké auto.
4. Tu je môj starý priateľ.
5. Kde je tá tvoja pekná priateľka?
6. Ona je americká študentka.
7. Jej profesor je na Slovensku.
8. Naša doktorka je v Bratislave.
9. Jej syn je ten dobrý žiak.
10. Ich dom je svetlomodrý.
11. Vaša izba nie je ružová, však?
12. To je ich problém.

IV. Doplňte:

1. Mám skúšku vo ... *(február)*. 2. Letná škola slovenčiny SAS je v ... *(august)*. 3. V ... *(november)* je ich dcéra v New Yorku. 4. V ... *(máj)* neštudujem. 5. Prázdniny majú v ... *(január, júl, august)*. 6. Festival je v ... *(október)*. 7. Mama je tu v ... *(marec)*. 8. Na Aljašku ideme v ... *(leto)*. 9. Na Floridu cestujeme v ... *(zima)*.

V. Give answers according to the text of the lesson:

1. Kde je Univerzita Komenského?
2. Aké fakulty sú na Univerzite Komenského?
3. Kde je v lete SAS?
4. Čo je SAS?
5. Kde je filozofická fakulta?
6. Čo tam je?
7. Čo je vedľa?
8. Kde sú internáty?
9. Majú teraz študenti prázdniny?
10. Kedy sa začína zimný semester?
12. Majú profesori veľké pracovne?
13. Majú profesori počítače?
14. Učia profesori veľa?
15. Sú profesori na fakulte každý deň?

VI. Povedzte:
a) čo je na univerzite;
b) kto študuje na univerzite;
c) čo majú študenti na univerzite.

VII. Preložte do slovenčiny:

1. Like father, like son.
2. An eye for an eye, a tooth for a tooth.
3. Blood is thicker than water.
4. First come, first served.
5. East or west, home is best.

VIII. Odpovedzte:

1. Študujete na univerzite?
2. Učíte na univerzite? Kde je vaša pracovňa? Čo je tam?
3. Máte spätný projektor?
4. Kto používa spätný projektor?
5. Máte video?
6. Máte tlačiareň?
7. Fajčíte?
8. Fajčíte doma?
9. Fajčíte v kancelárii?
10. Ste v pracovni každý deň?

IX. Doplňte ročné obdobie *(kedy?)*...

1. Prázdniny mám ....
2. Študujem ....
3. Mám čas ....
4. Moja priateľka je tu ....
5. Hovorím po slovensky ....

X. Supposing you have not heard the words in brackets very well, ask about them:

Príklad: *Toto je tá (nová) kniha. – Aká kniha?*
1. Toto sú (tí americkí) študenti.
2. Toto sú tí (zahraniční) študenti.
3. Prosím si (tie staré) slovníky.
4. Majú nové (slovenské) knihy.
5. Tu sú (tie moderné) počítače.

XI. Write a list of your relatives.

XII. Write a story:

a) about your studies
b) about your family

XIII. Write a dialogue between two students who do not know each other. You might like to include asking the following:

– Where do you study?
– What do you study?
– Are you at the university each day?
– When do you have exams?
– Are your professors good?
– Are the seminars amusing?

XIV. Preložte do slovenčiny:

nice face, light-brown hair, slim body, long legs, big eyes, short fingers, good heart, big door, our faculty, new building, office hours, spring day, first hour, good management, winter season, summer holidays, overhead projector, international seminar, modern accommodation

XV. What would the characters say in the following situations:

XVI. Naučte sa porekadlo:

Aký pán,
taký krám.

(A man's business mirrors his qualities.)

XVII. Naučte sa pieseň: ▼

Hej, slniečko horúce

Hej, sl - nieč - ko ho - rú - ce, nech mi ne - u - ho - rí,
ne - páľ že ma, ne - páľ,
hej, tá mo - ja bie - la tvár.

2. Hej, a keď mi uhorí, hlávka ma zabolí,
/:ďaleko je šuhaj, :/
hej, čo mi ju zahojí.

Cestujeme vlakom

Je piatok popoludní. Peter a Mária sú na železničnej stanici
v Bratislave. O chvíľu cestujú vlakom do Žiliny. Tam býva
Máriina rodina. Peter ide na návštevu. Teraz si ešte musia
kúpiť cestovné lístky. Tu je pokladňa.

Mária: Prosím si dva cestovné lístky na rýchlik do Žiliny.
Pokladníčka: Len tam, alebo aj spiatočné?
Mária: Spiatočné, prosím.
Pokladníčka: Má to byť prvá trieda alebo druhá trieda?
Mária: Druhá trieda. A študentské, prosím.
Pokladníčka: Na kedy? Na dnes alebo na zajtra?
Mária: Na dnes. Potrebujeme aj miestenky?
Pokladníčka: Nie, nepotrebujete.
Mária: Čo stojí jeden lístok?
Pokladníčka: Stošesťdesiat korún.
Mária: Dobre.
Pokladníčka: Spolu je to tristodvadsať korún.
Mária: Nech sa páči.
Pokladníčka: Tu máte drobné.
Mária: Ďakujem. A prosím, ktoré je to nástupište?
Pokladníčka: Siedme nástupište, štrnásta koľaj. Odchádza
o chvíľu, o osem dvadsať.

Peter a Mária idú na siedme nástupište. Ich batožina nie je ťažká.
Peter má tašku, Mária dosť ľahký kufor. Vlak už čaká, cestujúci
nastupujú.
Tento vagón je druhá trieda. Vagón je plný, ale tu je jedno
takmer prázdne kupé. Sú tam len dvaja chlapci;
majú asi 16 rokov.

SLOVNÍK

ako sa ti páči...? *(Sg Infml)* how do you like...?
ako sa ti to páči? how do you like it?
ako sa ti páči na Slovensku? how do you like it in Slovakia?
ako sa to povie? how do you say it? how does one say it?
ako sa to povie po slovensky? how do you say it/that
  in Slovak? what is it in Slovak?
ako sa vám páči? *(Pl or Fml)* how do you like...?
atómová elektráreň *F* atomic power station
atómový *Adj* atomic, pertaining to atom
autobus, -u; -y, -ov *M* bus
autobusom by bus
autom by car
batožina, -y; -y, -žín *F* luggage

bicykel, -kla; -kle, -klov *M* bicycle
cestovať, cestujem, cestujú *NP + Instr* to travel (by)
cestovný *Adj* pertaining to travel; traveler's
cestujúca, -ej; -e, -ich *F* female passenger, traveler
cestujúci, -eho; -i, -ich *M* male passenger, traveler
cukrovar, -u; -y, -ov *M* sugar mill
čln, -a; -y, -ov *M* boat, row boat
čo stojí/stoja...? how much is/are...?
čo to stojí? how much is it?
ďalší *Adj* the following, next
driemať, driemem, driemu *NP* to be taking a nap,
  to be nodding off
drobné *(only Pl)* change (money)
dvaja *M +Hum* two
elektráreň, -rne; -rne, -rní *F* power station

Mária: Prepáčte, sú tieto miesta voľné?

Chlapci: Áno, sú. Nech sa páči, sadnite si.

Mária: Ďakujem. Poď, Peter, sadnime si. Kam cestujete, chlapci?

Martin: Ja cestujem do Trenčína. A Vlado do Ružomberka. A kam cestujete vy?

Mária: My cestujeme do Žiliny. Ja som odtiaľ a bývajú tam moji rodičia. A vy idete domov? Alebo na výlet či na návštevu?

Vlado: V Ružomberku bývajú moji starí rodičia a idem tam na návštevu. Martin ide na víkend domov do Trenčína. Bývajú tam jeho rodičia. My sme študenti a chodíme na strednú elektrotechnickú školu. A vy čo robíte?

Mária: My sme tiež študenti a chodíme na Univerzitu Komenského. Ja študujem angličtinu a Peter slovenčinu. Peter je z USA.

Martin: Z USA? Odkiaľ?

Peter: Z Clevelandu, z Ohia.

Martin: Moja teta býva v Chicagu, pracuje tam ako predavačka. Je to otcova sestra. Niekedy si píšeme. A ty vieš po slovensky?

Peter: Trochu. Študujem tu už tri mesiace. Moja stará mama je zo Slovenska a ešte vie po slovensky.

Vlado: A ako sa ti páči na Slovensku?

Peter: Veľmi sa mi tu páči. Bratislava je sympatické a rušné mesto. Som rád, že tento víkend uvidím Žilinu. A z vlaku aj iné mestá.

Martin: Teraz sme v Trnave. Je tu univerzita, cukrovar a neďaleko je atómová elektráreň. Odtiaľto ideme na sever, cez Považie, popri rieke Váh.

Vlado: Počúvajte, chcete jabĺčka? Nech sa páči, vezmite si. Tieto červené sú veľmi sladké, ale ani tie zelené nie sú kyslé.

Peter: Ďakujem. A ja mám potato chips. Mária, ako sa to povie po slovensky? Tie slová neviem.

Mária: Zemiakové lupienky.

Peter: Nech sa páči, vezmite si zemiakové lupienky.

Martin: Ďakujem. Aha, toto je už Trenčín. Ja tu vystupujem. Majte sa dobre. Ahojte.

Vlado: Ahoj.

Mária: Pozri, Trenčín! Je to starobylé mesto. Je tu stredoveký hrad, tam hore. Niekedy sem musíme prísť na výlet.

Cesta je celkom príjemná a zaujímavá. Väčšinou sa rozprávajú. Vlado potom trochu drieme – možno aj spí.

elektrotechnický *Adj* pertaining to electrical engineering
hrad, -u; -y, -ov *M* castle
chcieť, chcem, chcú; *Past* chcel *Mod* to want
chodiť, chodím, chodia *NP* to attend; *(repeatedly/frequently)* to go
jabĺčko, -a; -á, jabĺčok *N* apple
kam where (to)
koľaj, -e; -e, -í *F* track; *BE* quay
kufor, -fra; -fre, -ov *M* suitcase
kupé *(Nondecl) N* compartment
kúpiť si, -im si, -ia si *P + Acc* to buy (for oneself)
ľahký *Adj* light; easy
lietadlo, -a; -á, -diel *N* airplane
lietadlom by plane
lístok, -tka; -tky, -tkov *M* ticket
lupienok, -nka; -nky, -nkov *M* chip

maj/te sa dobre have a good time
miestenka, -y; -y, miesteniek *F* seat reservation
motorka, -y; -y, motoriek *F* motorcycle
možno perhaps, probably, maybe
na bicykli by bicycle
na kedy? for when?
na motorke by motorcycle
na návštevu for a visit
na sever to the north
na železničnej stanici at a/the railway station
nástupište, -šťa; -štia, nástupíšť *N* station platform
nastupovať, nastupujem, nastupujú *NP + do + Gen* to be getting on, to be boarding *(a bus, a plane, etc.)*
neďaleko *Adv* nearby

Mária: No, ďalšia stanica je Žilina. Poďme, Peter, už ideme dolu.
Vlado: Čo, vy už vystupujete?
Mária: Áno, toto je Žilina.
Vlado: Aha. Tak príjemný víkend!
Mária: Podobne.
Peter: A šťastnú cestu.
Vlado: Ďakujem. Ahojte.

Trnava

Trenčín

Žilina

Užitočné výrazy

Prosím si lístok.	– I would like to have a ticket.
Čo stoji jeden lístok?	– How much is one ticket?
Kedy chcete cestovať?	– When do you want to travel?
Kedy odchádza vlak?	– When does the train leave?
Nech sa páči, tu máte drobné.	– Here is your change.
Prepáčte, je toto miesto voľné?	– Excuse me, is this seat free/available?
Áno, je.	– Yes, it is./Certainly.
Nech sa páči, sadnite si.	– Sit down, please.
Nech sa páči, vezmite si.	– Help yourself/yourselves, please.
Ako sa ti/vám tu páči?	– How do you like it here?
Veľmi sa mi tu páči.	– I like it here very much.
Nepáči sa mi tu.	– I do not like it here.
Maj/majte sa dobre.	– Have a good time.
Tu vystupujeme.	– We are getting off here.
Príjemný víkend!	– Have a good weekend.
Ako sa to povie po slovensky?	– What is it in Slovak? How do you say it/that in Slovak?

Na výlet môžeme ísť:
vlakom
autobusom
autom
taxíkom
lietadlom
na bicykli
na motorke
pešo

---

o *(about time)* in, at; within
odchádzať, -am, -ajú *NP* to be leaving
odtiaľ from there
odtiaľto from here
páčiť sa, páčim sa, páčia sa *NP* to like; **páči sa mi to** I like it
pešo on foot
piatok, -a; -y, -ov *M* Friday
písať si, píšeme si, píšu si *NP* to write to each other
počúvaj/te *(Imper of* **počúvať***)* listen
počúvať, -am, -ajú *NP + Acc* to be listening, to listen
poďme *(Imper of* **ísť***)* let us go
pokladňa, -dne; -dne, -dní *F* ticket office; cashier's office
pokladníčka, -y; -y, -čiek *F* female ticket officer
pondelok, -lka; -lky, -lkov *M* Monday
Považie, -ia *N* region along the Váh river
pracovať, pracujem, pracujú *NP* to work

príjemný *Adj* pleasant
prísť, prídem, prídu; *Past* prišiel; *Imper* príď *P* to come, to arrive
robiť, -ím, -ia *NP* to do
rozprávať, rozprávam, rozprávajú *NP* to talk, to speak
rozprávať sa, -am sa, -ajú sa *NP* to talk (mutually)
rýchlik, -a; -y, -ov *M* fast train
sadnime si *(Imper or* **sadnúť si***)* let us sit down
sever, -u *M* north
sladký *Adj* sweet
slovo, -a; -á, slov *N* word
sobota, -y; -y, sobôt *F* Saturday
spať, spím, spia *NP* to sleep
spiatočný lístok *M* return ticket

7.1 DAYS OF THE WEEK – Dni v týždni

čo?	kedy?
pondelok	v pondelok
utorok	v utorok
streda	v stredu
štvrtok	vo štvrtok
piatok	v piatok
sobota	v sobotu
nedeľa	v nedeľu

7.1.1 When answering the question *kedy?* (when?), i.e. within the function of an adverbial of time, the name of the day is preceded by the preposition *v*. Its variant *vo* is used before *štvrtok*, as its initial consonantal cluster includes *v*.

7.1.2 When answering the question *kedy*, after the preposition *v* three of the names of days change, taking the ending *-u*, i.e. *v stredu, v sobotu, v nedeľu*. The reason is that after the preposition *v* the accusative case is required and in nouns ending in *-a* the accusative ending is *-u* (see 10.1).

7.1.3 Note that the days of the week are written in small letters.

7.1.4 Note that the Slovak week starts with Monday not Sunday.

7.2 PRESENT TENSE – Prítomný čas

7.2.1 In contrast to English verbs which have 3 simple tenses, i.e. present, past and future, 3 perfective tenses, and the corresponding 6 continuous tenses, i.e. altogether 12 tense-related forms, Slovak verbs have only 3 grammatical tenses: present, past and future.

7.2.2 While in English in the present tense the only ending is *-s (she speaks)* in the 3rd person singular of finite verbs, in Slovak the verbs in the present tense are conjugated, i.e. their endings change according to the grammatical person and number.

7.2.3 The basic endings of the present tense are:

1st person Sg	- m:	ja	hľadám	pracujem	prosím
2nd person Sg	- š:	ty	hľadáš	pracuješ	prosíš
3rd person Sg	–:	on	hľadá	pracuje	prosí
1st person Pl	-me:	my	hľadáme	pracujeme	prosíme
2nd person Pl	-te:	vy	hľadáte	pracujete	prosíte
3rd person Pl	-jú/-ú/-ia:	oni	hľadajú	pracujú	prosia

7.2.4 As can be seen from 7.2.3, the 3rd person singular has no ending, i.e. the verbal form comprises only the verb stem composed of the root and the so-called thematic vowel.

stanica, -e; -e, staníc *F* (railway/bus) station
stáť, stojím, stoja *NP* to cost; to stand
streda, -y; -y, stried *F* Wednesday
stredná elektrotechnická škola *F* secondary electrotechnical school
stredný *Adj* 1. *(pertaining to school level)* secondary 2. central
stredoveký *Adj* medieval
škola, -y; -y, škôl *F* school
študentský *Adj* pertaining to students
štvrtok, -tka; -tky, -ov *M* Thursday
taška, -y; -y, tašiek *F* bag
taxík, -a; -y, -ov *M* taxi cab
taxíkom by taxi
ťažký *Adj* heavy, difficult
trieda, -y; -y, tried *F* class, classroom
týždeň, -dňa; -dne, -dňov *M* week

7.2.5 All of the above endings are fully predictable with verbs (only *byť* is irregular in this respect, see 2.6) except for the 3rd person plural where there are three possible endings, their choice being only partly predictable.

7.2.6 In addition, within the conjugation, changes in the stem can also occur, mostly alternations of the thematic vowel. With regard to those, as well as the 3rd person Pl endings, traditionally 7 historically based Slovak verb classes are listed, and they are subdivided into 14 or more paradigmatic patterns. For the sake of increasing the transparency and predictability of the conjugated forms, in 7.2.7 we present a re-organized and simplified list of present tense conjugation patterns (based only on synchronic criteria), with 3 types of verbs comprising 9 patterns.

7.2.7 According to their ending in the 3rd person plural, and considering also the infinitive and the 1st person singular, Slovak verbs can be divided into 3 basic types of present tense conjugation patterns (as representatives of the types, wherever possible, the verbs so far used in the textbook have been chosen):

Type				Other Verbs
	Infinitive	*1st Pers Sg*	*3rd Pers Pl*	
1 a)	pracovať	pracujem	pracujú	*ďakovať*
				študovať
				potrebovať
				konzultovať
				cestovať
b)	hľadať	hľadám	hľadajú	*mať, odpovedať*
				volať sa, čítať
				bývať, počúvať,
				spievať
c)	rozumieť	rozumiem	rozumejú	*silnieť* (to
				become strong)
2 a)	sadnúť	sadnem	sadnú	*padnúť* (to fall)
b)	driemať	driemem	driemu	*písať*
c)	pozrieť	pozriem	pozrú	*zomrieť*
3 a)	hovoriť	hovorím	hovoria	*preložiť, prosiť si*
				naučiť sa
				doplniť, prepáčiť
				fajčiť, učiť
				chodiť, páčiť sa
				kúpiť si, robiť
b)	spať	spím	spia	*kričať* (to yell)
c)	myslieť	myslím	myslia	*vidieť* (to see)

7.2.7.1 The ending of the 3rd person plural is predictable from the infinitive subtypes a), i.e. from the following endings of the infinitive:

Type 1 a)	-ovať	-ujú	pracovať – pracujú
Type 2 a)	-núť	-ú	sadnúť – sadnú
Type 3 a)	-iť	-ia	hovoriť – hovoria

7.2.7.2 In cases different from 7.2.7.1 the conjugation is not predictable from the infinitive, and the forms of the verbs have to be checked in the dictionary and, if possible, memorized.

7.2.7.3 Note that in Type 1 a), i.e. *pracovať, -ovať* is dropped from the infinitive and replaced in conjugation by *-uje-* to which the appropriate personal ending is added, except for 3rd person Pl where *-ujú* is added, e.g. *študovať, študujem, študujú*.

7.2.7.4 In Type 1 b), i.e. *hľadať*, and the entire Type 3, i.e. *hovoriť, spať, myslieť*, the thematic vowel (*-á/-í* respectively) in conjugated forms is long, unless the preceding vowel is long. The only exceptions are 3rd person plural in type

1 b) where the length is on the final *-ú*, and Type 3 in which the 3rd person plural ending is the diphthong *-ia*:

hľadám	hľadáme	myslím	myslíme
hľadáš	hľadáte	myslíš	myslíte
hľadá	hľadajú	myslí	myslia

But: *čítam, hádam* (I am guessing), *spievam* (I am singing), *pílim* (I am sawing), where the ending is short because of rhythmic shortening (see 3.2).

7.2.7.5 In Type 2 a), i.e. *sadnúť*, in which in the infinitive the thematic vowel is long, it becomes short in all conjugated forms, except for 3rd person plural, i.e. *sadnem, sadneš,* but: *sadnú*.
If the vowel before the ending is long, the ending of 3rd person plural becomes short due to rhythmic shortening (see 3.2), e.g. *vládnuť* (to rule) – *vládnu*.

7.2.7.6 In 7.2.7 in the column Other Verbs there are presented other verbs that have so far occurred in this textbook and are conjugated by that particular pattern. If no such verb has occurred, a new one is listed, with its English translation. It is recommended to review with the help of this list all the verbs presented so far. New verbs have to be learned together with their conjugation forms.

7.2.7.7 In Type 2 b) if in the infinitive stem before the thematic vowel there is *-s-* it is changed in conjugated forms into *-š-*: *písať – píšem, česať* (comb) – *češem, poslať* (to send) – *pošlem*.
In other types this change does not occur, e.g. *nosiť* (to carry) – *nosím, hlásať* (to declare) – *hlásam*. Also occurring are a number of consonantal changes, e.g. *hádzať* (to throw) – *hádžem, plakať* (to cry) – *plačem*.

7.2.7.8 The most frequent Type is 1 b), i.e *hľadať*, and about one third of Slovak verbs are conjugated according to it. Unfortunately, with verbs ending in the infinitive in *-ať* the thematic vowel in conjugated forms cannot be predicted, i.e. *hľadať – hľadám, but driemať – driemem, spať – spím*.

7.2.7.9 Although the majority of verbs are conjugated according to the above 3 types, a number of other verbs do not comply with them and can be considered as irregular. Their individual conjugation forms have to be checked in the dictionary and, if possible, memorized, e.g. *stáť, stojím, stoja; vziať, vezmem, vezmú; ísť, idem, idú* (see also 8.2).

7.2.7.10 As the forms which are decisive for the particular conjugation types are the infinitive, 1st person Sg and 3rd person Pl, these are the ones which are listed in our dictionary, the latter two usually represented by their endings only, e.g. *čítať, -am, -ajú; rozumieť, -iem, -ejú*.

7.2.7.11 Slovak does not have any continuous tense. Hence, both *we read* and *we are reading* translate as *čítame*. If necessary, the difference can be expressed in Slovak by adverbs like *teraz* (now) or *práve* (just now), e.g.

we read	–	*čítame*
we are reading	–	*práve čítame*

7.3 NEGATION OF PRESENT TENSE FORMS
Negácia tvarov prítomného času

7.3.1 In their present tense forms, Slovak verbs, with the exception of *byť* (see 2.5.1), are negated with the help of the negative prefix *ne-*, e.g. *nerozumiem, nemajú, necestuje*.

7.4 NOUNS FORMED FROM PARTICIPLES AND ADJECTIVES
Podstatné mená utvorené od príčastí a prídavných mien

7.4.1 Some Slovak nouns are formed from the present participle of verbs, e.g. *cestujúci, pracujúci* (worker), *spolubývajúci* (roommate), *vedúci* (superior, boss). These, just as adjectives, change their gender forms according to the gender of the noun they denote, i.e. *cestujúci M, cestujúca F, cestujúce N*, and the plural is *cestujúci* for *M +Hum* and *cestujúce* for all others.

7.4.2 Adjectives can also become nominalized. So far we have had, e.g. *drobné* (change), which comes from the plural form of the adjective *drobný* (small, minute), or *recepčná*, which is an adjective derived from *recepcia*.

7.4.3 For the plural of these nouns see 6.4 and 8.1.1.4.

7.5 PLACE NAMES IN PLURAL
Názvy miest v pluráli

In Slovak some place names have the form of plural, e.g.

Košice, Piešťany, Kúty, Bojnice, Levice, Michalovce.

They require the plural of the verbs, adjectives and pronouns, e.g.

Tie naše Košice sú pekné.

BRATISLAVA

utorok, -rka; -rky, -rkov *M*   Tuesday
užitočný *Adj*   useful
vagón, -u; -y, -ov *M*   (train) car
Váh, -u *M*   the Váh river
väčšinou   mostly
víkend, -u; -y, -ov *M*   weekend
vlak, -u; -y, -ov *M*   train
vlakom   by train
výlet, -u; -y, -ov *M*   trip, excursion, outing; **ísť na výlet** to go for a trip

CVIČENIA

I. Give the present tense forms of the verbs along with the personal pronouns for all three persons in the singular and plural.

Príklad: *Ja čítam po slovensky.*
Ty čítaš po slovensky. On číta po slovensky...
1. Ja chodím na univerzitu.
2. Ja píšem po anglicky.
3. Ja hovorím po slovensky.
4. Ja sa učím dobre.
5. Ja neštudujem matematiku.
6. Ja pracujem v škole.
7. Ja bývam v Clevelande.
8. Ja cestujem do New Yorku.
9. Ja sa mám dobre.
10. Ja nemám čas.
11. Ja spím celý deň.
12. Ja nemám peniaze.

II. Drop the pronouns wherever possible, making all necessary changes in word order:

1. My študujeme históriu.
2. Ja sa učím.
3. Ja píšem, oni čítajú.
4. Ona má pracovňu dolu.
5. Oni nemajú telefón.
6. Ty si prosíš čaj?
7. Ona je manekýnka.
8. Ja bývam v Bratislave, on v Žiline.
9. Vy si nekúpite kufor?
10. Oni si vezmú auto.

III. Give the third person plural form of the following verbs:

čítať, písať, mať, byť, bývať, driemať, odpovedať, cestovať, dať, robiť, hovoriť, predať, vidieť, používať, potrebovať, učiť, prednášať, fajčiť, pozrieť, prosiť, študovať, sadnúť si, ďakovať

IV. Answer your friend who is asking: Čo rád robíš? In response list the activities you like to do.

V. Answer your friend who is asking: Čo nerád robíš? List the activities you do not like to do.

VI. Prosím, odpovedzte:

1. Radi čítate horory?
2. Spíte v aute?
3. Spíte poobede?
4. Máte počítač?
5. Potrebujete počítač?
6. Páči sa vám slovenčina?
7. Máte radi USA?
8. Cestujete veľa?
9. Chodíte na bicykli?
10. Máte čas?

VII. Preložte do slovenčiny:

Peter is traveling. He is traveling by train. He is speaking Slovak now. Mary is going home for the weekend. Peter is going for a visit. They are studying at the university. Vlado is also traveling by train. He is tired and is sleeping now.

VIII. Change into formal address:

1. Študuješ v Žiline?
2. Si futbalista/futbalistka?
3. Máš auto?
4. Máš v piatok čas?
5. Cestuješ na víkend domov?
6. Ideš vlakom?
7. Prosíš si lístok?
8. Máš ťažký kufor?
9. Býva tam tvoj brat?
10. Študuješ aj v sobotu?

IX. Preložte do angličtiny:

o chvíľu, spiatočné lístky, na kedy, pokladníčka, tu máte drobné, potrebujete miestenky, veľmi sa mi tu páči, ktoré je to nástupište, sú tieto miesta voľné, ľahký kufor, prázdne kupé, ideme na výlet, druhá trieda, zaujímavý hrad, príjemná cesta

X. Write a dialogue between a man in a train compartment and a young girl who is just entering it.

XI. You need to buy one return ticket for the train to Košice for tomorrow. Write down a dialogue between yourself and the salesperson.

5. Potrebujete si kúpiť spiatočný lístok, však?
6. Vystupujete v Nitre, však?
7. Rozprávate sa po anglicky, však?
8. Odchádzate v stredu, však?
9. Rád cestujete, však?
10. Cesta vo vlaku je pohodlná, však?
11. Vy ste taxikár, však?
12. Váš brat má problémy, však?
13. Vo februári robíte skúšky, však?
14. Ste unavený, však?
15. Neprosíte si kávu, však nie?

XII. Odpovedzte:

Ako cestujete: na univerzitu
na návštevu
na výlet
na futbal
na prázdniny
na koncert
do USA
do Londýna?

XIII. Preložte do slovenčiny:

1. My sister attends secondary school.
2. I attend the university.
3. I do not travel there by car but by bus.
4. My parents live in New York.
5. Sometimes they travel to Cleveland.
6. They do not travel by car but by plane.
7. Please, help yourself.
8. Where are you getting off?
9. Where does this train go?
10. Excuse me, where is the toilet?
11. Is there a bank here?

XIV. Write a story about Pavol traveling home to Košice each Friday.

His parents live and work there. He travels in the evening. It is Friday again. The train is full. He is looking for an available seat. Here it is. He sits down and nods off.

XV. Change into the plural:

železničná stanica, toto prázdne kupé, to voľné miesto, slovenská koruna, spiatočný lístok, ťažký kufor, ľahké slovo, dobrý výlet, rušné mesto, atómová elektráreň, sladké jabĺčko, stredoveký hrad, môj dedo, tvoja teta, príjemná cesta, moderné auto, starý bicykel, múdra hlava, dobré srdce

XVI. Odpovedzte negatívne:

1. Tvoja mama ešte vie po slovensky, však?
2. Vy bývate v New Yorku, však?
3. Máte veľký dom, však?
4. Cestujete tam lietadlom, však?

XVII. Change into the plural:

1. Ako sa máš? 2. Je toto miesto voľné? 3. Šofér má rádio. 4. Je tam hrad, elektráreň a univerzita. 5. Ide na výlet autom. 6. Trochu drieme. 7. Nechcem jabĺčko. 8. Tu je rieka a mesto. 9. On potrebuje dom. 10. Ona potrebuje auto. 11. Preto nechcú dieťa.

XVIII. Correct the following sentences:

Vlak odchádzaš v Utorok o večer. Je to siedmy nástupište. V kupé je mladý chlapci. Čo stojí jedna lístok? Bývate tam jeho rodiča. Kam cestuješ, pán Novák? My chodím na univerzitu. Študujem tu tri mesiac. Ten slovo neviem. Vo Sobotu tá dievča ide domov. Sú to pekný mestá.

XIX. Use adjectives and adverbs with meanings opposite to the ones listed below:

sladké jabĺčko
príjemné predpoludnie
prázdna aula
sympatická cestujúca
ľahké kreslo
pohodlný vlak
nudná prednáška
šikovný svokor
starobylé mesto
tichá ulica
voľné miesto
dobrá škola
polička je vpravo
stôl je vpredu
spálňa je hore
elektráreň je na východe

XX. Give answers according to the text of the lesson:

1. Kam cestujú Peter a Mária?
2. Majú prázdniny?
3. Ako cestujú?
4. Je už niekto v kupé?
5. Kto je tam?
6. Akí sú to chlapci?
7. Ako sa volajú?
8. Kam cestujú?
9. Kde býva Martinova teta?
10. Kde bývajú Vladovi starí rodičia?
11. Prečo cestujú Peter a Mária do Žiliny?
12. Aké mestá vidia z vlaku?
13. Čo je v Trnave?
14. Čo je v Trenčíne?

XXI. Pozrite sa na obrázky a odpovedzte: ▶

XXII. Find out from your neighbor what his/her family members are doing and where they live. Write the information down.

1. Poznáte toto mesto?
2. Aké mesto je to?
3. Ste odtiaľ? Odkiaľ ste?
4. Kto býva v Trenčíne, v Žiline, v Bratislave, vo Zvolene, v New Yorku, v Clevelande?
5. Čo je tam?

XXIII. What would the characters say in the following situations:

XXIV. Learn the proverb:

Keď vtáčka lapajú, pekne mu spievajú.

(Thorwing your hat at a bird is not the way to catch it.)

XXV. Learn the song: ▶

výraz, -u; -y, -ov *M* expression
vystupovať, vystupujem, vystupujú *NP*
   to be getting off
vziať, vezmem, vezmú; *Past* vzal
   P + Acc to take
vziať si, vezmem si, vezmú si; *Past* vzal
   si *P +Acc* to take (for oneself)
začínať sa, -a sa, -ajú sa
   NP Impersonal to begin
zajtra tomorrow
zaujímavý *Adj* interesting
zemiakové lupienky potato chips
zemiakový *Adj* pertaining to potatoes
železničný *Adj* pertaining to railroad

V pondelok doma nebudem

V pon - de - lok do - ma ne - bu - dem,   a   v stre - du
v u - to - rok   na jar - mok   pôj - dem
z jar - mo - ku,   vo štvr - tok   s chlap - ca - mi   do šen - ku.

2. A v piatok, Anička moja, ty budeš ženička moja,
   v sobotu rúčku dáš, v nedeľu pôjdeme na sobáš.

3. Čia si, Anička, čia? Otcova či materina?
   Čia som, tvoja som, otcova i materina som.

Na letisku

Pán Taylor je americký podnikateľ. Dnes sa začína jeho služobná cesta na Slovensko. Letí z Houstonu do New Yorku a potom do Bratislavy. Bývajú tam jeho príbuzní. Jeho matka je zo Slovenska a on celkom dobre rozumie aj hovorí po slovensky. Na Slovensko neletí prvýkrát, ale jeho služobná cesta na Slovensko je prvá.

Jeho letenka je už rezervovaná. V New Yorku nastupuje na transkontinentálne lietadlo. Štartovacie a pristávacie plochy sú plné; každú chvíľu štartujú a pristávajú mnohé lietadlá. Sú to lety domáce i zahraničné.

Jeho let, našťastie, nie je ani zrušený a lietadlo ani nemešká. Odlet je načas, o osemnásť tridsať. Let do Bratislavy nie je veľmi dlhý, trvá asi 8 hodín. Lietadlo je veľké, je to Boeing. Letušky a stewardi sú milí a jedlo celkom chutné. Pilot lietadla je mladý vysoký muž, má asi 35 rokov. Hovorí, ako vysoko a ako rýchlo letia, aké je počasie na trase a na Slovensku a želá šťastný let. Let je veľmi príjemný. Pán Taylor chvíľu pozerá von, potom pracuje na počítači a telefonuje do Houstonu. Potrebuje ešte nejaké obchodné informácie. Teraz je však už unavený. Trochu pozerá videofilm a už spí.

Prílet do Bratislavy je o osem päťdesiat. Cestujúci vystupujú. Na letisku je pasová kontrola. Pán Taylor si ešte musí ísť vziať batožinu. Potom je colná kontrola, ale pán Taylor nemá nič na preclenie.

V hale čaká jeho slovenský obchodný partner. Idú spolu na parkovisko a autom do centra mesta. Tam je firma, kde už dnes budú mať obchodné rokovania. Odtiaľ pán Taylor môže do Houstonu telefonovať, poslať fax alebo e-mail. Jeho pobyt sa končí o štyri dni, vo štvrtok. Ale jeho obchodné kontakty na Slovensku sa ešte len začínajú.

SLOVNÍK

Afrika, -y *F*   Africa
Antarktída, -y *F*   Antarctica
Argentína, -y *F*   Argentina
Austrália, -ie *F*   Australia
Ázia, -e *F*   Asia
Ázijec, -jca; -jci, -jcov *M*   an Asian
beloch, -a; belosi, belochov *M*   white person
Bielorusko, -a *N*   Belorus
Brazília, -ie *F*   Brazil
budúci *Adj*   future
Bulharsko, -a *N*   Bulgaria
colná kontrola *F*   checking by customs officers; customs checkpoint

INFORMÁCIE

ODLETY	let č.	čas odletu
Bratislava – Paríž	NE 300	10.20
Bratislava – Rím	NE 386	9.55
Bratislava – Londýn	NE 120	11.10

PRÍLETY		
Rím – Bratislava	NE 387	8.50
Brusel – Bratislava	6Q 321	let zrušený
Moskva – Bratislava	6Q 701	10.00 mešká

Letenka

Pani Veselá je na letisku v Bratislave. Potrebuje
zajtra letieť do Košíc a ešte nemá letenku.

Letuška: Prosím?

Pani Veselá: Máte, prosím, na zajtra letenky do Košíc?

Letuška: Áno, ešte máme. Na ráno alebo na popoludnie?

Pani Veselá: Radšej na popoludnie.

Letuška: Je tu let číslo 741, odlet je o sedemnásť dvadsať.

Pani Veselá: Dobre. A máte ešte miesto pri okne?

Letuška: Áno, mám. Na aké meno je to?

Pani Veselá: Viera Veselá. Čo stojí tá letenka?

Letuška: Osemstopäťdesiat korún.

Pani Veselá: Ďakujem. Tu sú peniaze.

Letuška: Ďakujem a šťastný let.

PROTIKLADY

kedy má lietadlo	prílet	–	odlet
ktorý let je obsadený	najviac	–	najmenej
musíme	nastupovať	–	vystupovať
miesto je	voľné	–	obsadené
	pohodlné	–	nepohodlné
letenka je	výhodná	–	nevýhodná
lietadlo letí	vysoko	–	nízko
	rýchlo	–	pomaly
let je	príjemný	–	nepríjemný
	krátky	–	dlhý

Mapa sveta

Máriin brat sa učí zemepis. Tu je jeho nová mapa sveta.

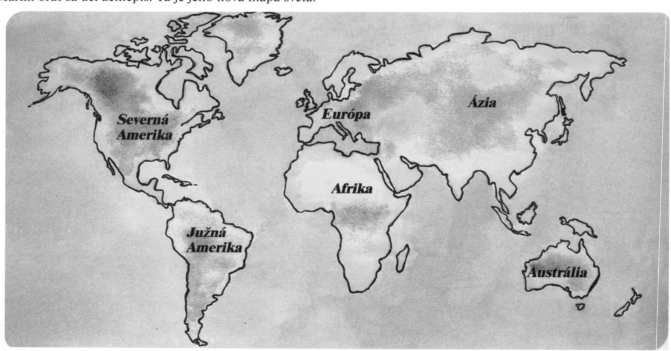

colný *Adj*   pertaining to the customs office

čakať, -ám, -ajú *NP*   to wait, to be waiting

černoch, -a; černosi, černochov *M*   black person

Česko, -a *N*   Czechia

Čína, -y *F*   China

človek, -a; ľudia, ľudí *M*   human being

Dánsko, -a *N*   Denmark

do centra mesta   to the center of town, (direction) downtown

domáci *Adj*   within the country

e-mail [ímeil], -u; -y, -ov *M*   e-mail

elektronická pošta *F*   electronic mail

Estónsko, -a *N*   Estonia

ešte len   only, just

Európa, -y *F*   Europe

európsky *Adj*   European

existovať, -ujem, -ujú *NP*   to exist

fax, -u; -y, -ov *M*   fax

fikcia, -ie; -ie, -ií *F*   fiction

Fínsko, -a *N*   Finland

firma, -y; -y, firiem *F*   firm, company

Francúzsko, -a *N*   France

geografický *Adj*   geographical

Grécko, -a *N*   Greece

hala, -y; -y, hál *F*   hall

hoci   although

hodinky, hodiniek *(only Pl)*   watch

hodiny, hodín *(only Pl)*   clock

Holandsko, -a *N*   Holland

chutný *Adj*   tasty

chvíľu   for a while

Na mape sú kontinenty a oceány. Kontinenty sú: Európa, Ázia, Afrika, Severná a Južná Amerika, Austrália a Antarktída. Najviac obývaný kontinent je Ázia, najmenej obývaný kontinent je Antarktída.

Na zemeguli žije viac ako 6 miliárd ľudí, mnohé rasy, národy a národnosti. Žijú tu belosi, černosi, Ázijci aj miešanci. Najväčšie štáty sveta sú Rusko, Kanada, Čína, Spojené štáty americké, Brazília, Austrália, India a Argentína.

Európa je starý kontinent a aj mnohé štáty v Európe sú staré, napr. Grécko či Taliansko. Európske štáty spolupracujú a zjednotená Európa už nie je iba fikcia, hoci v nej existujú rozličné samostatné štáty. Slovenská republika je už tiež členom Európskeho spoločenstva.

Na juhu mapy Európy (okrem Grécka a Talianska) je napríklad Španielsko, Portugalsko, Rumunsko a Bulharsko, na východe Ukrajina, Bielorusko, Lotyšsko, Litva, Estónsko a Rusko. Na západe Európy je Veľká Británia, Írsko, Holandsko, Luxembursko, Francúzsko, Švajčiarsko a Nemecko. Na severe sú škandinávske štáty: Švédsko, Nórsko, Fínsko a Dánsko.

V centre Európy je Česko, Maďarsko, Poľsko, Rakúsko a geografický stred Európy – to je Slovensko. Slováci radi hovoria, že Slovensko je v srdci Európy. Táto poloha je veľmi výhodná aj pre jeho nový rozvoj a kontakty.

Svetové strany

čo?	kam? (direction)	kde? (location)	aký?
východ	na východ	na východe	východný
západ	na západ	na západe	západný
sever	na sever	na severe	severný
juh	na juh	na juhu	južný

India, -ie *F* India
informácia, -ie; -ie, -ií *F* information
jedlo, -a; -á, jedál *N* food; meal
juh, -u *M* south
južný *Adj* southern, south
Kanada, -y *F* Canada
koľko je hodín? what time is it? (*literally: how many hours is it?*)
končiť sa, -í sa *(no 1st or 2nd Pers Sg or Pl),* -ia sa *NP* to be ending
kontakt, -u; -y, -ov *M* contact
kontinent, -u; -y, -ov *M* continent
kontrola, -y; -y, kontrol *F* checking, inspection; checkpoint
-krát time(s) *(expressing how many times)*
let, -u; -y, -ov *M* flight
letieť, -ím, -ia; *Past* letel *NP* to fly

letenka, -y; -y, -niek *F* plane ticket
letuška, -y; -y, letušiek *F* air hostess, flight attendant
Litva, -y *F* Lithuania
Lotyšsko, -a *N* Latvia
ľudia, -í *(Pl of* **človek)** people
Luxembursko, -a *N* Luxemburg
Maďarsko, -a *N* Hungary
mapa sveta *N* map of the world
meškať, -ám, -ajú *NP* to be late, to be delayed, to have a delay
miešanec, -nca; -nci, -ncov *M* a person of mixed race
miliarda, -y; -y, miliárd *F* billion
minúta, -y; -y, minút *F* minute
mnohí, -é numerous
načas on time
najmenej the least

8.1 NOMINATIVE PLURAL OF IRREGULAR NOUNS – Nominatív plurálu nepravidelných podstatných mien

8.1.1 As stated in 6.3.2.1, some nouns do not form the nominative plural with the suffixes that have been listed, and so we consider them as irregular ones. In some cases they fall into types comprising groups of words, in other cases they are just individual words. Following is a survey of the types (1-4) and of frequently occurring individual words (5):

1.	dievča	–	dievčatá/ dievčence
2.	holúbä	–	holúbätá
3.	princezná	–	princezné
4.	cestujúci	–	cestujúci
	cestujúca	–	cestujúce
5.	človek	–	ľudia
	dieťa	–	deti
	pani	–	panie
	oko	–	oči; oká
	ucho	–	uši; uchá

8.1.1.1 The type *dievča* occurs with neuter nouns ending in -*a*, i.e. words denoting young people or the young of animals, or words that are diminutives or endearments. Their plural usually has the ending -*atá* or -*ence*, e.g. *vnúča* ((little) grandchild) – *vnúčatá/vnúčence*, *vtáča* (little bird) – *vtáčatá/vtáčence*.

8.1.1.2 The type *holúbä* occurs with neuter nouns ending in -*ä*, i.e. words denoting the young of animals, or words that are diminutives, rarely also with words denoting people. Their plural has the ending -*ätá*, e.g. *žriebä* (colt) – *žriebätá, púpä* (little bud) – *púpätá, chlápä* (little man) – *chlápätá*.

8.1.1.3 The type *princezná* occurs with feminine nouns ending in -*á* and its plural has the ending -*é*, e.g. *švagriná* – *švagriné, gazdiná* (housewife, housekeeper) – *gazdiné*.

8.1.1.4 The type *cestujúci, cestujúca* occurs with nouns that have been formed from participles or adjectives, hence end in -*ci* or -*ca* or in -*ý/y/í/i* or -*á/a*. Their plural corresponds to the plural of adjectives, e.g. *vedúci* (male chief/boss) – *vedúci*, *vedúca* (female chief/boss) – *vedúce*, *hlavný* (chief waiter) – *hlavní* (see also 6.4 and 7.4).

8.1.1.5 As to *človek*, its plural is *ľudia*, i.e. a different word (note that in English the plural is also expressed by a word different from the one used in the singular, i.e.: *man* –

people). The plural of *dieťa* (child) has the form *deti* (with a modified root) and the plural of *pani* is *panie*, i.e. it ends in -*ie*.
Oko and *ucho*, when referring to organs of the body, have irregular plural forms, i.e. *oči, uši*. When their meaning is figurative, their plural is regular, i.e. *oká, uchá*, e.g. *oká na sieti* (meshes of a net), *kurie oká* (corns on one's foot), *uchá džbánov* (ears of a pitcher), *uchá ihiel* (eyes of needles).

8.1.2 Nouns that are not declinable do not have any plural form, e.g. *whisky, kivi, tabu, kenguru*.

8.1.3 In both English and Slovak there are words which do not have a singular or a plural, and are used only in one of these numbers (for nouns used only in plural see 6.5). The non-existence of one of the number forms and the use of the existing number form for the functions of the other one often differs in English and in Slovak, e.g.

English		Slovak	
Sg	Pl	Sg	Pl
information	–	informácia	informácie
development	developments	rozvoj	–
sheep	sheep	ovca	ovce
news	news	správa	správy
watch	watches	hodinky	hodinky

The dictionary in this textbook gives the data concerning such cases, e.g. *informácia, -ie; -ie, -ií* (the endings after the semicolon are the endings of the nominative and genitive plural), *rozvoj, -a (only Sg)*, *hodinky, hodiniek (only Pl)*.

8.1.4 There are also differences between English and Slovak as to the concord of verbs with such nouns which in English can be used as either collective or particularized references, e.g.

English		Slovak	
Sg	Pl	Sg	Pl
family is	family are	rodina je	–
family is	families are	rodina je	rodiny sú

In this and similar cases, with the nouns in the singular e.g. *polícia, fakulta* (the employees of a faculty), only the singular form of the verb can be used in Slovak, e.g. *rodina číta, polícia hľadá, fakulta je*.

---

na juhu   on/in the south
najväčší (*Superlative of* **veľký**)   the largest
najviac   the most
na počítači   on the computer
napr. (*Abbr of* **napríklad**)   for example
napríklad   for example
na preclenie   to be declared
národ, -a; -y, -ov *M*   nation
na severe   on/in the north
našťastie   fortunately
na východe   on/in the east
na západe   on/in the west
nejaký, -á, -é   some, some sort of
Nemecko, -a *N*   Germany
nič   nothing

nízko *Adv*   low
Nórsko, -a *N*   Norway
obchodný *Adj*   pertaining to business
obsadený *Adj* (*about e.g. a seat*) taken; (*about a plane, bus, etc.*) full
obývaný *Adj*   inhabited
oceán, -u; -y, -ov *M*   ocean
odlet, -u; -y, -ov *M*   departure (of airplane)
okrem + *Gen*   except for
parkovisko, -a; -á, parkovísk *N*   parking lot
partner, -a; -i, -ov *M*   colleague, partner
pasový *Adj*   pertaining to passport
pasová kontrola *F*   the checking of passports; passport checkpoint
pilot, -a; -i, -ov *M*   pilot
plocha, -y; -y, plôch *F*   area
pobyt, -u; -y, -ov *M*   stay

8.2 PRESENT TENSE OF IRREGULAR VERBS
Prítomný čas nepravidelných slovies

8.2.1 In 7.2 we have presented the types of regularly conjugated verbs. All those verbs whose conjugation differs from them are in our typology considered irregular. However, among some of them there can also be found features that can be generalized. Hence, we can speak about types of irregular verbs, and about individual irregular verbs. The table that follows presents some frequently occurring ones, without intending to give a complete list.

Types of Irregular Verbs

Infinitive	1st Pers Sg	3rd Person Pl	
1. žiť	žijem	žijú	*(to live)*
2. niesť	nesiem	nesú	*(to carry)*
3. stáť	stojím	stoja	*(to stand)*

Individual	Irregular	Verbs	
byť	som	sú	*(to be)*
ísť	idem	idú	*(to go)*
prijať	prijmem	prijmú	*(to receive)*
vziať	vezmem	vezmú	*(to take)*
začať	začnem	začnú	*(to begin)*
jesť	jem	jedia	*(to eat)*
povedať	poviem	povedia	*(to say)*

8.2.1.1 In the type *žiť* the conjugation endings correspond to the regular type 1a *(pracovať)*, but the thematic element is not *-uj- (pracujem)* but *-j-* only. Conjugated according to this type are most monosyllabic verbs which have *-i/y* in the root, e.g.
piť, pijem, pijú; biť (to beat), *bijem, bijú,*
and some with the short root vowel
-u-, e.g. *žuť* (to chew), *žujem, žujú*.

8.2.1.2 The conjugation of the type *niesť* can involve the change or insertion of a root vowel, e.g.
brať (to take), *beriem, berú;*
viezť (to carry by a vehicle), *veziem, vezú.*
In some cases, a change of the root consonant is also involved, e.g.

-s-	into	-d-:	*viesť (to guide),* **vediem, vedú**
-s-	into	-t- :	*pliesť (to knit),* **pletiem, pletú**
-s-	into	-st-:	*rásť (to grow),* **rastiem, rastú**
-c-	into	-č-:	*piecť (to bake),* **pečiem, pečú**
-c-	into	-ž-:	*môcť,* **môžem, môžu**

All the irregular verbs occurring in this textbook are presented in its vocabulary with their three basic forms, including the vocalic and consonantal changes.

8.2.1.3 The type *stáť* involves root change including the addition of *-oj-*. Conjugated according to this type is, e.g. the verb *báť sa* (to be afraid), *bojím sa, boja sa*.

8.2.1.4 Included in the above list of individual irregular verbs are some of the most frequently occurring irregular verbs. They all involve changes in their conjugated forms with regard to the infinitive, the verb *byť* having a completely different stem in the conjugated forms (see also 2.6).

8.2.1.5 In negation the verb *ísť* changes its initial *i-* into *j-*, i.e.:

nejdem	nejdeme
nejdeš	nejdete
nejde	nejdú

8.2.2 The basic forms of the irregular verbs belonging to the above types as well as of the individual irregular verbs occurring in this textbook are presented in the vocabulary. They should be noted, checked when used and, if possible, memorized.

8.3 NAMES OF COUNTRIES – Názvy krajín

8.3.1 In Slovak the names of countries usually have the following endings or final letters and, accordingly, belong to the following genders:

-sko/-cko:	N	**Slovensko, Dánsko, Taliansko, Anglicko, Grécko, Fínsko, etc.**
-a:	F	**Amerika, Európa, Čína, Uganda, Kanada, etc.**
-ia:	F	**Austrália, Ázia, Malajzia, etc.**
other:	M	**Irak, Irán, Izrael, Jemen, Tibet; etc.**

8.3.2 Most of the names ending in *-sko* were formed from names of members of nationalities, e.g. *Dán* (a Dane) *+sko*, *Talian* (an Italian) *+sko*. However, in some cases the situation is more complex, e.g. *Slovensko*, but *Slovák* (a Slovak M), or both the name of the country and the name of the nationality are derivatives, e.g. *Portugalsko* and *Portugalčan* (a Portuguese M). On names of nationalities see more in 9.5.

8.3.3 Names of countries are capitalized. If the name of the country is composed of several words, only the first one of them is capitalized, e.g. *Spojené štáty americké*. The only exception is when also one of the non-initial words in the name is a proper name, e.g. *Republika Marshallových ostrovov* (Republic of the Marshall Islands).

počasie, -ia *(usually only Sg) N* weather
podnikateľ, -a; -lia, -ľov *M* businessman, enterpreneur
poloha, -y; -y, polôh *F* location
Poľsko, -a *N* Poland
pomaly *Adv* slowly
Portugalsko, -a *N* Portugal
poslať, pošlem, pošlú *P + Acc* to send
pošta, -y; -y, pôšt *F* mail; post office
pozerať, -ám, -aj ú *NP + Acc* to be looking
pri okne at/by the window
pristávací *Adj* pertaining to landing
pristávacia dráha *F* landing strip/runway
pristávať, -am, -ajú *NP* to be landing
radšej better, preferably
Rakúsko, -a *N* Austria
republika, -y; -y, republík *F* republic

8.4 GENDER-RELATED FORMS OF CARDINAL NUMERALS – Tvary základných čísloviek v závislosti od rodu

8.4.1 All Slovak cardinal numerals except for *jeden* have different forms for usage with *M +Hum* nouns and for all other nouns. Moreover, the numerals *jeden* and *dva* also have differing forms for genders. They are presented in the following table:

M +Hum	M –Hum	F	N
jeden	jeden	jedna	jedno
dvaja	dva	dve	dve
traja	tri	tri	tri
štyria	štyri	štyri	štyri
piati/päť	päť	päť	päť

8.4.2 *1* , as evident from the table, has three lexical forms, each one for one gender, i.e.
jeden M, jedna F, jedno N, e.g.
jeden úradník, jeden dom, jedna kniha, jedno dieťa.

8.4.3 *2* also has three lexical forms, but they are functionally distributed differently. *Dvaja* is used for *M +Hum*, dva for *M –Hum* and dve is shared by *F* and *N*, e.g.
dvaja muži, dva stoly, dve stoličky, dve autá.

8.4.4 *3* and *4* have only two lexical forms each: *traja* and *štyria* for *M +Hum* and *tri* and *štyri* for all other cases, e.g.
traja/štyria doktori, tri/štyri lety, tri/štyri ženy, tri/štyri mestá.

8.4.5 *5* to *99* also have two lexical forms each and are distributed the same way as *3* and *4*, but with the difference that their *M +Hum* form is predictable from the form of the corresponding ordinal numeral in which the ending -*y/ý* has to be replaced by -*i*, e.g. *piati tenisti, dvadsiati siedmi študenti, deväťdesiati deviati turisti*. However, with *M +Hum* these numerals can also be used in their cardinal form, the noun or noun phrase that follows being in the genitive plural form, e.g. *päť tenistov, dvadsaťsedem študentov, deväťdesiatdeväť turistov.*
With nouns that are not *M +Hum* the cardinal numerals are used, and they are followed by the genitive of the noun or noun phrase, e.g. *päť domov, desať univerzít, dvadsaťdva múzeí* (see also 8.6.2).

8.4.6 *100* and above are used only in one cardinal form and are followed by the noun or noun phrase in the genitive plural, i.e. *stodvadsať korún, tisíc dolárov.*

rokovanie, -ia; -ia, -í *N*   talks, negotiations
rozličný *Adj*   various, different
rozvoj, -a *(only Sg) M*   development
Rumunsko, -a *N*   Roumania
Rusko, -a *N*   Russia
rýchlo *Adv*   fast, quickly
samostatný *Adj*   separate; sovereign, independent
severný *Adj*   northern, north
služobná cesta *F*   business trip
Spojené štáty americké   United States of America
spolupracovať, -ujem, -ujú *NP*   to cooperate, to collaborate
steward, -a; -i, -ov *M*   flight attendant (male)
svet, -a; -y, -ov *M*   world
svetová strana, -y; -y, strán *F*   cardinal point
svetový *Adj*   pertaining to the world; universal

8.5 CONCORD OF NUMERALS AND NOUNS Zhoda čísloviek a tvaru podstatných mien

8.5.1 While in English the numeral one is used with the singular number of nouns and other numerals are used with the plural, in Slovak the situation is more complex. It can be presented in the following table:

Noun in Nom Sg			
M +Hum	M –Hum	F	N
jeden strýko	jeden dom	jedna kniha	jedno dieťa

Noun in Nom Pl			
dvaja strýkovia	dva domy	dve knihy	dve deti
traja strýkovia	tri domy	tri knihy	tri deti
štyria strýkovia	štyri domy	štyri knihy	štyri deti
piati... strýkovia	...	...	...

Noun in Gen Pl			
päť strýkov	päť domov	päť kníh	päť detí
desať strýkov	desať domov	desať kníh	desať detí

8.5.2 With the grammar covered so far we can manage to use correctly only the nouns and nominal phrases with the numerals *1-4*, and with the numerals of the type *piati*, i.e. from 5 to 99, the latter type only with *M +Hum* nouns or noun phrases.

8.5.3 The systematic usage of the numeral *päť* and above requires the genitive plural of the noun or noun phrase goes beyond the scope of the grammar explained in this textbook. However, the textbook does assist in this in two ways. Firstly, the genitive forms of several of the nouns that are frequently used with numerals are presented in its texts and exercises, e.g. *rokov*. Secondly, with each noun in the vocabulary also the genitival form or its ending are presented, e.g. *mesto, -a; -á, miest N*, the last form always being the genitive plural, so with the help of this dictionary also the phrases with *päť* and above can be correctly handled, e.g. *päť miest.*

8.6 CONCORD OF NUMERALS AND VERBS Zhoda čísloviek a tvaru slovies

8.6.1 In English the numeral *one* is used with the singular and the other numerals with the plural forms of the verbs. In Slovak, similarly to the concord of numerals with nouns, the situation is more complex. This can be seen in the following table:

Numeral	Number of Verb	Example
jeden, jedna, jedno	Sg	jeden žiak číta
dvaja, dva, dve	Pl	dvaja žiaci čítajú
traja, tri	Pl	traja žiaci čítajú
štyria, štyri	Pl	štyria žiaci čítajú
piati – deväťdesiati deviati	M +Hum Pl	desiati žiaci čítajú
päť and above	Sg	päť žiakov číta

8.6.2 As is evident from the table, the singular forms of the verbs are used with the numeral *jeden, jedna, jedno* and with *päť* and above.

8.6.3 The plural forms of verbs are used with:
a) the numerals *dvaja, dva, dve, traja, tri, štyria, štyri*;
b) with the numerals of the type *piati* up to 99 incl., which apply for *M +Hum* nouns:
piati študenti píšu.

CVIČENIA

I. Odpovedzte:

1. Odkiaľ je pán Taylor?
2. Kam ide?
3. Aká cesta je to?
4. Odkiaľ letí a kam?
5. Aké lietadlá štartujú a pristávajú v New Yorku?
6. Je jeho let dlhý?
7. Kedy má lietadlo odlet?
8. Mešká jeho lietadlo z New Yorku?
9. Letí aj jeho manželka?
10. Je lietadlo plné?
11. Čo robí pán Taylor v lietadle?
12. Aký je let?
13. Kedy má lietadlo prílet do Bratislavy?
14. Mešká lietadlo v Bratislave?
15. Má pán Taylor pas?
16. Čo má pán Taylor na preclenie?
17. Čaká niekto v Bratislave? Kto?
18. Kam idú?
19. Čo bude pán Taylor robiť v Bratislave?
20. Kedy sa končí jeho pobyt?

II. Preložte do slovenčiny:

my three flight tickets, have a nice flight, the flight is cancelled, the weather is bad, the planes are not taking off, it is a pity that the plane is late, two planes are landing, passengers are waiting

III. Odpovedzte negatívne:

Príklad: *Je lietadlo veľké? Nie, nie je. Je malé.*
1. Letí to lietadlo nízko?
2. Nastupujú tí cestujúci?
3. Idú do budovy vpravo?
4. Sú tie letenky výhodné?
5. Je lietadlo prázdne?
6. Je to miesto pri okne pohodlné?
7. Je ten vysoký steward nesympatický?
8. Je tá letuška vydatá?
9. Letíme na východ?
10. Máte prázdniny ?

IV. Pozrite sa na mapu sveta. Povedzte, kde je ktorý kontinent:

V. Potrebujete dve letenky do Prahy.

(You are making a telephone call to a Slovak airline to find out about the availability of tickets. Write down and perform the dialogue.)

VI. Call your friend Betka.

(Tell her you are at the airport in Bratislava. Your flight to Košice is delayed. Ask her whether she can come - you could talk together for about two hours then. Write down and perform the dialogue.)

VII. Change into the plural:

malé dievča, dobrý človek, moja švagriná, táto sympatická pani, mladý rodič, nová predavačka, rýchle lietadlo, môj súrodenec, pekné vnúča, štíhla recepčná, americká cestujúca, slovenský cestujúci, zlé dieťa, jeho nová informácia

VIII. Translate and use in sentences of your own:

who, what, where from, which,
how, when, where,
at what time,
where to,
of what kind, why

škandinávsky *Adj* Scandinavian
Španielsko, -a *N* Spain
štartovacia dráha *F* runway
štartovací *Adj* pertaining to taking off or starting
štartovať, -ujem, -ujú *NP* to start
šťastný let *M* have a nice trip (*literally:* happy flight)
štát, -u; -y, -ov *M* state
Švajčiarsko, -a *N* Switzerland
Švédsko, -a *N* Sweden
Taliansko, -a *N* Italy
telefonovať, -ujem, -ujú *NP* to make a telephone call
trasa, -y; -y, trás *F* itinerary, route
trvať, -ám, -ajú *NP* to last, to take
transkontinentálny *Adj* transcontinental
Ukrajina, -y *F* Ukraine

Veľká Británia *F* Great Britain
videofilm, -u; -y, -ov *M* video (movie)
von *Adv* *(direction)* outside
východ, -u *M* east
východný *Adj* eastern, east
vysoko *Adv* high, at a great height
západ, -u *M* west
západný *Adj* western, west
zatiaľ so far
Zem, -e *F* Earth
zemeguľa, -e; -e, zemegúľ *F* globe
zjednotený *Adj* united, unified
zrušený *Adj* cancelled
žiadosť, -ti; -ti, -tí *F* application
žiť, žijem, žijú *NP* to live

IX. Preložte do angličtiny:

Vitajte. Prosím si váš pas. Ako dlho budete na Slovensku? Máte niečo na preclenie? Môžem, prosím, vidieť tento kufor? Ďakujem, už si kufor aj tašku môžete vziať. Bývajú na Slovensku vaši príbuzní? Šťastnú cestu. Dovidenia.

X. Replace the verbs in the following pair of sentences with the verbs in the list:

Príklad: *Mária tam pracuje. Oni tam nepracujú.*

študovať, bývať, cestovať, chodiť, driemať, jesť, piť, počúvať, odchádzať, spať, stáť, vystupovať, prísť, môcť, ísť, mať čas

XII. Pozrite sa na mapu Európy.

Say which states surround the ones listed below:
Dánsko, Švajčiarsko, Poľsko, Rumunsko, Francúzsko, Slovensko, Belgicko, Poľsko, Fínsko

XI. Give a negative response, using the numeral corresponding to the number in brackets:

Príklad: *Býva tu jeden študent? (4) Nie, bývajú tu štyria študenti.*

1. Prosíte si jeden lístok? (3)
2. Máte ešte jedno voľné miesto? (2)
3. Je jedna hodina? (23)
4. Je to vaše prvé auto? (2.)
5. Idú tam dvaja doktori? (6)
6. Máte doma jeden počítač? (3)
7. Bude v kine jedna tvoja priateľka? (4)
8. Trvá ten film hodinu? (2)
9. Je to vaša prvá služobná cesta? (3.)
10. Idete domov o dva dni? (4)
11. Máte štyridsať rokov? (20)
12. Máte milión? (4)

XIII. Use the numerals in brackets with the following words:

taxikár (4), doktorka (4), doktor (5), vnuk (3), vnučka (3),
hodina (50), lekcia (2), rok (100), brat (2), človek (20),
ulica (3), štát (4), strýko (2), úradník (4), profesor (10)

XIV. Fill in the possible marital status of the following persons:

Slečna Mária Krátka je ....
Pani Krátka je ....
Pán Peter Young je ....
Pán Krátky je ....
Pani Nová je ....
Pán Vlk je ....

XV. Doplňte

1. Idem tam .... (on Monday).
2. .... (tomorrow) nie je doma.
3. Odchádzame .... (on Wednesday).
4. .... (today) má 20 rokov.
5. .... (on Saturday) môže odtiaľ telefonovať.
6. .... (on Thursday) ho čaká jeho obchodný partner.
7. .... (this year) tu nie sú americkí študenti.
8. .... (then) potrebuje nejaké informácie.
9. Do Londýna ide .... (in three days).
10. .... (in a week) mám skúšku.

XVI. Preložte:

1. Tonight we are going to the movies together.
2. The movie lasts two hours.
3. We cannot smoke there.
4. The building is 20 years old.
5. There is a new restaurant there.
6. The food there is very tasty.
7. Tomorrow we are going by train for a trip to Žilina.
8. Mária's parents live there.
9. Žilina and Martin are in the north.
10. Unfortunately, the weather is not very nice.

XVII. Odpovedzte:

1. Ste podnikateľ?
2. Chodíte niekedy na služobnú cestu?
3. Kam chodíte?
4. Ako tam cestujete?
5. Čo tam robíte?
6. Chodí tam aj vaša manželka?
7. Ako dlho ste tam?
8. Sú služobné cesty zaujímavé?

XVIII. What could the character in the following picture say?

XIX. Naučte sa porekadlo:

Darovanému koňovi na zuby nehľaď.

(Do not look a gift horse in the mouth.)

XX. Naučte sa pieseň: ▼

Pochodová

Slovenské mamičky

Slo - ven - ské ma - mič - ky, pek - ných sy -
nov má - te, vy - cho - va - li ste ich,
na voj - nu ich dá - te, ich dá - te.

2. /:Vychovali ste ich ako to vtáčatko :/
/: za nimi zaplače nejedno dievčatko.:/

3. /:Nejedno dievčatko rúčky zalamuje, :/
/: škoda ťa, preškoda, na tej vojne bude.:/

4. /: Škoda ťa, preškoda, tej krvi červenej,:/
/: ktorá sa vyleje na lúčke zelenej.:/

5. /: Na lúčke zelenej v zelenom hájičku,:/
/: škoda ťa, preškoda, švárny šuhajíčku.:/

Na návšteve

Mária a Peter sú v Žiline. Tu je dom, kde bývajú Máriini rodičia.

Mária: Tak už sme tu. Toto je náš dom. Poď, naši už určite čakajú.
Mária zazvoní, dvere sa otvoria.

Mária: Ahoj, mami, tu sme.

Mama: Ahojte. Vitajte, konečne ste tu. A toto je určite Peter. Vitaj. Poďte ďalej a sadnite si.

Otec je hneď tu. Príde aj stará mama a starý otec. Aj oni vás chcú vidieť. Tak ako sa máte?

Mária: My dobre, ale ako sa máte vy tu?

Mama: Ďakujem, celkom dobre. A ty, Peter, ako sa máš na Slovensku?

Peter: Ďakujem, zatiaľ dobre.

Mama: A môžem ti tykať? Alebo radšej vykať?

Peter: Samozrejme, tykajte mi.

Mama: Ako sa ti páči Slovensko?

Peter: Veľmi. Slovensko je krásna krajina.

Mama: Fajn, to rada počujem. Musíme ísť spolu na nejaké výlety. No teraz prepáčte, idem niečo pripraviť. Určite ste hladní. A nie ste smädní? Dáte si džús, čaj alebo kávu?

Mária: Ja si prosím džús.

Peter: Aj ja.

Mama: Nech sa páči. Aha, už ide aj Miško.

Michal: Ahoj, Maja.

Mária: Ahoj, Miško. Ako sa máš?

Michal: Čo ja viem? Dosť dobre. Len mám pokazený bicykel. A toto je ten Peter z Ameriky?

Peter: Áno, ja som Peter.

Michal: A ty hovoríš po slovensky? Ako to?

Peter: Učím sa po slovensky. Ale ešte neviem veľa.

Michal: To nevadí. Ja neviem po anglicky nič. Ale na budúci rok sa začnem učiť. Vieš čo? Kým mama pripraví večeru, poď do garáže, dobre? Možno mi pomôžeš. Ten bicykel musím opraviť.

Peter: Dobre, idem.

SLOVNÍK

ako as
ako to? how come?
až as far as
bankomat, -u; -y, -ov *M* automatic teller
brať, beriem, berú *NP* to take
brzda, -y; -y, bŕzd *F* braking device, brake
brzdiť, -ím, -ia *NP* to break, to be breaking
byť na rade to be sb's turn (in a line)
či whether, if
čo ja viem? *(Coll)* what do I know?; who knows?
dajte mi vedieť let me know
ďalej *Adv* further
dať si, -ám si, -ajú si *P + Acc (Coll)* to have sth
  (to drink or to eat)

do banky to the bank
doľava *Adv* to the left
doprava to the right
džús, -u; -y, -ov *M* juice
euro, -a; -á, eur *(or Nondecl) N* Euro (monetary unit)
frajer, -a; -i, -ov *M (Coll)* boyfriend
frajerka, -y; -y, frajeriek *F (Coll)* girlfriend
hladný *Adj* hungry
hneď right now, in a minute
hocičo anything
hocičo sa môže stať anything can happen
hociktorý, -á, -é any, whichever
chodiť spolu *(Coll)* to be dating (each other)
choď/te *(Imper of* **ísť***)* go
chorý *Adj* sick

Michal a Peter sú v garáži.

Michal: Poď sem! Tak toto je ten môj pokazený bicykel. Pozri, brzda je zlá. Nebrzdí. Môžeš mi pomôcť?

Peter: Počkaj, pozriem sa. Myslím, že toto tu je zlé.

Michal: Táto skrutka?

Peter: Skúsim to opraviť. No dobre, už to je.

Michal: Super.

Peter: Môžem vyskúšať tvoj bicykel?

Michal: Jasné, že môžeš. A vieš jazdiť na bicykli?

Peter: Samozrejme, že viem. Aj v Clevelande niekedy jazdím na bicykli.

Michal: A ty si naozaj Američan? Veď veľmi pekne hovoríš po slovensky – ako Slovák.

Peter: Áno, som Američan. Ale učím sa po slovensky a slovenčina sa mi veľmi páči.

Michal: Myslím, že sa ti páči aj naša Maja. Ona je tvoja frajerka? Tvoja láska?

Peter: Ale nie, len kamarátka.

Michal: Kamarátka, kamarátka! Ale chodíte spolu, nie?

Peter: Sme priatelia, ale to je všetko.

Michal: No neviem, neviem. Len mi potom dajte vedieť, kedy je svadba, nechcem ju zmeškať.

Peter: Ty si zo mňa uťahuješ, však?

Michal: Nie, ale hocičo sa môže stať. No dobre, poďme späť do domu. Večera je už určite pripravená. A ďakujem za pomoc.

Na ulici

Pán Taylor: Prepáčte, môžete mi pomôcť?

Bratislavčan: Nech sa páči, čo potrebujete?

Pán Taylor: Kde je, prosím, Tatra banka?

Bratislavčan: Toto je Štúrova ulica. Choďte rovno až na Námestie Slovenského národného povstania. Vpravo je Poštová ulica, tam choďte až na koniec a veľká budova vpravo je Tatra banka.

Pán Taylor: Takže nie je ďaleko, však? Môžem ísť pešo?

Bratislavčan: Samozrejme. Je to asi päť minút.

Pán Taylor: A neviete, či je teraz poobede otvorená?

Bratislavčan: To, žiaľ, neviem. Ale niektoré slovenské banky sú otvorené aj poobede.

Pán Taylor: Ďakujem vám pekne.

ísť pešo to go on foot
jasné *(Coll)* sure, of course, right
jazdiť, -ím, -ia *NP (+ na + Loc)* to ride; to drive
jazdiť na bicykli to ride a bicycle
jazdiť na aute to drive a car
ju *(Acc Sg of ona)* her
kamarátka, -y; -y, kamarátok *F* friend (female)
karta, -y; -y, -iet *F* card
konečne *Adv* finally
koniec, -nca; -nce, -ncov *M* end
krásny *Adj* beautiful
kreditná karta *F* credit card
kurz, -u; -y, -ov *M* exchange rate
kým until, by the time that
láska, -y; -y, lások *F* love

Maja, -e; -e, Máj *F (Infml for Mária)* Mary
mám pokazený bicykel my bicycle is broken
meter, -a; -e, -ov *M* meter
mi *(Dat Sg of ja)* (to) me
Miško, -a; -ovia, -ov *M (Diminutive Infml for Michal)* Mike
môže sa použiť it can be used
musieť, musím, musia; *Past* musel *Mod* to have to, must
na koniec to the end
najprv (at) first
naozaj really
naši my family, my folks
nechcem ju zmeškať I do not want to miss it
ničí, -ia, -ie nobody's
niečo something
niekam *(direction)* somewhere

V banke

Pán Taylor potrebuje ísť do banky, pretože chce zameniť doláre za koruny. Potrebuje sa aj spýtať, kde môže používať americké kreditné karty.

Pán Taylor: Prosím vás, chcem zameniť doláre za koruny.
 Aký kurz má dnes dolár?
Bankový úradník: Dnes je kurz 30 korún 80 halierov za dolár.
 A nechcete si doláre radšej zameniť za euro?
Pán Taylor: Nie, ďakujem. Radšej chcem slovenské koruny.
Bankový úradník: Koľko dolárov si chcete zameniť?
Pán Taylor: 300 dolárov.
Bankový úradník: Áno, nech sa páči, tu je váš lístok. Je to pokladňa číslo 6.
Pán Taylor: A prosím, kde môžem používať americké kreditné karty?
Bankový úradník: Kreditné karty berú všetky veľké hotely, obchodné domy,
 niektoré obchody a reštaurácie. Môžete tiež používať hociktorý bankomat.
 Platobná karta Visa sa môže použiť aj tu. Takže peniaze si môžete vybrať,
 aj keď banka nie je otvorená.
Pán Taylor: Ďakujem.

Tu je pokladňa číslo 6. Sú tam už traja ľudia. Pán Taylor si sadne.
O chvíľu vidí svietiť svoje číslo. Je na rade.

PROTIKLADY

je to	blízko	– ďaleko
cesta je	krátka	– dlhá
choďte	doprava	– doľava
	otvoriť	– zatvoriť dvere
dvere	sa otvoria	– sa zatvoria
banka je	otvorená	– zatvorená
môžem	tykať	– vykať
	pokaziť	– opraviť bicykel
bicykel je	pokazený	– opravený
idem	pešo	– autom
		električkou
		na bicykli
		taxíkom
		loďou
		autobusom
		trolejbusom
		lietadlom
som	zdravý	– chorý
film má dobrý	začiatok	– koniec

niekde *(location)* somewhere
nikam *(direction)* nowhere
nikde *(location)* nowhere
nikdy never
nikto nobody
no dobre well, all right; all right then
obchod, -u; -y, -ov *M* store, shop
obchodný dom *M* department store
opravený *Adj* repaired
opraviť, opravím, opravia *P + Acc* to repair
opýtať sa, -am sa, -ajú sa *P + Acc* to ask
otvorený *Adj* open
otvoriť, -ím, -ia *P + Acc* to open
otvoriť sa, -ím sa, -ia sa *P* to become opened
páči sa mi *+ Nom* I like sb/sth

páči sa ti *(?) + Nom* you like sth/sb; do you like sth/sb (?)
platobná karta *F* bank card, handybank card
počuť, počujem, počujú *NP + Acc* to hear
poď/te ďalej *(Imper of* isť*)* come in
poď/te sem *(Imper of* isť*)* come here
pokazený *Adj* broken
pokaziť, -ím, -ia *P + Acc* to cause sth to become broken
 or out of order
pomoc, -i *(only Sg) F* help, assistance
pomôcť, pomôžem, pomôžu; *Past* pomohol *P* to help
používať, -am, -ajú *NP + Acc* to use
pozrieť sa, pozriem sa, pozrú sa; *Past* pozrel sa *P (+ na +Acc)*
 to (have a) look (at)
rad, -u; -y, -ov *M* line; byť na rade to be one's turn;
 je na rade it is his turn (in a line)

Užitočné výrazy

To rád/rada počujem.	–	I am glad to hear that.
Poďte ďalej.	–	Come in.
Poďte sem.	–	Come here.
Hneď som tu.	–	I'll be back in a minute.
Môžete mi tykať.	–	You can use the *ty* form.
Môžeme si tykať.	–	We can (mutually) use the *ty* form.
Ste hladný?	–	Are you hungry?
Ste smädný?	–	Are you thirsty?
Čo potrebujete?	–	What do you need?
Môžete mi pomôcť?	–	Can you help me?
Už to je.	–	It's done. That's it.
Ďakujem ti/vám za pomoc.	–	Thank you for your help.
Páči sa mi to.	–	I like it.
Počkajte, prosím.	–	Please, wait.
To nevadí./To nič.	–	That does not matter.
Ako to?	–	How come?
Ste na rade.	–	It is your turn.

Kedy?

teraz, hneď, o chvíľu, o minútu
potom, neskoro
dnes, zajtra
tento týždeň, na budúci týždeň, na budúci mesiac
celý deň, celý víkend, celý rok
o tri hodiny, o dva dni, o týždeň, o štyri roky
o 8.20, o 17.45
v piatok, v stredu
v novembri, vo februári
v zime, na jeseň, v lete, na jar
niekedy, vždy, hocikedy, nikdy

9.1 MODAL VERBS - Modálne slovesá

9.1.1 Both English and Slovak have modal verbs, i.e. verbs which express the modal circumstances concerning the verb that follows, i.e. whether it is a voluntary action, an indispensability or obligation, a possibility or a permitted action. Slovak has the following modal verbs:

chcieť	smieť	môcť	musieť	vedieť
chcem	smiem	môžem	musím	viem
chceš	smieš	môžeš	musíš	vieš
chce	smie	môže	musí	vie
chceme	smieme	môžeme	musíme	vieme
chcete	smiete	môžete	musíte	viete
chcú	smú	môžu	musia	vedia

chcieť	– to want	: chce študovať
smieť	– to be allowed/permitted	: smie fajčiť
môcť	– a) to be allowed	: môžem pracovať
	b) to be willing	: môžem ti pomôcť
musieť	– to have to	: musia čítať
vedieť	– a) to be aware of, to know	: viem, kde je
	– b) to be able to	: vedia spievať

9.1.2 As evident from the examples above, after modal verbs the verb is in the infinitive.

9.1.3 As to their conjugation, Slovak modal verbs differ from each other. Those listed above in 9.1.1 are conjugated in the following way:

9.1.4 *Chcieť* does not fall into any of our conjugation types, hence, is irregular, *smieť* corresponds to type 2 c) (see 7.2.7), *môcť* is a sub-type of irregular *niesť* (see 8.2.12), *musieť* corresponds to type 3c) (see 7.2.7) and *vedieť* is irregular.

9.1.5 As to meaning, for speakers of English the most difficult Slovak modal verbs are *môcť* and *vedieť*, hence their translation and usage have to be studied and practiced carefully.

a) *Môcť* means to be allowed to, but also to be willing (and able) to do sth, to have the authority to do sth. Examples:

Mama hovorí, že tam môžem ísť.	Mother says that I can go there.
Môžem ti pomôcť.	I can help you/I am willing to help you/I am able to help you.
Môžu to používať.	They can/They have the authority to use it.

The meanings of *môcť* can be translated by *can*; however, this does not apply the other way round. English *can* translates as:

I can go there.	Môžem/Smiem tam ísť.
I can sing.	Viem spievať.
I can see it.	Vidím to.
I can understand it.	Rozumiem tomu.

As to the latter two cases, with verbs of perception Slovak does not use modals when these verbs mean an ability of the senses or mind.

b/ *Vedieť* means either to be aware of, to know, or to be able to (usually after having mastered a skill), e.g.:

Viem, že otec je doma.	I know that father is at home.
Vedia, že je to ďaleko.	They know that it is far.
Peter vie písať po slovensky.	Peter can write in Slovak.
Jej brat vie opraviť bicykel.	Her brother can repair a bicycle.

9.1.6 Modal verbs are negated with the help of the negative prefix *ne-*, e.g.
nechcem, nesmú, nemôžeš, nemusia, neviem.

9.1.7 Different from the corresponding English negated verbs is the meaning of the negated modal verbs *nesmieť* and *nemusieť.*

smiem	I can/may	musím	I must
nesmiem	I must not	nemusím	I do not have to

The reason is that in English the verb used for the highest degree of both an order to do sth (+!) and a prohibition to do sth (-!) is *must*, while in Slovak it is *musieť* and *nesmieť* respectively. The situation concerning expressing the modal polarity scale can be represented as follows:

I must	do not have to	I am allowed to	I must not
musím	nemusím	smiem	nesmiem

E.g.:

I must go fast.	Musím ísť rýchlo.
I do not have to go by plane.	Nemusím ísť lietadlom.
He is allowed to drink coffee.	Smie piť kávu.
He must not drink whisky.	Nesmie piť whisky.

9.2 INDEFINITE PRONOUNS – Neurčité zámená

9.2.1 Slovak indefinite pronouns are formed from interrogative pronouns by prefixing to them *nie*, or in the case of *nejaký* the prefix *ne*:

niekto	somebody
niečo	something
niekde	somewhere *(location)*
niekam	somewhere *(direction)*
niekedy	sometimes
niekoľko	several
niektorý	some (of which)
niečí	somebody's
nejaký	(of) some (kind) *(here after the prefix ne- there is inserted -j-)*

E.g.:

Niekto musí prísť.	Somebody must come.
Majú niečie auto.	They have somebody's car.
Máme nejaké problémy.	We have some problems.

Indefinite pronouns can also be formed with the help of some other prefixes, e.g. *da-, voľa-: dakto, dačo, voľakde.*

9.2.2 The English alternation of pronouns with *any-* and *some-* in questions/negation vs positive statements does not exist in Slovak, e.g.

Is anybody there? Je tam niekto?	Yes, there is somebody. Áno, niekto tam je.
They do not have anything. Nemajú nič.	She has something. Ona niečo má.

As an equivalent of *any-* in negative sentences the Slovak negative pronouns are used, e.g. *nemajú nič.*

9.2.3 The equivalent of the English *any-* in e.g. *anybody, anywhere* in the sense of *no matter who, no matter where* is the Slovak *hoci-*. E.g.

Anybody can repair it.	Hocikto to vie opraviť.

9.2.4 The indefinite pronouns which end in -ý/í have the same gender forms and plural forms as adjectives, i.e.

Sg M	F	Pl N	M +Hum	others
niektorý	niektorá	niektoré	niektorí	niektoré
niečí	niečia	niečie	niečí	niečie
hocijaký	hocijaká	hocijaké	hocijakí	hocijaké

9.2.5 The plural of *niekoľko* is *niekoľkí, niekoľké*, e.g., *niekoľkí chlapci, niekoľké dievčatá.*

---

rovno *Adv* straight
sem *(direction)* here
skrutka, -y; -y, skrutiek *F* screw
skúsiť, skúsim, skúsia *P + Acc* to try
slovenčina sa mi páči I like Slovak
smädný *Adj* thirsty
smieť, smiem, smú; *Past* smel *Mod* to be allowed/permitted to
späť *Adv* back, backward(s)

spolu together
super *Adj* or *Adv (one form for all genders, Nondecl) (Youth Slang)* great, excellent
svietiť, -im, -ia *NP* to shine, to be lit
svadba, -y; -y, svadieb *F* wedding
takže hence, thus
ti *(Dat Sg of* **ty***)* (to) you
to je všetko that's it, that's all
to nevadí *(Coll)* that does not matter; I don't mind

9.3 NEGATIVE PRONOUNS – Záporné zámená

9.3.1 In Slovak negative pronouns are formed by adding to interrogative pronouns the prefix *ni-*:

nikto	nobody
nič	nothing
nikde	nowhere *(location)*
nikam	nowhere *(direction)*
nikdy	never
ničí	nobody's
nijaký	no, of no kind

Note that *nothing* translates as *nič*, *never* translates as *nikdy*, with *-e-* from *kedy* dropped, and *of no kind* translates as *nijaký*, with *-j-* inserted, similarly to *nejaký*.

9.3.2 The equivalent of *no, of no kind* can either be *nijaký* or the word *žiadny/žiaden, žiadna, žiadne,* e.g.

There is no car there.	Nie je tam nijaké auto.
	Nie je tam žiadne auto.

9.3.3 The negative pronouns *ničí, nijaký* and *žiadny/žiaden* have the same gender and number forms as adjectives (except for *žiaden M*), i.e.

Sg			Pl	
M	F	N	M +Hum	others
ničí	ničia	ničie	ničí	ničie
nijaký	nijaká	nijaké	nijakí	nijaké
žiaden	žiadna	žiadne	žiadni	žiadne

9.4 MULTIPLE NEGATION – Viacnásobná negácia

9.4.1 In Standard English in negative statements only one negative element can occur, e.g. *Peter never has any problems.* In Slovak, on the contrary, there is multiple negation which is caused by negative concord, i.e. if the verb is negative all pronouns have to harmonize with it and be negative, e.g.:

Peter never has any problems
Peter nikdy nemá nijaké problémy.

9.4.2 If one of the pronouns in the sentence is negative, in Slovak the verb also has to be negative (i.e. negative pronouns cannot co-occur with positive verbs), e.g.

Nobody has it. – Nikto to nemá.

9.4.3 The only exceptions to negative concord are cases corresponding to the occurrences of *some(-)* in English negative sentences of the type:

He does not have something. – Niečo nemá.

Here only part of the statement is negated, i.e. *there is something that he does not have.*

9.5 NOUNS REFERRING TO MEMBERS OF NATIONALITIES Názvy príslušníkov národností

9.5.0 Nouns referring to nationalities are formed in several ways. To some extent their formation is predictable from the ending of the corresponding name of the country, however, in many cases the form is not predictable, and has to be checked in a dictionary.
Nouns referring to members of nationalities are obviously rather numerous and as to their form quite complex. Here the most frequent ways of forming them will be presented, first the masculine forms only, and then also the feminine forms.

9.5.1 If the name of the country ends in *-sko* or *-cko*,
a) the noun referring to the member of that nationality is often formed only from the root of the country name, with no ending added (in masculine gender), e.g. *Dánsko – Dán, Rusko – Rus, Švédsko – Švéd, Taliansko – Talian, Nemecko – Nemec, Španielsko – Španiel, Francúzsko – Francúz;*
b) some nouns ending in *-cko* are formed by dropping this but adding *-k*, e.g. *Grécko - Grék, Turecko – Turek;*
c) some nouns drop *-sko*, but their root undergoes changes, e.g. *Slovensko – Slovák, Česko – Čech;*
d) *-čan, -šan* or *-ec* is often added to the root after dropping *-sko* or *-cko*, e.g. *Portugalsko – Portugalčan, Rakúsko – Rakúšan, Anglicko – Angličan, Japonsko – Japonec.*
e) in some cases *-an* is added, after dropping *-sko* and softening the preceding consonant: *Holandsko – Holanďan.*

9.5.2 If the name of the country ends in *-a*, this is dropped and
a) *-an* is often added, e.g. *Európa – Európan.* Wherever possible, softening takes place before this ending, e.g. *Kanada – Kanaďan, Čína – Číňan, Tibet –Tibeťan.* If the name of the country ends in *-ka, -k-* changes into *-č-*, e.g. *Amerika – Američan, Kostarika – Kostaričan;*
b) *-ánec* is sometimes added, e.g. *Kuba – Kubánec, Papua – Papuánec.*

---

ty si zo mňa uťahuješ you are pulling my leg
tykať, -ám, -ajú *NP + Dat* to be on *ty* terms, to use the informal form of address
určite *Adv* certainly
uťahovať si, uťahujem si, uťahujú si *NP + z + Gen (Coll)* to be pulling sb's leg, to be kidding sb
už to je that´s it; it is already done
vadiť, vadím, vadia *NP + Dat (Coll)* to matter, to be a matter of objection to sb
večera, -e; -e, -í *F* dinner, supper (evening meal)
veľa a lot of, many, much
vybrať, vyberiem, vyberú *P + Acc* to take out, to draw
vykať, -ám, -ajú *NP + Dat* to be on *vy* terms, to use the formal form of address
vyskúšať, -am, -ajú *P + Acc* to try out, to test, to examine

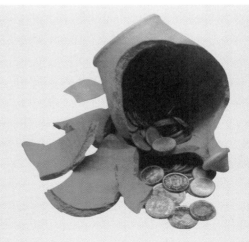

9.5.3 If the name of the country ends in *-ia*,

    a) this is usually dropped and *-čan* is added, e.g. *Austrália – Austrálčan, Brazília – Brazílčan;*

    b) in several cases the *-ia* is dropped and only the root is used, e.g. *India – Ind;*

9.5.4 Feminine nouns referring to the names of members of nationalities can be formed with the help of the following suffixes:

1. *-ka*

    a) from masculine nouns formed from names of countries ending in *-sko*, but only if the masculine noun did not undergo in its formation any change (with the exception of palatalization), e.g.

      Rakúšan – Rakúšanka
      Angličan – Angličanka
      Američan – Američanka

    b) from masculine nouns ending in *-ec*, which is dropped before *-ka* is added, e.g.

      Japonec – Japonka
      Kubánec – Kubánka

    c) from masculine nouns formed from names of countries ending in *-sko*, which in masculine have undergone some changes (except for palatalization). In these cases
      i) masculine *-ch* changes into *-š*, e.g.: *Čech – Češka*
      ii) the feminine form is not predictable, e.g.:
      Slovák – Slovenka
      Poliak – Poľka

2. *-yňa* when the masculine ends in *-ek/-ék*, e.g.
      Turek – Turkyňa
      Grék – Grékyňa
    The occurrence of the suffix *-yňa* is rare.

CVIČENIA

I. Give the plural:

pekný deň, nejaký dlhý výlet, žiaden problém, pokazené auto, nové dvere, šikovný chlapec, budúci rok, veľká láska, starý priateľ, slovenská banka, americký dolár, kreditná karta, sympatická reštaurácia, zábavné dievča, nová ulica, vysoká budova, americká turistka, slovenský podnikateľ, šťastný človek

II. Write down the numerals as words, using them after *to je* or *to sú:*

Príklad: *10 halierov – to je desať halierov,*
    naši 3 priatelia – to sú naši traja priatelia
2 priateľky, moji 3 bratia, 3. dom, 100 korún, 4 profesori, 5. skúška, 2 lietadlá, 2 piloti, 2. pilot, 7 počítačov, 5 informácií, naši 50 študenti, 50 študentov, 8 muži, 8 mužov

III. Odpovedzte:

1. Kde bývajú Máriini rodičia?
2. Majú byt alebo dom?
3. Prečo sú Mária a Peter v Žiline?
4. Kto je doma?
5. Kto ešte príde?
6. Je mama rada, že Mária a Peter sú tam?
7. Sú Mária a Peter hladní?
8. Sú Mária a Peter smädní?
9. Čo pijú?
10. Kto je Miško?
11. Koľko má rokov?
12. Hovorí Miško po anglicky?
13. Vedia sa Peter a Miško rozprávať?
14. Čo potrebuje Miško?
15. Kto opraví bicykel?
16. Vie Peter jazdiť na bicykli?
17. Čo chce Miško vedieť?
18. Čo myslíte, je Mária Petrova láska?

IV. Preložte do angličtiny:

tento rok, chodíme spolu, o päť minút, na budúci rok, ako to, jasné, o dva roky, let trvá dve hodiny, páči sa mi tvoja sestra,

za for
začiatok, -tku; -tky, -tkov *M* beginning
zameniť, -ím, -ia *P + Acc + za + Acc* to exchange sth for sth
zatvorený *Adj* closed
zatvoriť, -ím, -ia *P + Acc* to shut, to close
zazvoniť, zazvoním, zazvonia *P* to ring (the bell)
zdravý *Adj* healthy
zmeškať, zmeškám, zmeškajú *P + Acc* to miss, to be late for
zobrať, zoberiem, zoberú *P + Acc* to take (sb/sth along)
žiaden/žiadny, žiadna, žiadne no, none, no one

on si zo mňa uťahuje, už to je, dajte mi vedieť, to nevadí, nechcem zmeškať ten film, idem pešo, počkaj, viem jazdiť na bicykli

V. Odpovedzte:

1. Kedy idete dnes domov?
2. Ako idete domov?
3. Kedy idete na dovolenku?
4. Kam idete na dovolenku?
5. Ako tam idete?
6. Ako dlho tam budete?
7. Koľko peňazí potrebujete na dovolenku?

VI. Translate the expressions listed below into Slovak and use them in the sentence:

Pán Taylor ide na Slovensko ....
tomorrow, in two days, next week, in 3 hours, on Wednesday, in December, in the evening, now, in summer, never

VII. Write down and/or perform a dialogue between Mr. Taylor and a young man in Košice. Mr. Taylor is in the center of town asking where there is a good restaurant. Suggestions:

a) The restaurant is here, in the center of town. He can go on foot. The young man gives him directions, Mr. Taylor repeats them to make sure he got them right.
b) One very good restaurant is about 3 kilometers from here. He can take a bus or a taxi. Give directions.

VIII. Give negative answers to the following sentences, using opposites wherever possible:

1. Obchod je otvorený, však?
2. Ideme autom?
3. Autobus ide doľava, však?
4. Cestujete na južné Slovensko?
5. Je vaše auto ešte pokazené?
6. Je to letisko ďaleko?
7. Budete tam dlho?
8. Bývajú na Slovensku dlho?

IX. Preložte do slovenčiny:

1. Her aunt wants to travel home.
2. Can you help me?
3. She knows where I live.
4. I must not smoke.
5. I can speak Slovak.
6. I can go by car.
7. He is not allowed to work in the US.
8. She cannot go there today.
9. We want to see it.
10. May I use the informal way of addressing you?
11. May I try your bicycle?
12. Can you ring the bell?
13. We did not have to take it.
14. He must eat something.
15. I do not know when he comes.

X. Give negative answers:

1. Máš nejaké problémy?
2. Je tu nejaký doktor?
3. Je tu niekto?
4. Potrebujete niečo?
5. Ste niekedy spolu?
6. Prosíš si niečo?
7. Idete niekam?
8. Čítate niečo?
9. Máte niekedy čas?
10. Potrebujete zameniť nejaké doláre?
11. Potrebujete niekam telefonovať?
12. Chcete niečo jesť?
13. Máte doma niečo pokazené?
14. Vie tu niekto opraviť bicykel?

XI. Give the names of nationalities, both masculine and feminine, corresponding to the following names of countries:

Kanada, Francúzsko, Amerika, Rakúsko, Anglicko, Slovensko, Európa, Dánsko, Poľsko, Austrália, Česko, Turecko, Rusko, Taliansko, Grécko

XII. Preložte do slovenčiny:

He is a student. On Monday he goes to the movies. On Tuesday he sleeps. On Wednesday he must repair his bicycle. On Thursday he goes for a trip. On Friday he never likes to study. On Saturday he goes to a football game. On Sunday he is tired. On Monday he cannot take the test. Why?

XIII. Odpovedzte:

1. Máte rád víno? Smiete piť víno? Musíte piť víno?
2. Chcete študovať? Môžete študovať? Musíte študovať?
3. Viete pripraviť večeru? Musíte pripraviť večeru? Smiete pripraviť večeru?
4. Viete chodiť na bicykli? Musíte chodiť na bicykli?
5. Viete hovoriť po slovensky? Chcete hovoriť po slovensky? Musíte hovoriť po slovensky?

XIV. Describe in Slovak the beginning of the visit of Mária and Peter to Žilina.

XV. Preložte do slovenčiny:

1. Let me have a look.
2. Wait a minute.
3. Come in.
4. I like Slovak.
5. I like you.
6. Can you give me a hand, please?
7. Come here!
8. Are you hungry?
9. Are you thirsty?
10. Are you tired?
11. Are you unhappy?
12. Excuse me, I have to go home already/now.
13. How come?
14. You are pulling my leg.
15. Anything can happen.
16. It does not matter.
17. Good luck.

XVI. Write and perform with other students a dialogue in Slovak between you and your friends who have just arrived.

Welcome them, offer them seats, ask them whether they are thirsty and what they want to drink. Serve the drinks. Then excuse yourself by saying you must go to the kitchen for a minute to prepare the dinner.

XVII. What would the characters say in the following situations?

XVIII. Naučte sa porekadlo:

Nová metla dobre metie.

(A new broom sweeps clean.)

XVIII. Naučte sa pesničku:

Láska, bože, láska

Lás - ka, bo - že, lás - ka, kde ťa ľu - dia be - rú?
Na ho - re ne - ras - tieš, v po - li ťa ne - se - jú.

2. Ľúbosti, ľúbosti, mala som ťa dosti,
/: ale už ťa nemám ani medzi prsty.:/

3. Keby sa tá láska, na brale rodila,
/: nejedna panenka hlavu by zlomila.:/

4. Ale sa tá láska na bralách nerodí,
/: nejedna panenka, bez lásky chodí.:/

Večera doma

Peter a Miško sú už v dome. Večera je pripravená. Všetci sú už tu, aj Máriin otec a jej starí rodičia. Mária predstaví Petra: „Toto je Peter, môj priateľ."

Miško hovorí: „On je Američan, vie po slovensky a je celkom šikovný – môj bicykel je už opravený." Starí rodičia sa Petra pýtajú na univerzitné štúdium, na jeho otca a mamu a na život v USA. Aj oni sú prekvapení, ako dobre vie po slovensky.

Potom ich mama volá na večeru. Najprv jedia kuraciu polievku, potom hovädzie mäso, ryžu a šalát. Majú ešte plnenú kapustu, ale tú jedia len stará mama a Máriin otec. Nakoniec majú makový koláč. Pijú džús a kávu, starí rodičia červené víno a Máriin otec pivo.

Stará mama je zvedavá na to, kam ide Peter cez prázdniny v lete. Peter hovorí, že ešte nevie, ale bude na Slovensku. Bude tu študovať dva roky a v lete domov do USA nejde. Starý otec hovorí: „Ty a Mária môžete v lete prísť na návštevu do Zvolena – my tam bývame. Je tam hrad, kúpalisko a pekná príroda. Ak prídete v júli, môžeme spolu ísť na folklórny festival do Detvy a na Akademický Zvolen – medzinárodný vysokoškolský folklórny festival. Chodia tam aj folklórne súbory z USA. Môžeme tam vidieť krásne folklórne predstavenia a dobre sa zabaviť. Ak máš rád folklór, určite sa ti tam bude páčiť."

SLOVNÍK

ak if
akademický *Adj* academic
alkohol, -u *(usually only Sg) M* alcohol
baraní *Adj* pertaining to lamb or sheep
bezmäsitý *Adj* without meat
bravčový *Adj* pertaining to pork
bryndzové halušky, -ých -šiek *Pl* small potato dumplings with sheep cheese
cez + *Acc* during; across
cez prázdniny during the holidays
coca cola [koka kola], also **kokakola**, -y; -y, coca col/kokakol *F* coca cola
čašník, -a; čašníci, čašníkov *M* waiter

čokoládový *Adj* pertaining to chocolate
dať, dám, dajú *P* + *Acc* to place, to put; to give
deciliter, -tra; -tre, -trov *M* deciliter (about 1/2 cup)
desiata, -y; -e, desiat *F* snack between breakfast and lunch, midmorning snack
desiatovať, -ujem, -ujú *NP* to have a snack between breakfast and lunch
dezert, -u; -y, -ov *M* dessert
diétny *Adj* dietary, dietetic
divina, -y *(only Sg) F* venison
dl *(Abbr from* **deciliter***)* deciliter
dojesť, -jem, -jedia; *Past* dojedol *P* + *Acc* to finish eating, to eat up
dopiť, dopijem, dopijú *P* + *Acc* to finish drinking, to drink up
druh, -u; -y, -ov *M* kind, sort
dusený *Adj* stewed

Taxík

V utorok večer ide Pán Taylor do reštaurácie, ktorá nie je v centre mesta. Chce ísť taxíkom. Prosí recepčnú, aby ho pre neho telefonicky objednala na šiestu hodinu. O šiestej hodine ho taxík už dolu čaká.

Taxikár: Dobrý večer. Kam to bude?
Pán Taylor: Na Kamzík do reštaurácie Expo.
Taxikár: Nech sa páči.
Pán Taylor: A, prosím vás, môžete ma potom vziať aj späť do hotela?
Taxikár: Samozrejme. Kedy mám prísť?
Pán Taylor: O pol desiatej, dobre?
Taxikár: Dobre. A už sme tu. Tu je reštaurácia Expo.
Pán Taylor: Čo platím?
Taxikár: 153 korún.
Pán Taylor: Nech sa páči. A dovidenia.

V reštaurácii

Pán Taylor dnes ako hosť večeria v reštaurácii. On a jeho hostiteľ pán Nový majú rezervovaný stôl pri okne. Je to príjemná reštaurácia. Sedia tam len niekoľkí ľudia. Pán Nový hovorí, že jedlo je tam vždy veľmi dobré.

Na stole je biely obrus. Sú tam hlboké a plytké taniere, lyžice, lyžičky, vidličky a nože a dva sklené poháre. Na stole je aj váza a pekné kvety.

Pán Taylor a pán Nový si pozerajú jedálny lístok.
Pán Nový volá čašníka.

V Slovenskej reštaurácii v Bratislave na Hviezdoslavovom námestí

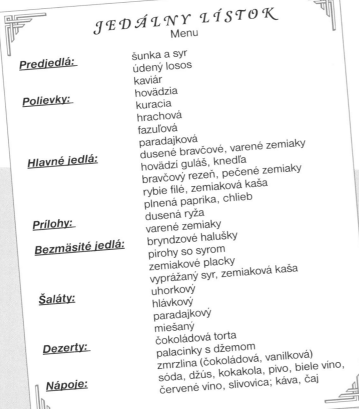

JEDÁLNY LÍSTOK
Menu

Predjedlá:
šunka a syr
údený losos
kaviár

Polievky:
hovädzia
kuracia
hrachová
fazuľová
paradajková

Hlavné jedlá:
dusené bravčové, varené zemiaky
hovädzí guláš, knedľa
bravčový rezeň, pečené zemiaky
rybie filé, zemiaková kaša
plnená paprika, chlieb
dusená ryža

Prílohy:
varené zemiaky

Bezmäsité jedlá:
bryndzové halušky
pirohy so syrom
zemiakové placky
vyprážaný syr, zemiaková kaša

Šaláty:
uhorkový
hlávkový
paradajkový
miešaný

Dezerty:
čokoládová torta
palacinky s džemom
zmrzlina (čokoládová, vanilková)

Nápoje:
sóda, džús, kokakola, pivo, biele víno, červené víno, slivovica; káva, čaj

Čašník: Nech sa páči, čo si želáte?

Pán Nový: Prosíme si dvakrát šunku a syr, jednu hovädziu polievku a jednu kuraciu polievku, jeden hovädzí roastbeef a hranolky a jeden hovädzí guláš a knedľu.

Čašník: Áno. A prosíte si ešte nejakú prílohu alebo šalát?

Pán Taylor: Ja si prosím varený hrášok a mrkvu. A uhorkový šalát.

Čašník: Ešte nejaký dezert?

Pán Nový: Ja si dám čokoládovú tortu. A vy?

Pán Taylor: Ja si dám zmrzlinu. Vanilkovú.

Čašník: A na pitie?

Pán Taylor: Ja si dám malú slivovicu a džús.

Pán Nový: Ja si dám len kokakolu. Alkohol nemôžem, lebo dnes ešte musím šoférovať. Ale dám si kávu. Aj vy si dáte kávu?

Pán Taylor: Ďakujem, ja nie.

Jedlo je chutné a obsluha rýchla. Pán Nový je rád, že aj jeho hosť je spokojný. Je príjemné mať dobré jedlo a dobrú spoločnosť.

Keď dojedia a dopijú, pán Nový volá hlavného čašníka. Platí za jedlo, slivovicu, džús, kokakolu a kávu. Na stole nechá prepitné pre čašníka.

Užitočné výrazy

Kedy jete?

raňajky	o ôsmej hodine
desiatu	o pol jedenástej hodine
obed	o pol jednej hodine
olovrant	o tretej hodine
večeru	o šiestej hodine

Čo robíte?

raňajkujem
desiatujem
obedujem
olovrantujem
večeriam

Druhy mäsa

hovädzie, teľacie, bravčové, kačacie, husacie, morčacie, kuracie, baranie, rybie; hydina, divina

Aké môže byť jedlo?

chutné	– bez chuti; nechutné
lahodné	– odporné
neslané, málo slané	– príliš slané
málo sladké	– príliš sladké
málo kyslé	– príliš kyslé
nekorenené, málo korenené	– príliš korenené
neštipľavé, málo štipľavé	– príliš štipľavé
nemastné, málo mastné	– príliš mastné
nevýživné, málo výživné	– výživné
nedovarené, málo uvarené	– rozvarené
studené	– teplé
diétne	– nediétne
zdravé	– nezdravé

Jedlo môžeme:

variť
dusiť
piecť
údiť
vyprážať
strúhať
plniť
miešať
koreniť

Jedlo je:

varené
dusené
pečené
údené
vyprážané
strúhané
plnené
miešané
korenené

Recept

Slovenský chlieb

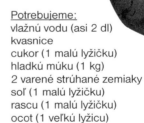

Potrebujeme:
vlažnú vodu (asi 2 dl)
kvasnice
cukor (1 malú lyžičku)
hladkú múku (1 kg)
2 varené strúhané zemiaky
soľ (1 malú lyžičku)
rascu (1 malú lyžičku)
ocot (1 veľkú lyžicu)
Príprava: Vodu, kvasnice a cukor dáme na teplé miesto kysnúť a potom pridáme do misy, kde je všetko ostatné. Ak treba, pridáme ešte vlažnú vodu a dobre vymiesime. Prikryjeme a dáme asi na hodinu kysnúť na teplé miesto. Potom vezmeme guľatú alebo oválnu nádobu, do nádoby dáme cesto a pomaly pečieme asi hodinu.

Dobrú chuť!

dusiť, -ím, -ia *NP + Acc* to stew
džem, -u; -y, -ov *M* jam
fazuľový *Adj* pertaining to beans
festival, -u; -y, -ov *M* festival
filé *(Nondecl) N* fillet
folklórny *Adj* pertaining to folklore
guláš, -a; -e, -ov *M* goulash
hladká múka *F* finely ground flour
hlávkový šalát *M* 1. lettuce
            2. lettuce salad
hlavný *Adj* main
hlboký *Adj* deep
hlboký tanier *M* soup plate
hosť, -a; hostia, hostí *M* guest
hostiteľ, -a; -lia, -ľov *M* host

10.1 ACCUSATIVE SINGULAR OF NOUNS
Akuzatív singuláru podstatných mien

10.1.0. Cases as morphologically expressed syntactic functions of words in sentences do not exist in contemporary English, except for a relic, the so-called possessive case, e.g. *sister's book*. Contemporary English does not need cases because it has a fixed word order in which the subject and the object of the sentence are marked by their position in the sentence. This position in the sentence makes it possible to differentiate between the doer of an activity and its undergoer, e.g. *The man is killing the wolf. – The wolf is killing the man.* (See also 2.10.1.)

10.1.0.1 In Slovak the word order is free, hence the subject and object differentiation cannot be carried out by the word order. This function, similarly to the situation in a number of other languages, is carried out by cases, i.e. by the case endings and case forms of the nouns and words occurring in the noun phrase. In Slovak the subject function is expressed by the nominative case (i.e. the basic dictionary form) and the object function by the other cases. The above sentences translate into Slovak as follows:

a) The man is killing the wolf. – *Muž zabíja vlka.*
Vlka zabíja muž.
b) The wolf is killing the man. – *Vlk zabíja muža.*
Muža zabíja vlk.
Muž and *vlk* are the nominative case forms corresponding to the English *man* and *wolf* respectively. The one that is in the nominative case in the sentence is the doer of the activity, the subject of the sentence, i.e. *muž, vlk*; and the one that is the undergoer of the activity, the object of the sentence, is in the accusative case, i.e. *muža* and *vlka* respectively. Their position in the sentence does not have any impact upon their syntactic function (although it is or can be relevant for the functional sentence perspective and communicative intention; see 2.10.2).

10.1.0.2 Contemporary Slovak has six cases: *nominative, genitive, dative, accusative, locative and instrumental,* and relics of a seventh case – the *vocative*. These cases have different functions. The nominative is the subject of the sentence, the „doer" of the activity, the other cases are used to express the object, the „undergoer or target" of the activity. To exemplify some of the variety of their functions, we can provide the following sentences:

Môj otec (Nom) pracuje.	My father is working.
Pýtam sa otca (Gen).	I am asking my father.
Dám ich otcovi (Dat).	I will give them to my father.
Vidím otca (Acc).	I can see my father.
Hovorím o otcovi (Loc).	I am speaking about my father.
Idem s otcom (Instr).	I am going with my father.

10.1.0.3 Each noun and member of the nominal phrase (adjective, pronoun, and numeral) have their declension paradigms - sets of case forms. Nouns belong to various declension patterns within which the declension endings and forms are considerably predictable on the basis of their gender, final letter(s) or ending and the categorization into *+Anim vs –Anim* or *+Hum vs –Hum*.

10.1.1 *Accusative case* is the most typical objective case. It is the case most frequently required by:
a) verbs to express the direct object, e.g.

he takes the book – *berie knihu*

b) several prepositions, above all by:

pre (for; because of), e.g. *pre otca*, and
cez (during; across), e.g. *cez leto, cez ulicu*.

10.1.2 Nouns in accusative singular have the following endings (with examples given):

Acc Ending	M –Anim	M +Anim	F	N
–	dom	–	jedáleň	auto
-a	–	brata	–	–
-u	–	turistu	ženu, knihu	–

10.1.3 The accusative endings are fully predictable from the final letter or ending of the noun in the nominative case and the category of animateness as presented in the following table:

Gender	Nom Ending	Nom Form	Acc Ending	Acc Form
N	any ending	auto, dievča	–	auto, dievča
M –Anim	any ending	dom, byt	–	dom, byt
F	-C/Č	hus, jedáleň	–	hus, jedáleň
M	-a	turista	-u	turistu
F	-a	žena, kniha	-u	ženu, knihu
M +Anim	-C/Č/o	brat, dedo	-a	brata, deda

---

hovädzí *Adj* pertaining to beef
hrachový *Adj* pertaining to peas
hranolčeky, -ov *(only Pl) (Coll)* french fries
hrášok, -šku; -šky, -škov *(as food only Sg) M* pea
husací *Adj* pertaining to goose
hydina, -y *(only Sg) F* poultry
chlieb, chleba; chleby, chlebov *M* bread
ich *(Acc of oni)* them
jedálny lístok *M* menu (card)
kačací *Adj* pertaining to duck
kamzík, -a; -ci/ky, -kov *M* chamois
Kamzík, -a *M* a hill above Bratislava in the Carpathians
kapusta, -y; -y, kapúst *F* cabbage
kaviár, -u; -e, -ov *M* caviar
kg *(Abbr from kilogram)* kilogram

kilogram, -u; -y, -ov *M* kilogram *(about 2.2 lb)*
knedľa, -le; -le, -lí *F* (large raised) dumpling
koláč, -a; -e, -ov *M* cake
korenený *Adj* spiced
koreniť, -ím, -ia *NP + Acc* to add spices
kúpalisko, -a; -á, kúpalísk *N* swimming pool
kurací *Adj* pertaining to chicken
kvasnice, -níc *(only Pl)* yeast
kvet, -u; -y, -ov *M* flower
kyslý *Adj* sour
kysnúť, -nem, -nú; *Past* kysol *NP (about dough)* to rise
lahodný *Adj* delicious
losos, -a; -y, -ov *M* salmon
lyžica, -e; -e, lyžíc *F* spoon
lyžička, -y; -y, lyžičiek *F* small spoon; teaspoon

10.1.3.1 There is no ending or change of form in the accusative of:

a) neuter nouns: *(hľadám) mesto, šťastie, dievča*
b) masculine –*Anim* nouns: *(potrebujem) dom*
c) feminine nouns ending in nominative in a consonant: *(mám) garáž*
   Note that while masculine and feminine nouns ending in -*a* take an accusative ending, neuter nouns ending in -*a* do not, e.g.
   (vidím) turistu, ženu but *(vidím) dievča.*

10.1.3.2 The accusative ending -*a* occurs with +*Anim* nouns ending in the nominative in a consonant or in -*o*, e.g. *doktora, deda*. If the noun ends in -*ec* or -*er* (only if the -*e*- is short), the -*e*- is usually dropped, e.g. *otca, Petra*, but *šofér – šoféra.*

10.1.4 So far in the textbook we have had a number of verbs which require accusative case with the direct object, and in the vocabulary they are marked as + *Acc*. Let us list here at least some of them with examples of nouns in the accusative:

čítať	–	knihu
prosiť	–	otca, mamu, deda
prosiť si	–	kávu, džús, polievku
preložiť	–	knihu, pieseň
mať	–	čas, skúšku, brata
učiť sa	–	slovíčka, slovenčinu
hľadať	–	lekára, šťastie
potrebovať	–	učiteľa, učiteľku, pomoc
písať	–	učebnicu
zatvoriť	–	auto, skriňu
piť	–	vodu, čaj
jesť	–	večeru, obed
čakať	–	priateľa, priateľku

10.2 ACCUSATIVE SINGULAR OF ADJECTIVES, PRONOUNS AND NUMERALS
Akuzatív singuláru prídavných mien, zámen a čísloviek

10.2.1 The particular case forms are required, on the basis of grammatical concord with the noun, for the whole noun phrase, i.e. for the adjectives, pronouns and numerals, e.g.
(vidím) jedného môjho dobrého priateľa.

10.2.2 The accusative singular endings of these words are:

	M –Anim	M +Anim -ého/eho/ieho/ho	F -ú/u/iu	N é/e/ie
Adj	dobrý krásny cudzí	dobrého krásneho cudzieho	dobrú krásnu cudziu	dobré krásne cudzie
Possess.	môj	môjho	moju	moje
Interrog.	čo čí aký ktorý	koho čieho akého ktorého	koho/čo čiu akú ktorú	koho/čo čie aké ktoré

10.2.2.1 Indefinite and negative pronouns have the same endings as the interrogative pronouns, e.g.
niečí, niečieho, niečiu, niečie; nijaký, nijakého, nijakú, nijaké.

10.2.2.2 The accusative singular of adjectives, pronouns and numerals for masculine –*Anim* is the same as the nominative.

10.2.2.3 The interrogative pronoun *kto* changes in the accusative into koho, while *čo* does not undergo any change.

10.2.2.4 Possessive pronouns have the following accusative singular forms (see also 10.2.2 above) in the accusative singular:

M –Anim	M +Anim	F	N
môj	môjho	moju	moje
tvoj	tvojho	tvoju	tvoje
náš	nášho	našu	naše
váš	vášho	vašu	vaše

The possessive pronouns for 3rd person, i.e. *jeho, jej* do not change in the accusative.

10.2.2.5 The accusative singular of personal pronouns will be presented in 11.3.

10.2.2.6 The accusative singular of the ordinal numerals corresponds to the types given in 10.2.2, each depending on the ending of the numeral.

10.2.2.7 The cardinal numerals 2 and above do not have accusative singular forms, only accusative plural forms (see 11.2).

10.3 IMPERATIVE MOOD – Rozkazovací spôsob

10.3.1 In Slovak there are three forms of the imperative:

2nd person singular	čítaj	spi
1st person plural	čítajme	spime
2nd person plural	čítajte	spite

The 1st person plural always has the ending -*me*, the 2nd person plural the ending -*te* added to the 2nd person singular imperative.

10.3.2 The Slovak imperative mood is formed from the 3rd person plural form of the present tense, and with regular verbs its form is predictable. There are two possible endings:

a) zero ending, which occurs when the final 3rd person plural -*ú/u/ia* is not preceded by a consonantal cluster; the imperative is formed by dropping the ending -*ú/u/ia*, e.g.
   hľadajú – hľadaj, hovoria – hovor,
b) the ending -*i* which is added after dropping the final 3rd person plural -*ú/u/ia* in case it is preceded by a consonantal cluster, e.g.
   pozrú – pozri, spia – spi.

10.3.3 Some irregular verbs form the imperative in the same way as stated above (see 10.3.2), e.g. *berú – ber, vezmú – vezmi*. The formation of other irregular verbs involves root changes. Among those that have occurred so far in this textbook are:

byť	budú	buď
piť	pijú	pi
žiť	žijú	ži
jesť	jedia	jedz
povedať	povedia	povedz
pomôcť	pomôžu	pomôž
prísť	prídu	príď
ísť	idú	choď
–	–	poď

Poď meaning *come, come here* or *come along* is an unusual verb with an incomplete paradigm, as it has only the imperative forms, while *prísť – prídu – príď* has a complete paradigm.

10.3.4 The imperative of the 3rd person singular and 1st and 3rd persons plural occurs only rarely. It is formed with the help of *nech* followed by the appropriate form of the present tense, e.g.
nech číta, nech ideme, nech prídu.

10.3.5 Imperative, similarly to other verbal forms, is negated with the help of the prefix *ne-*, e.g.
nefajčite, nebuď dlho, nech nepíše.

10.3.6 Slovak imperative sentences usually have an exclamation mark, e.g. *Poď sem!*

10.4 TELLING THE TIME – Určovanie času

10.4.1 With regard to time, we usually want to know:

| What time is it? | Koľko je hodín? | *(literally: How many hours is it?)* |
| At what time? | O ktorej hodine? | *(literally: At which hour?)* |

10.4.2 The easiest responses often used in colloquial style are of two types:
a) When referring to full hours only, we can say, e.g.:

Je jedna.
Sú tri.
Je desať.

Here the choice of *je/sú* is governed by the numeral (see 8.4, 8.5 and 8.6). This type occurs when we speak of full hours. In informal speech the response can even be only the numeral itself (in the feminine gender form, if this exists), e.g.:

Dve.
Desať.

b) When referring to hours as well as minutes, we can say, e.g.:

(Je) tri desať.	It is ten past three.
(Je) päť dvadsať.	It is twenty past five.
(Je) o tri desať.	It is three to ten.
(Je) o päť dvanásť.	It is five to twelve.

This type consists of *je* (regardless of the numeral) or *o* (at) and the cardinal numeral(s) referring to the hour and the minutes. Note that *O tri desať* can also mean *At ten past three.*

10.4.3 However, the standard responses usually are as follows:

Koľko je hodín?	O ktorej hodine?
(What time is it?)	(At what time?)
je jedna hodina	o jednej hodine
sú dve hodiny	o druhej hodine
sú tri hodiny	o tretej hodine
sú štyri hodiny	o štvrtej hodine
je päť hodín	o piatej hodine
je dvanásť hodín	o dvanástej hodine
je osemnásť hodín	o osemnástej hodine
je dvadsaťštyri hodín	o dvadsiatej štvrtej hodine

10.4.3.1 The response to *Koľko je hodín?* includes *je/sú* followed by the feminine form (if it exists) of the numeral demanded by the feminine gender of *hodina*, and the forms *hodina/hodiny/hodín* the choice of which depends on the concord with the numeral referring to the hour (see 8.4, 8.5 and 8.6).

10.4.3.2 In Slovak formal or technical style counting to 24 hours is used. Hence *3 p.m.* is *15 hodín*, *11 p.m.* is *23 hodín*. Nevertheless, in informal and non-technical style in Slovak the counting goes only up to twelve, i.e. is parallel to English, e. g.:

English	Slovak
3 a.m.	3 hodiny ráno/v noci
3 p.m.	3 hodiny poobede
11 p.m.	11 hodín večer/v noci

10.4.3.3 For referring to minutes we use the feminine form of the numeral (if it exists) and *minúta/minúty/minút*, depending on the concord with the numeral (see 8.4, 8.5 and 8.6), e.g.

| 8.02 | je osem hodín a dve minúty |
| 4.25 | sú štyri hodiny a dvadsaťpäť minút |

---

makový *Adj*   pertaining to poppy seed
mám prísť   I should come, I am (supposed) to come
mastný *Adj*   greasy
mäso, -a; -á, mias *(usually only Sg)* *N*   meat
menu [menü] *N*   menu
miešaný *Adj*   mixed
miešať, -am, -ajú *NP + Acc*   to mix
misa, -y; -y, mís *F*   bowl
morčací *Adj*   pertaining to turkey
mrkva, -y; -y, mrkiev *(as food only Sg)* *F*   carrot
múka, -y; -y, múk *F*   flour
nádoba, -y; -y, nádob *F*   dish
námestie, -ia; -ia, -í *N*   (town) square
nápoj, -a; -e, -ov *M*   drink
na večeru   for dinner

nechať, nechám, nechajú *P + Acc*   to leave
nechutný *Adj*   tasteless; disgusting
niekoľkí *(M +Hum Pl* of *niekoľko)*   several
nôž, noža; nože, nožov *M*   knife
obed, -a; -y, -ov *M*   lunch
obedovať, -ujem, -ujú *NP*   to have lunch
objednať, -ám, -ajú *P + Acc (+ pre + Acc)*   to order, to make a reservation of sth (for sb)
obrus, -u; -y, -ov *M*   tablecloth
obsluha, -y; -y, obslúh *F*   service
ocot, octu; -y, -ov *M*   vinegar
odporný *Adj*   disgusting
olovrant, -u; -y, -ov *M*   afternoon snack
olovrantovať, -ujem, -ujú *NP*   to have a/the afternoon snack

Note that the verb depends on the first numeral that follows after it. The presence of the conjunction *a* is optional.

10.4.4.1 When answering the question *O ktorej hodine?* or *Kedy?* we use the preposition *o* (at) and the forms *hodine* and *minúte*, i.e. the locative case singular forms. The numeral that follows is also in the form of the locative case. As the case has not been presented yet, the following guidance might be useful:

a) the form *jednej* (locative case of *jedna* F) has to be remembered; it is formed from the cardinal numeral *jedna* by dropping *-a* and adding *-ej*;

b) the other numerals are ordinal numerals; their feminine ending *-á/a/ia* is to be dropped and replaced by *-ej*, e.g. *druhá – druhej, tretia – tretej, dvadsiata – dvadsiatej.*

10.4.4.2 In colloquial speech when speaking about full hours *hodine* can be dropped, e.g. *o piatej.*

10.4.4.3 When referring to minutes, we use the following structure, e.g.:

o šiestej hodine a pätnástej minúte

i.e. the same reference to the hour as in 10.4.4.1, after which there is the optional conjunction *a*, the *-ej* form (locative singular case) of the ordinal numeral and *minúte* (which is also the locative singular case).

10.4.5.1 When referring to a half hour, time is expressed in the following way:

| je pol tretej | o pol tretej |
| it is half past two | at half past two |

i.e. *je* or *o* followed by *pol* and the *-ej*-form (locative singular case) of the ordinal numeral.
Note that in Slovak the time reference expresses the hour of which the half is part. Literally, the above *je pol tretej* means *it is half of the third (hour)*. Compare also:

| It is half past five. | Je pol šiestej. |
| At half past ten. | O pol jedenástej. |

10.4.5.2 *Pol* is not used when counting beyond *12*. In that case *30 minút* is used, e.g. *dvadsaťtri hodín tridsať minút.*

10.4.6.1 When referring to quarter hours, time is expressed in the following way:

je štvrť/tristvrte na jednu	o štvrť/tristvrte na jednu
je štvrť/tristvrte na dve	o štvrť/tristvrte na dve
je štvrť/tristvrte na päť	o štvrť/tristvrte na päť

Here *je* or *o* is followed by *štvrť* (a quarter) or *tristvrte* (three quarters), by *na* and the numeral in its cardinal form. The only numeral that changes after *na* is *jedna* changing into *jednu*. The accusative form of the other numerals is the same as the nominative. The numeral two is used in its *F* gender form *dve*.

10.4.6.2 Similarly as with *pol* (see 10.4.5.2), also in the case of *štvrť/tristvrte* the hour of which they are part is expressed when telling the time, e.g.:

| It is a quarter past two. | Je štvrť na tri. |
| At a quarter to ten. | O tristvrte na desať. |

10.4.6.3 *Štvrť* and *tristvrte* are not used when counting beyond *12*. In that case the time is referred to by minutes, e.g.

o dvadsiatej hodine a pätnástej minúte

CVIČENIA

I. Odpovedzte:

1. Kde dnes večerajú Mária a Peter?
2. Kto tam ešte je?
3. Predstaví mama Petra?
4. Je Miško rád, že je Peter na návšteve?
5. Je Mária rada, že je Peter na návšteve?
6. Na čo sa starí rodičia pýtajú?
7. Sú Máriini rodičia vegetariáni?
8. Aké mäso jedia?
9. Je niekto plnenú kapustu?
10. Jedia aj polievku?
11. Aký dezert majú?
12. Pijú všetci víno?
13. Na čo je stará mama zvedavá?
14. Čo hovoria Máriini starí rodičia?
15. Kde bývajú Máriini starí rodičia?
16. Čo tam je?
17. Má Peter rád folklór?

II. Preložte do angličtiny:

pekná príroda, mama je zvedavá, studené pivo, nudná kniha, medzinárodný súbor, zábavný život, ideme na návštevu, cestuje taxíkom, niekoľkí ľudia, príjemná spoločnosť, jedálny lístok, malé prepitné, pomalá obsluha, nesympatický čašník, musím šoférovať, prosím si dvakrát šunku, bravčový rezeň a hranolčeky, kuracia polievka, hladný cestujúci, slovenské národné jedlo sú bryndzové halušky

III. Doplňte:

1. Zajtra nás starí rodičia ... *(zobrať)* na výlet. **2.** My ... *(nesmieť)* meškať. **3.** Oni ... *(prísť)* v piatok. **4.** John už ... *(smieť)* šoférovať. **5.** Môj brat... *(nevedieť)* po anglicky. **6.** Oni ... *(nechcieť)* ísť na Slovensko. **7.** Prosím ťa, ... *(môcť)* to pripraviť? **8.** Peter a Mária, ... *(chcieť)* niečo na pitie?

IV. Preložte do slovenčiny:

I have a table reserved here. I am very hungry. Now I would like cheese, ham and bread. Then I would like beef soup, fillet of fish, mashed potatoes, tomato salad and chocolate ice cream. The flowers on the table are nice. Sorry, I do not have any fork. How much is it? Where do I pay? Could you order a taxi for me?

V. Preložte do angličtiny:

1. Čo si želáte na pitie?
2. Keď dojedia a dopijú, idú domov taxíkom.
3. Sú to moji americkí hostia.
4. Pýtajú sa na život na Slovensku.
5. Kam idete cez prázdniny?
6. Naše staré auto je už opravené.
7. Prosím si nejakú prílohu.
8. Máte ešte palacinky s džemom?
9. Sme veľmi smädní.
10. Dúfam, že sa ti tam bude páčiť.

VI. Odpovedzte:

1. Večerajú pán Taylor a pán Nový doma?
2. Kto je hosť a kto je hostiteľ?
3. Je reštaurácia plná?
4. Je to veľká reštaurácia?
5. Pijú pán Taylor a pán Nový alkohol?
6. Jedia polievku? Kto akú?
7. Jedia mäso? Kto aké?
8. Aký dezert si dá pán Nový?
9. Pijú kávu?
10. Sú spokojní?
11. Kto platí?
12. Nechá prepitné?

VII. A dietician is giving you advice about what food you should or should not be eating according to its taste and quality. Write down the advice.

VIII. Change the following sentences to advise not to do what is expressed by the sentences, using the imperative:

1. Čítam v noci.
2. Večer veľa jem.
3. Neštudujem každý deň.
4. Varíme korenené jedlá.
5. Necháme prepitné.
6. Nejeme šalát.
7. V škole spím.
8. Pijeme slivovicu.
9. Pečiem koláč.
10. Fajčíme.
11. Jeme zmrzlinu.
12. Som smutný.

IX. Napíšte, čo vám hovorí lekár. Čo nesmiete robiť? A čo musíte robiť? (Use the imperative and/or modal verbs.)

X. What might a parent be advising a teenage son to do or not to do (use the imperative)?

XI. Preložte do slovenčiny:

1. Do you have to study? **2.** Do you like to study? **3.** Can you study? **4.** Can you repair something? **5.** Can you prepare some food? **6.** Can you drink whisky? **7.** Can you be amusing? **8.** Must you work a lot? **9.** Must you help at home? **10.** Do you have to take a taxi sometimes?

---

ostatný, -á, -é other
oválny *Adj* oval
palacinka, -y; -y, palaciniek *F* pancake; crêpe
paradajkový *Adj* pertaining to tomatoes
pečený *Adj* baked; roasted
piecť, pečiem, pečú; *Past* piekol *NP + Acc* to bake
pirohy, -ov *(Pl)* **so syrom** dough filled with cheese (usually shaped in squares or semicircular) and boiled
pitie, -ia *(only Sg) N* drinking; **na pitie** for drinking
pivo, -a; -á, pív *N* beer
plnený *Adj* stuffed
plniť, -im, -ia *NP + Acc* to stuff; to fill
plytký *Adj* shallow
plytký tanier *M* dinner plate
pohár, -a; -e, -ov *M* glass, cup

pol *Adv* half of
polievka, -y; -y, -vok *F* soup
pre *+ Acc* for (the sake of); because of
predjedlo, -a; -á, -dál *N* appetizer
predstavenie, -ia; -ia, -í *N* performance
predstaviť, -im, -ia *P + Acc* to introduce
prekvapený *Adj* surprised
prekvapiť, -im, -ia *P + Acc* to surprise
pridať, -ám, -ajú *P + Acc* to add
prikryť, prikryjem, prikryjú *P + Acc* to cover
príloha, -y; -y, príloh *F* trimmings, garnish
príroda, -y *(only Sg) F* countryside, nature
raňajky, raňajok *(only Pl)* breakfast
rasca, -e *(only Sg) F* caraway seed

XII. Use the expressions in brackets with the verbs or phrases given in brackets, and put them into the correct form:

zatvor	(okno, skriňa, dom, kniha)
vyber	(chlieb, syr, šunka, víno, kokakola)
prenajmem	(dom, byt, záhrada, auto)
študujem	(matematika, slovenský jazyk, história, angličtina)
pýtajú sa na	(otec, mama, dedo, brat, švagor, vnučka, prastarý otec)
čakám	(Peter, moja priateľka manekýnka, ten náš nový mladý doktor)
pozriem si	(vaše krásne mesto, stredoveký hrad, toto múzeum, medzinárodný festival, moderná škola, dobrá univerzita)
mám rád	(vanilková zmrzlina, makový koláč, údený losos, moja priateľka, môj priateľ)
mám	(dobré auto, dobrá manželka, dobrý manžel, dobrá dcéra, dobrý syn)
idem na	(letné prázdniny, večera, test, colná prehliadka)
jem	(chutná slepačia polievka, plnená kapusta, lahodný údený losos)
volám	(hlavný čašník, moja mladá neter, ten americký podnikateľ)
idem cez	(nová široká ulica, ich starobylé mesto, južné Slovensko, Severná Amerika)
som doma cez	(letné prázdniny, táto sobota, celý tento týždeň)
nerozumiem	(ten slovenský profesor, tá nudná kniha, ten americký film, môj starý otec)
tie kvety mám pre	(moja mama, tvoj hosť, tá mladá recepčná, jeden príjemný muž)
hľadám	(veselá mladá slečna, slobodné pekné dievča, štíhly sympatický mládenec)

XIII. Jeden váš dobrý priateľ hľadá priateľku.

Write an ad saying something about him and the kind of woman he is looking for.

XIV. List the names of professions (both in their masculine and feminine forms) that we have learned so far.

XV. Suppose you have not understood or heard the word in brackets well. Ask about it:

1. Vezmem (tvoju) tašku.
2. Čakám (toho vysokého) muža.
3. Opýtam sa na (tú novú úradníčku).
4. Vidíš tú (prvú) ulicu?
5. Zatvorili (slovenskú) reštauráciu.
6. Hľadajú nového (dekana).
7. Prenajímajú peknú (zariadenú) izbu.
8. Cestujeme domov (tretieho) septembra.
9. Ešte musím skúšať jedného (šikovného) študenta.
10. Myslím, že toto je (učiteľov) kľúč.

XVI. Change the following sentences, using the verb *mať*.

Príklad: *Môj otec je dobrý. Mám dobrého otca.*
1. Jeho auto je staré.
2. Náš profesor je veselý.
3. Jeho mama je tučná.
4. Váš syn je tichý.
5. Ich stará mama je milá.
6. Náš dedo je zábavný.
7. Táto naša večera nie je dobrá.
8. Ich ulica je hlučná.

---

recept, -u; -y, -ov *M (+ na + Acc)* recipe (for sth)
rezeň, rezňa; rezne, rezňov *M* chop
roastbeef [rozbíf], -u; -y, -ov *M* roastbeef
rybí *Adj* pertaining to fish
ryža, -e *(usually only Sg) F* rice
s džemom with jam
sklený *Adj* pertaining to glass
slaný *Adj* salty
slivovica, -e; -e, slivovíc *F* plum brandy
sóda, -y; -y, sód *F* sóda water (gaseous unsweetened colorless drink)
soľ, -li; -li, -lí *F* salt
spokojný *Adj* satisfied
spoločnosť, -ti; -ti, -tí *F* company
strúhaný *Adj* grated

strúhať, -am, -ajú *NP + Acc* to grate
súbor, -u; -y, -ov *M* ensemble
syr, -a; -y, -ov *M* cheese
šalát, -u; -y, -ov *M* 1. salad 2. lettuce
šiška, -y; -y, -šiek *F* donut
šoférovať, -ujem, -ujú *NP (+ Acc)* to drive
štipľavý *Adj* hot (from spices, above all from hot paprika)
štúdium, -dia; -diá, -dií *N* studies
štvrť (a) quarter
šunka, -y; -y, šuniek *F* ham
tanier, -a; -e, -ov *M* plate
teľací *Adj* pertaining to veal
telefonicky *Adv* by telephone, over the telephone
torta, -y; -y, tort *F* tart, cake
treba (it is/they are) necessary

XVII. Circle the data that apply to you:

1. Čo robíte?   *a) pracujem*
                          b) študujem
                          c) nič

2. Ako chodíte do práce alebo do školy?
                          a) pešo
                          b) na bicykli
                          c) autobusom
                          d) vlakom
                          e) autom
                          f) taxíkom

3. Asi ako dlho idete do práce alebo do školy?
                          a) 10 minút
                          b) pol hodiny
                          c) hodinu

4. Kedy obedujete?   *a) o dvanástej*
                          b) o pol jednej
                          c) o jednej
                          d) neobedujem

5. Kde obedujete?   *a) v práci*
                          b) na univerzite
                          c) v reštaurácii
                          d) doma

6. Máte rád/rada jedlá:

silne korenené	*a) áno*	*b) niekedy*	*c) nie*
trochu štipľavé	*a) áno*	*b) niekedy*	*c) nie*
mastné	*a) áno*	*b) niekedy*	*c) nie*
sladké	*a) áno*	*b) niekedy*	*c) nie*

7. Viete variť?   *a) áno*
                          b) niektoré jedlá
                          c) áno, ale nerád/nerada varím
                          d) nie

XVIII.

a) Pozrite sa na hodinky. Koľko je teraz hodín?
b) Pozrite sa na hodiny dolu. Koľko je hodín?
c) Šiesti vaši priatelia dnes cestujú lietadlom.
    Pozrite sa na hodiny a povedzte,
    že ich odlet je o …

XIX. Give negative answers:

1. Mátu tu niečo? **2.** Idete niekam? **3.** Prosíte si niečo? **4.** Je tu niekto z Texasu? **5.** Máte niekedy čas? **6.** Je tu niekto lekár? **7.** Hovorí tu niekto niečo zlé? **8.** Je tu niekde telefón? **9.** Cestuje dnes niekto do Chicaga? **10.** Je tu niekde nejaká dobrá reštaurácia? **11.** Fajčíte niekedy? **12.** Je tu niekto vegetarián? **13.** Majú v reštaurácii nejakú polievku? **14.** Potrebujete nejaké peniaze? **15.** Potrebujete niečo?

XX. Odpovedzte:

1. O ktorej hodine chodíte spať?
2. Koľko hodín spíte?
3. Koľko hodín pracujete?
4. O ktorej hodine chodíte domov?
5. Koľko hodín každý deň pozeráte televíziu?
6. Kedy chodíte na návštevu?
7. O ktorej hodine večeriate?
8. Kedy chodíte do kina?
9. O ktorej hodine zatvárajú vašu banku?
10. Koľko hodín každý deň študujete slovenčinu?

XXI. Describe a Sunday dinner at your home.

XXII. Preložte do slovenčiny:

1. What would you like?
2. Would you like coffee? No, thank you.
3. I will have juice. Me too.
4. I like it here.
5. They are surprised.
6. It does not matter.
7. I need help.
8. I do not understand what they are saying.
9. You must be kidding.
10. Please, help yourself.

trištvrte (na) *(when telling the time)* a quarter (to)
údený *Adj* smoked
údiť, -im, -ia *NP + Acc* to smoke (food)
uhorkový *Adj* pertaining to cucumbers
univerzitný *Adj* pertaining to university
vanilkový *Adj* pertaining to vanilla
varený *Adj* boiled; cooked
variť, -im, -ia *NP + Acc* to boil; to cook
váza, -y; -y, váz *F* vase
v dome in the house
večerať, -iam, -ajú *NP* to have dinner/supper
vidlička, -y; -y, vidličiek *F* fork
víno, -a; -a, vín *N* wine
vlažný *Adj* lukewarm

XXIII. Odpovedzte:

1. Aké jedlá tu vidíte?
2. Jedia Slováci tieto jedlá?
3. Jedia Američania tieto jedlá?
4. Aké nápoje pijú Slováci?
5. Aké nápoje pijete vy?

XXIV. Naučte sa porekadlo:

Vrana k vrane sadá,
rovný rovného si hľadá.

(Birds of a feather flock together.)

XXIV. Naučte sa pieseň
(autor textu Ľudovít Štúr): ▶

Nitra, milá Nitra

2. Nitra, milá Nitra, ty vysoká Nitra!
/: Kdeže sú tie časy,..:/ v ktorých si ty kvitla?

3. Ty si bola niekdy všetkých krajín hlava,
/: v ktorých tečie Dunaj, :/ Visla i Morava.

4. Ty si bola sídlo kráľa Svätopluka,
/: keď tu panovala :/ jeho mocná ruka.

5. Ty si bola sväté mesto Metodovo,
/: keď tu našim otcom :/ kázal Božie slovo.

volať, -ám, -ajú *NP + Acc*   to call
v reštaurácii   at a restaurant
vstávať, -am, -ajú *N*   to be getting up
všetko ostatné   everything else
vymiesiť, -im, -ia *P + Acc*   to knead
vyprážaný *Adj*   fried
vyprážať, -am, -ajú *NP + Acc*   to fry
    (usually after dipping in turn in flour,
    eggs and breadcrumbs)
vysokoškolský *Adj*   pertaining to university
zabaviť sa, -ím sa, -ia sa *P*   to enjoy oneself, to have fun
zemiak, -a; -y, -ov *M*   potato
zemiaková kaša, -e *F*   potato purée
zemiaková placka, -y; -y, placiek *F*   potato pancake

zemiakový *Adj*   pertaining to potatoes
zmrzlina, -y; -y, zmrzlín *F*   ice cream
zvedavý *Adj (na + Acc)*   curious (about)
želať si, -ám si, -ajú si *NP + Acc*   to wish, to desire
život, -a; -y, -ov *M*   life

Nakupujeme

V potravinách

Peter a Mária idú nakupovať potraviny. Mária potrebuje kúpiť chlieb a kávu. Peter sa ide len pozrieť, čo v potravinách majú.

Pri vchode si Mária vezme vozík a Peter košík a chodia pomedzi regály. Mária berie čerstvý chlieb a mletú kávu, ale aj osem rožkov, liter mlieka, maslo, jogurt, kyslú smotanu, dve kilá múky, desať vajíčok, dvadsať deka syra a štvrť kila salámy. Vždy kupuje veľa jedla, hoci potraviny vôbec nie sú lacné. A ceny ešte vždy stúpajú.

Peter kupuje bonboniéru pre Máriinu mamu, päť fliaš piva pre Máriinho otca a čokoládu pre Máriu a pre seba. Pri pokladni je dlhý rad, a tak musia čakať. Keď platia, je už tma. A ešte musia ísť do obchodu s ovocím a zeleninou a mäsiarstva.

V obchode s ovocím a zeleninou

V obchode s ovocím a zeleninou chce Mária kúpiť nejakú zeleninu na šalát a Peter chce kúpiť ovocie. Mária kupuje dva šaláty, kilo paradajok, jednu uhorku a pol kila cibule. Peter si pýta šesť banánov, kilo pomarančov, dve kilá sliviek a ananás. V obchode s ovocím a zeleninou, chvalabohu, nie je teraz nikto, len oni a predavačka, a tak to ide rýchlo. Predavačka im odváži tovar (okrem šalátu) a platia hneď pri pulte. Mária ešte kupuje igelitovú tašku, lebo jej nákupná taška nie je na celý nákup dosť veľká. Peter si v obchode všimne tabuľu. Je tam napísané:

DNES U NÁS MÔŽETE KÚPIŤ:

mrkvu	
petržlen	jablčka / jablká
zeler	hrušky
kaleráb	slivky
cibuľu	marhule
cibuľku	broskyne
cesnak	maliny
reďkvičku	ríbezle
uhorky	jahody
hrach	červený melón
fazuľu	žltý melón
kukuricu	ananás
kapustu	pomaranče
kel	mandarínky
šalát	citróny
špenát	banány
paradajky	kiwi
papriku	hrozno
zemiaky	
baklažán	

SLOVNÍK

ananás, -u; -y, -ov *M* pineapple
avokádo, -a; -a, avokád *N* avocado
baklažán, -u; -y, -ov *M* eggplant
banán, -a; -y, -ov *M* banana
bonboniéra, -y; -y, bonboniér *F*
    box of chocolates/of chocolate candy
broskyňa, -ne; -ne, broskýň *F* peach
cesnak, -u; -y, -ov *M* garlic
cibuľa, -le; -le, cibúľ *F* onion
cibuľka, -y; -y, cibuliek *F* young onion; scallion
citrón, -u; -y, -ov *M* lemon
čerešňa, -e; -e, -í *F* cherry
čerstvý *Adj* fresh

červený melón *M* watermelon
čokoláda, -y; -y, čokolád *F* (a bar of) chocolate
ďalší, prosím next, please
dávať, -am, -ajú *NP* to be giving
deka *N Nondecl (Coll Abbr from* **dekagram***)* decagram
dekagram, -u; -y, -ov *M* decagram
denník, -a; -y, -ov *M* daily
dag *(Abbr from* **dekagram***)* decagram
dokonca *Adv* even
dosť *Adv* considerably; **dosť** + *Gen* enough (of),
    considerable amount (of)

Keď Mária vidí, ako si Peter pozerá tabuľu, hovorí: „Vieš, u nás ešte vždy predávajú najmä sezónne ovocie a zeleninu, takže teraz na jeseň už v obchode s ovocím a zeleninou obyčajne nie sú čerešne alebo jahody. Ak ich majú, tak sú dosť drahé, lebo sú z dovozu. Naše obchody však väčšinou predávajú také ovocie a zeleninu, ktoré sa pestuje u nás, a iba niektoré iné druhy sa dovážajú. Takže ak chceš napríklad granátové jablko alebo avokádo, dostaneš ich najmä v nejakom supermarkete.“

„Mne to nevadí,“ hovorí Peter, „veď ich vôbec nemám rád.“

V mäsiarstve

Ešte musia nakupovať aj v mäsiarstve. V obchode je dosť veľa ľudí, preto asi pätnásť minút stoja v rade. Potom si Mária pýta šesť párov párkov, dve klobásy, jedno väčšie kurča a bravčové mäso na rezne. Peter je prekvapený, ako veľa Mária platí za mäso. Hoci je už na Slovensku niekoľko mesiacov, v mäsiarstve doteraz nebol.

Mária mu hovorí: „Veru, mäso a mäsové výrobky sú tiež veľmi drahé. A väčšinou nie sú veľmi zdravé. Môj otec niekedy dokonca je slaninu a údené mäso, a tie sú vraj strašne škodlivé. Škoda, že nie sme vegetariáni – ich strava je nielen zdravšia, ale aj omnoho lacnejšia.“

dostať, dostanem, dostanú *P + Acc*   to get, to obtain
doteraz   up to now
dovážať, -am, -ajú *NP + Acc*   to be importing
dovoz, -u *(only Sg) M*   import;
    z dovozu   imported *(literally:* from import)
drahý *Adj*   expensive
druh, -u; -y, -ov *M*   species
egreš, -a; -e, -ov *M*   gooseberry
fazuľa, -le; -le, fazúľ *(as food usually only Sg) F*   bean(s)
granátové jablko *N*   pomegranate
halier, -a; -e, -ov *M*   heller (one hundredth of a koruna)
hrach, -u *(as food only Sg) M*   pea
hrozno, -a; -á, hrozien *(usually only Sg) N*   grape
hruška, -y; -y, hrušiek *F*   pear
igelitový *Adj*   plastic

ísť na nákup   to go shopping
jablko, -a; -á, jabĺk *N*   apple
jahoda, -y; -y, jahôd *F*   strawberry
jogurt, -u; -y, -ov *M*   yogurt
kaleráb, -u; -y, -ov *M*   kohlrabi
kel, -u; -y, -ov *M*   kale
kilo, -a; -á, kíl *(Coll Abbr from* **kilogram**) *N*   kilogram
kivi *Nondecl N*   kiwi
klobása, -y; -y, klobás *F*   sausage
košík, -a; -y, -ov *M*   basket
kukurica, -e; -e, kukuríc *F*   corn
kúpiť, -im, -ia *P + Acc*   to buy
kurča, -aťa; -atá, -čiat *N*   chicken
kus, -a; -y, -ov *M*   piece
kyslá smotana *F*   sour cream

V novinovom stánku

Peter chce zo Žiliny poslať pohľadnice, a tak si ich ide kúpiť.

Predavačka: Prosím?
Peter: Prosím si štyri pohľadnice Žiliny.
Predavačka: Nech sa páči, vyberte si, ktoré chcete.
Peter: Tieto tu. Čo stoja?
Predavačka: Sú po osem korún. Prosíte si aj známky?
Peter: Aké známky treba do USA, ak ich pošlem letecky?
Predavačka: To, bohužiaľ, neviem. Ale opýtajte sa na pošte. Je tu neďaleko, vpravo. Ešte niečo?
Peter: Máte už vianočné pozdravy?
Predavačka: Áno, nejaké už máme. Nech sa páči.
Peter: Prosím si tieto. A ešte mapu Žiliny a nejaký denník.
Predavačka: Nech sa páči, tu je mapa. A noviny si vyberte. Je tu Sme, Pravda a Nový čas...
Peter: Prosím si Sme. Čo platím?
Predavačka: Moment. Štyrikrát osem je tridsaťdva, mapa je štyridsaťdva päťdesiat a za Sme dvanásť, spolu je to osemdesiatšesť korún päťdesiat halierov.
Peter: Nech sa páči.
Predavačka: Ďakujem. Tu sú drobné.
Peter: Ďakujem, dovidenia.

Na pošte

Úradníčka: Ďalší, prosím.
Peter: Dobrý deň. Prosím si štyri známky na pohľadnice letecky do USA. Koľko stojí jedna?
Úradníčka: Dvadsaťdva korún. Ešte niečo?
Peter: Nie, ďakujem, to je všetko. Nech sa páči, tu sú peniaze.
Úradníčka: 88 a 12 je 100, nech sa páči (dáva mu dvanásť korún). Ďalší, prosím.

lacnejší *(Comparative of **lacný**) Adj*   cheaper
lacný *Adj*   cheap
letecky *Adv*   by air mail
malina, -y; -y, malín *F*   raspberry
mandarínka, -y; -y, mandarínok *F*   tangerine
marhuľa, -e; -e, marhúľ *F*   apricot
maslo, -a; -á, masiel *(usually only Sg) N*   butter
mäsiarstvo, -a; -a, mäsiarstiev *N*   butcher's (store);
     v mäsiarstve   at the butcher's
mäsový *Adj*   pertaining to meat
melón, -a; -y, -ov *M*   watermelon or cantaloupe; **červený melón**   watermelon
mletý *Adj*   ground, minced
mlieko, -a *(usually only Sg) N*   milk
mlieť, meliem, melú; *Past* mlel *NP + Acc*   to grind, to mince
mne *(Dat Sg of **ja**)*   (to) me

11.1 ACCUSATIVE PLURAL OF NOUNS
Akuzatív plurálu podstatných mien

11.1.0 Accusative plural is used with nouns in the plural in the same instances that have been listed for accusative singular (see 10.1); for additional special distribution of accusative singular and plural see 11.4.

11.1.1 Accusative plural of nouns is formed in the following way:

M +Anim	other nouns
-ov	– (= nominative plural)
bratov	domy, ženy, jedálne, autá

11.1.2 a) Masculine animate nouns take the ending -ov, e.g.
(vidím) otcov, doktorov, turistov, dedov.
b) Other nouns do not take any special ending, their nominative plural form is used also in the accusative plural, e.g.
(hľadám) slovníky, koberce, mapy, predavačky, múzeá.

11.2 ACCUSATIVE PLURAL OF ADJECTIVES, PRONOUNS AND NUMERALS – Akuzatív plurálu podstatných mien, zámen a čísloviek

11.2.1 Adjectives, pronouns (except for personal ones - for those see 11.3) and numerals in the accusative plural have the following forms:

M +Anim	M –Anim	F	N
-ý/y/í/o + ch	as Nom Pl	as Nom Pl	as Nom Pl
a) dobrých, krásnych ďalších, budúcich	dobré, krásne ďalšie, budúce	dobré, krásne ďalšie, budúce	dobré, krásne ďalšie, budúce
b) mojich	moje	moje	moje
c) tých	tie	tie	tie
ktorých	ktoré	ktoré	ktoré
akých	aké	aké	aké
čích	čie	čie	čie
d) jedných	jedny	jedny	jedny
dvoch	dva	dve	dve
piatich	päť	päť	päť
prvých	prvé	prvé	prvé
piatych	piate	piate	piate

11.2.2 Analogously to the situation within noun declension, only the adjectives, pronouns and numerals qualifying masculine +Anim nouns have an accusative plural ending.
It is characterised by final -ch which is preceded by -y/y/í/i/o.
a) Adjectives have the ending -ý/y/í/i + ch, their distribution depending on the softness/hardness of the preceding consonant and on the shortness/length of the preceding vowel, e.g. nových, vážnych, ďalších, horúcich.
b) Possessive pronouns have the ending -ich, e.g. tvojich, našich. Of course, possessives for 3rd person do not change, i.e. jeho, jej, ich.
c) The M +Anim endings of deictic, interrogative and relative pronouns correspond to those of the adjectives.
d) Dva, tri, štyri have the ending -och:
dvoch, troch, štyroch, e.g. dvoch priateľov
Other cardinal and ordinal numerals have the ending -ý/y/í/i + ch, their distribution being analogous to their distribution within adjectives.

11.3 ACCUSATIVE SINGULAR AND PLURAL OF PERSONAL PRONOUNS – Akuzatív singuláru a plurálu osobných zámen

11.3.1.1 In the accusative singular personal pronouns have the following forms:

	a) stressed	with preposition	b) unstressed
M	mňa	(pre) mňa	ma
	teba	(pre) teba	ťa
	jeho	(pre) neho, preňho	ho
F	ju	pre ňu	ju
N	–	preň	ho

Preňho and preň stand also for mergers with other prepositions, e.g. naň, zaň (see also 11.3.1.4).

11.3.1.2 In Slovak in the singular there are basically two sets of accusative forms of personal pronouns:
a) stressed or with a preposition;
b) unstressed.

11.3.1.3 Stressed forms and forms with a preposition (pre, cez, za, etc.) differ from each other in the third person. In the masculine and feminine the stressed form begins with j-, the form with a preposition with [ň]-, i.e. n/ň-.

11.3.1.4 The third person masculine and neuter pronouns can merge with prepositions, e.g.
preňho, zaňho, preň, zaň, doň, cezeň (the latter with an inserted -e-); but not *cezňho, only cez neho.

---

mne to nevadí (Coll) I do not mind it
mrkva, -y; -y, mrkiev (as food only Sg) F carrot
najmä above all
nákup, -u; -y, -ov M shopping
nakupovať, -ujem, -ujú NP to do the shopping, to be shopping
nákupný Adj pertaining to shopping
napísaný Adj written
na pošte at the post office
nebol, -a, -o; -i (Past Tense of nebyť) was not
nevadí (Coll) it does not matter; I do not mind
nielen ... ale aj not only ... but also
novinový stánok, nku; -nky, -nkov M newspaper stand/stall
noviny, novín (only Pl) newspaper

obyčajne Adv usually
odvážiť, -im, -ia P + Acc to weigh
ovocie, -a (only Sg) N fruit
paprika, -y; -y, paprík F (green, red, yellow) pepper
pár, -u; -y, -ov M pair
paradajka, -u; -y, paradajok F tomato
párok, -rku; -rky, -rkov M hot dog
pestovať, -ujem, -ujú NP + Acc to grow sth
petržlen, -u; -y, -ov M parsley
pohľadnica, -e; -e, pohľadníc F picture postcard
pomaranč, -a; -e, -ov M an orange
pomedzi + Acc in-between
po päť korún five crowns each
pošta, -y; -y, pôšt F post office

11.3.1.5 The third person feminine pronoun has the form *ju* in both the stressed and unstressed positions.

11.3.1.6 The third person neuter pronoun does not have any stressed form. In stressed positions neuter nouns are not replaced by a personal pronoun, but either remain in the sentence, or are replaced by a demonstrative pronoun. Cf.:

| Vidíš toho muža? | Jeho? | Áno, jeho. |
| Vidíš to auto? | To (auto)? | Áno, to (auto). |

11.3.1.7 Unstressed forms as a rule take the second position („slot") in the sentence, e.g.

Ona ho má rada. Moja mama ju nepozná.

However, if the sentence contains *by, byť* or its forms and/or *sa/si*, these (in the sequence listed) come before the unstressed forms of personal pronouns, e.g.

Kúpil by som si ho.

11.3.1.8 Stressed forms are used when the personal reference is stressed or contrasted. The position of the stressed pronoun is relatively free, e.g.

Vidím jeho, nie ju. Jeho vidím, ju nie.

11.3.2.1 In the accusative plural personal pronouns have the following forms:

a) without preposition	b) with preposition	
nás		(pre) nás
vás		(pre) vás
ich	M +Anim	(pre) nich
	others	(pre) ne

11.3.2.2 In the accusative plural there is only one set of forms for the first two persons, e.g. *vidí nás, je to pre vás*.

11.3.2.3 In the third person
  a) without a preposition the form is *ich*, e.g *vidím ich*;
  b) with a preposition there is *nich* for *M +Anim* and *ne* for the other occurrences, e.g.
      mám to pre nich (for them –M +Anim)
      dám to na ne (on them – F/N, M –Anim).

11.4 EXPRESSING QUANTIFICATION
Vyjadrenie množstva

11.4.0 The lexical and grammatical aspects of quantification by numerals was presented in 8.5 and 8.6. However, quantification can linguistically also be expressed by other words referring to quantity or measure, e.g. *kus* (a piece of), *fľaša* (a bottle of), *pol* (half of), *trochu* (a bit of), *veľa* (many, a lot of), etc.

11.4.1 When expressing quantity or the measure of something in Slovak, the form of the genitive case of the quantified noun is required (see also the concord of nouns with numerals in 8.5), e.g.:

Koľko?	
kilogram múky	málo peňazí
fľaša piva	veľa šťastia
pohár mlieka	niekoľko ľudí
šesť kusov banánov	dvadsať dekagramov salámy

11.4.2 Although the genitive case as a grammatical phenomenon has not been covered here, with the help of the vocabulary data in this textbook it can be formed and used. The genitive singular is listed as the second form and the genitive plural as the fourth form with each noun, e.g.
banán, -u; -y, -ov: hruška, y; -y, hrušiek: človek, -a; ľudia, ľudí.

11.4.3 a) As to fruit, when quantified, but not with a numeral only, most nouns referring to it are in the genitive plural, e.g.
kilo hrušiek, veľa broskýň, trochu čerešní.
b) Of the common kinds of fruit *hrozno* is used in the genitive singular, i.e. *málo hrozna.* Genitive singular is also used with large fruit, e.g.
melón, ananás: trochu melóna, dve kilá ananásu.

11.4.4 a) As to vegetables, similarly as in English, when quantified, but not with a numeral only, some of the nouns referring to them are in the singular e.g.
veľa kapusty (a lot of cabbage),
trochu špenátu (a bit of spinach).
b) However, in Slovak, in contrast to English, most of the nouns referring to vegetables are used in the singular in these instances, being conceived of in such contexts as noncount names of food or material. E.g.
pol kila petržlenu, veľa mrkvy, dosť cibule (for more vegetables see the list on p. 86).
Note that in many instances the Slovak singular occurs where English has the plural.
c) From among the most common vegetables used in Slovakia the plural is used with *zemiaky, paradajky, uhorky* (the small-sized ones, usually used for pickling), e.g.
päť kíl zemiakov, viac paradajok, koľko uhoriek.

11.4.5 The singular grammatical number of the names of kinds of vegetables and fruit as presented above (see 11.4.3 and 11.4.4) is also used in cases when, although not quantified, they are perceived of as food, not as individual count phenomena, e.g.
kúpim mrkvu, jeme špenát, potrebujem cibuľu.

11.4.6 As to the interrogative pronoun *koľko*,
a) the plural form of the noun is used with it when we expect a numerical answer, e.g.
koľko cibúľ – tri cibule, koľko mrkiev – päť mrkiev,
b) the singular form of the noun is used when we conceive of the phenomena named by the noun as noncount and do not expect a numeric answer, but only with nouns which are used in the singular in these instances in Slovak, e.g.
koľko cibule – veľa cibule,
koľko mrkvy – veľa mrkvy.

potraviny, potravín *(usually only Pl)* 1. food, food products; 2. food store, grocery; **v potravinách** at the grocery
pozdrav, -u; -y, -ov *M* greeting card
predávať, -am, -ajú *NP (+ Acc)* to be selling
pre seba for oneself (myself, yourself…)
preto that is why
pri pokladni at the cashier's
pult, -u; -y, -ov *M* counter; **na pulte** on the counter; **pri pulte** at the counter
reďkvička, -y; -y, -čiek *F* radish
regál, -u; -y, -ov *M* shelf (along the aisles)
ríbezľa, -le; -le, -lí *F* red currant
rožok, rožka; rožky, rožkov *M* roll
rýchly *Adj* quick, fast
saláma, -y; -y, salám *F* salami

CVIČENIA

I. Odpovedzte:

1. Kde nakupujú Peter a Mária?
2. Čo kupuje Peter v potravinách? Pre koho?
3. Kupuje Mária víno?
4. Kupuje Mária celú kávu?
5. Je v potravinách málo ľudí?
6. Čo chce kúpiť Mária v obchode s ovocím a zeleninou?
7. Kupuje Peter zeleninu?
8. Pestuje sa na Slovensku nejaké ovocie v zime?
9. Odkiaľ sú na Slovensku v zime jahody alebo čerešne?
10. Prečo si Mária kupuje v obchode s ovocím a zeleninou igelitovú tašku?
11. Kde kupuje Mária mäso?
12. Kupuje aj nejaké mäsové výrobky?
13. Kde kupuje Peter pohľadnice?
14. Kam ich chce poslať?
15. Majú v novinovom stánku známky?
16. Majú tam už vianočné pohľadnice?
17. Čo si tam Peter ešte kupuje?
18. Čo potrebuje Peter na pošte?

II. Use *hľadáme* in front of the following phrases:

zaujímavé knihy, moderné domy, moji starí rodičia, dobré detektívky, sladké jablká, americkí profesori, vaši slovenskí študenti, dvaja šikovní chlapci, tri slobodné dievčatá, päť slovenských doktoriek, dva nezariadené byty, vaši dvaja bratia

III. Negate the following statements, adding that they apply for the persons indicated in brackets.

Príklad: Vidíš ma? *(him) Teba nevidím, ale jeho vidím.*
1. Píšeš to pre neho? *(for her)*
2. Máš ju rád? *(them)*
3. Hľadáš mňa? *(her)*
4. Je to pre nás? *(them)*
5. Opýtaš sa jeho? *(her)*
6. Poznáš ich? *(him)*
7. Vidíš ju? *(you)*
8. Potrebuješ ho? *(them)*

9. Chceš jeho? *(you)*
10. Píšeš to pre nás? *(them)*

IV. Give short answers to the following questions, using pronouns in them:

1. Poznáte rektora univerzity?
2. Poznáte dekana?
3. Študujete históriu?
4. Navštevujete starých rodičov?
5. Varíte večeru každý deň?
6. Vidíte z domu alebo z internátu centrum mesta?
7. Píšete dnes pohľadnice?
8. Máte veľa priateľov?
9. Varíte niekedy večeru pre priateľov?
10. Máte radi slovenčinu?

V. Fill in the appropriate pronouns:

1. Tá kniha je pre .... *(him)*.
2. Tieto známky sú pre .... *(them)*.
3. Večera je pre .... *(us)*.
4. Červené jablká sú pre .... *(her)*.
5. Idete cez mesto?
   Alebo nejdete cez .... *(it)*.
6. Dva cestovné lístky sú pre .... *(you)*.
7. Tento dom je pre .... *(us)* veľký.
8. Izba hore je pre .... *(them)*.
9. Tieto peniaze sú pre .... *(her)*.
10. Profesori sú tu pre .... *(us)*.
11. Máš čas pre .... *(me)*?
12. Cestuješ cez Žilinu?
    Nie, necestujem cez .... *(it)*.

sezónny *Adj*   seasonal
slanina, -y; -y, slanín *F*   bacon
slivka, -y; -y, sliviek *F*   plum
smotana, -y; -y, smotán *F*   cream
spievať, -am, -ajú *NP*   to sing
strašne *Adv (Coll)*   terribly, very much
stúpať, -am, -ajú *NP*   to be increasing
supermarket, -u; -y, -ov *M*   supermarket
škodlivý *Adj*   harmful
špenát, -u; -y, -ov *M*   spinach
tabuľa, -le; -le, tabúľ *M*   board
takže   so (that)
tma, -y *(only Sg) F*   darkness; **je tma**   it is dark *(literally: (there) is darkness)*
uhorka, -y; -y, uhoriek *F*   cucumber

vajíčko, -a; -a, vajíčok *N*   egg
väčší *(Comparative of* **veľký***) Adj*   bigger
vegetarián, -a; -i, -ov *M*   vegetarian
vchod, -u; -y, -ov *M*   entrance; **pri vchode**   at the entrance
vianočný *Adj*   pertaining to Christmas
vozík, -a; -y, -ov *M*   shopping cart
všimnúť si, všimnem si, všimnú si; *Past* všimol si *P + Acc*   to notice
vybrať si, vyberiem si, vyberú si *P + Acc*   to choose
výrobok, -bku; -bky, -bkov *M*   product
vyše *Adv*   more than, above
zaplatiť, -im, -ia *P (+ za + Acc)*   to pay (for)

VI. Preložte do angličtiny:

1. Kde sú drobné?
2. Ceny stúpajú.
3. Idem sa pozrieť, čo tam majú.
4. V obchode je dlhý rad.
5. V zime sú jahody veľmi drahé.
6. Vôbec nemám rád baklažány.
7. Prosím, vyberte si.
8. Nemáme.
9. Vy si zo mňa uťahujete, však?
10. Ešte niečo?
11. Pohľadnice sú po deväť korún.
12. Ďalší, prosím!

VII. Change into the plural:

1. Mám brata.
2. Čakám priateľku.
3. Potrebujem ten slovník.
4. Pozdravím toho profesora.
5. Nevidím tú slečnu.
6. Hľadám ten nový obchod.
7. Nepoznám tú mladú predavačku.
8. Prosím si nejaký denník.
9. Chcem si kúpiť tú farebnú pohľadnicu.
10. Nemám doma žiadnu známku.

VIII. Ask somebody to buy what is missing, including the amount stated in brackets.

Príklad: *Nemáme chlieb. (kilo) Choď kúpiť kilo chleba.*
1. Nemáme vajíčka. *(desať)*
2. Potrebujeme múku. *(dve kilá)*
3. Doma nemáme žiadnu mrkvu. *(trochu)*
4. Na šalát ešte potrebujeme cibuľu. *(kilo)*
5. Na koláč nemáme jabĺčka. *(dve kilá)*
6. Na obed potrebujeme ešte pivo. *(tri fľaše)*
7. Nevidím doma žiadne paradajky. *(trochu)*
8. Nemáme žiadne hrozno. *(kilo)*
9. Potrebujem aj syr. *(30 dag)*
10. Chcem ešte banány. *(8)*

IX. Correct the following sentences:

1. Ho nevidím.
2. Kúp dva kilá cibúľ.
3. Nemáme doma hrachov.
4. Jeme len zdravú potravinu.
5. Je večer, už je tmavý.
6. Mária ešte musieť ísť nakupovať.
7. Pri pokladni je dlhá rada.
8. Idú kúpiť hrozná.
9. Majú veľa peniaze.
10. Táto kniha je pre jeho.

X. Odpovedzte:

1. Aké máte doma knihy?
2. Aké máte doma mäso?
3. Akého máte doktora?
4. Akého máte šéfa?
5. Akých máte priateľov?
6. Aké máte plány?

XI. You are chatting about somebody who is very inactive and negativistic. One of you is asking the questions, the other one answering them:

Príklad: *Čo robí? – Nerobí nič.*
1. Kam chodí?
2. Kam cestuje?
3. Koho navštevuje?
4. Čo číta?
5. Čo študuje?
6. Čo vie?
7. Čo hovorí?
8. Čo má rád?
9. Koho má rád?
10. Kto ho má rád?

XII. Write and perform dialogues for the following situations:

a) You want to buy 3 postcards, 3 stamps and a map of Bratislava.
b) At the counter of a small store you are asking for ground coffee, three rolls and a bottle of wine.
c) You are a shop assistant at a grocery store. Write a dialogue between you and a customer. You might like to include questions suggesting that he/she buy some other kinds of produce, too.

XIII. Odpovedzte:

1. Chodíte často nakupovať potraviny?
2. Kedy obyčajne nakupujete potraviny?
3. Je obchod blízko?
4. Chodíte nakupovať pešo alebo autom?
5. Máte záhradu?
6. Pestujete v záhrade nejakú zeleninu alebo ovocie?
7. Jete veľa zeleniny a ovocia?
8. Kupujete veľa mäsa?
9. Pijete pivo?
10. Pijete veľa kávy?
11. Pijete silnú kávu?
12. Máte radi slaninu?
13. Jete veľa párkov?
14. Kupujete noviny každý deň?
15. Aké denníky kupujete?
16. Čítate aj nejaké slovenské noviny?
17. Viete spievať nejaké slovenské piesne?

zdravší *(Comparative of* **zdravý***) Adj* healthier
zelenina, -y *(only Sg) F* vegetables
zeler, -u; -y, -ov *M* celery

známka, -y; -y, -ok *F* postal stamp
zriedkakedy *Adv* rarely, seldom
žltý melón *M* cantaloupe

XIV. Povedzte, čo vidíte na tomto obrázku: ▶

XV. You are a doctor. Your patient complains of unspecified health problems. Ask your patient about his/her eating habits, preferences in food, whether he/she eats vegetables and fruit, etc.

XVI. Odpovedzte:

a) Akú zeleninu a aké ovocie máte teraz doma?
b) Koľko ovocia a koľko zeleniny máte teraz doma?
c) Akú zeleninu a aké ovocie máte veľmi radi?
d) Povedzte, čo je v tejto chladničke?
e) Čo máte vy vždy v chladničke?

XVII. Write down what ingredients are needed for your favorite recipe and be ready to answer how much of each ingredient is needed.

XVIII. Odpovedzte:

1. Čo jete na raňajky?
2. Kto ich pripraví?
3. Kúpite si niečo v bufete?
4. Čo jete na desiatu?
5. Kde obedujete? Čo obedujete?
6. Je zdravé jesť večer veľa?
7. Jete studenú alebo teplú večeru?
8. Ktoré jedlo máte najradšej?

XIX. Čo vravia ľudia na obrázku?

XX. Naučte sa porekadlo:

Risk je zisk.

(Nothing ventured, nothing gained.)

XXI. Naučte sa spievať pieseň:

2. Povedz mne ty, môj Machnáčku vysoký,
či ťa uzriem o dva lebo tri roky,
či ja budem ešte vidieť moju mať,
či ma bude moja milá milovať...

V kníhkupectve

Peter a Mária sa idú pozrieť, či v kníhkupectve v centre Žiliny majú nejaké zaujímavé knihy.

Mária: Peter, aké knihy si chceš pozrieť?

Peter: Chcem si pozrieť nejaké knihy o Slovensku a kúpiť dobrý anglicko-slovenský slovník a veľkú mapu Slovenska.

Mária: Dobre. Ja si zatiaľ pozriem preklady beletrie z angličtiny a novú slovenskú literatúru.

Predavačka: Čo si želáte?

Peter: Môžete mi, prosím, ukázať, kde sú knihy o Slovensku a o slovenskom umení?

Predavačka: Nech sa páči, tu sú na pulte.

Peter: Máte niečo v angličtine?

Predavačka: Tento turistický sprievodca po Slovensku je v angličtine, rovnako aj *Prechádzky po Bratislave*. Máme aj *Divy Slovenska*, čiže *Wonders of Slovakia*, a *Slovenské hrady*, čiže *Slovak Castles*. Je tu aj *Peter Dvorský*, vlastne jeho biografia v angličtine. Niektoré knihy majú anglické resumé, napríklad *Hrady a zámky* a *Devín* – kniha o Veľkomoravskej ríši.

Peter: Ďakujem. A máte nejaký dobrý nový anglicko-slovenský slovník?

Predavačka: Máme tento väčší a sú tu aj vreckové slovníky. Máme ešte veľmi pekný veľký päťjazyčný obrazový slovník, kde je aj slovenčina a angličtina.

Peter: Fajn. Tak si kúpim ten päťjazyčný slovník, sprievodcu po Slovensku, *Hrady a zámky* a *Prechádzky po Bratislave*. Kde platím?

Predavačka: Nech sa páči, tam pri pokladni.

Peter: Mária, už niečo máš?

Mária: Áno. Kúpim si zbierku básní Rúfusa, preklad Orwella a moderné rozprávky Uličianskeho.

Peter: Potom mi tie rozprávky požičiaš? Chcem ich skúsiť čítať.

Mária: Jasné, že požičiam. No teraz poďme zaplatiť.

Ľudia a knihy

Ľudia a knihy boli oddávna dobrí priatelia. Autori písali knihy, aby sa podelili o svoje skúsenosti, zážitky, myšlienky a pocity. Čitatelia v nich hľadali informácie, zábavu, životnú múdrosť aj obohatenie duchovného i citového života.

Predkovia Slovákov mali vlastné písmo už od deviateho storočia, od čias, keď zo Solúna na Slovensko prišli ako apoštoli viery a vzdelania bratia Cyril a Metod. Priniesli písmo a zapísali ich reč.

SLOVNÍK

aby + *Past Tense* (so) that
akadémia, -ie; -ie, -ií *F* academy
akademický *Adj* pertaining to university; **akademický maliar** *M* painter with an academic degree
akoby as if
apoštol, -a; -i, -ov *M* apostle
aspoň at least
autobiografia, -ie; -ie, -ií *F* autobiography
autor, -a; -i, -ov *M* author
bábkový *Adj* pertaining to puppets
báseň, -sne; -sne, -sní *F* poem
básnik, -a; -ci, -kov *M* poet
beletria, -e (*usually only Sg*) *F* belles lettres, fiction

Biblia, -ie; -ie, -ií *F* Bible
biografia, -ie; -ie, -ií *F* biography
biografický *Adj* biographical
Boh, -a; -ovia, -ov *M* God, Lord
bol, -a, -o; -i (*Past of* **byť**) was/were
bolieť, -i, -ia (*no 1st or 2nd Pers Sg or Pl*) *Past* bolel *NP* to hurt
Bože (*Vocative of* **Boh**) *M* God, Lord
cestopis, -u; -y, -ov *M* travelogue
cítiť, -im, -ia *NP* to feel
citový *Adj* emotional
civilizácia, -ie; -ie, -ií *F* civilization
čarovný *Adj* charming
český *Adj* Czech
česky/po česky *Adv* (in) Czech
čítanie, -ia; -ia, -í *N* reading

Slovensko však po tom, čo sa na začiatku desiateho storočia Veľkomoravská ríša rozpadla, malo dosť pohnuté dejiny, lebo nebolo samostatné, teda ani slovenský jazyk a kultúra nemali priaznivé podmienky na svoj rozvoj. Hoci sa slovenčina používala už od desiateho či jedenásteho storočia, literatúra sa na Slovensku najprv písala najmä po latinsky, po česky, po nemecky a po maďarsky. Napriek tomu už v šestnástom storočí spisovatelia písali pomerne rozsiahlu umeleckú literatúru aj po slovensky.

V období romantizmu a realizmu si už slovenská literatúra získala aj medzinárodné uznanie.

Akékoľvek boli osudy Slovenska, literárna vzdelanosť tu vždy mala vysokú úroveň. Slováci, podobne ako iné kultúrne národy, knihu vždy brali do rúk s úctou, či to bola Biblia, modlitebná knižka, alebo román, kniha básní, cestopis či intelektuálna literatúra. Na Slovensku je tradícia, že už stredoškoláci okrem slovenskej literatúry povinne študujú aj svetovú literatúru a dosť dobre poznajú jej najvýznamnejšie diela, samozrejme, obyčajne ich slovenské preklady. Mnohí slovenskí čitatelia však v origináli čítajú literatúru anglickú, americkú, nemeckú, francúzsku, českú a iné.

Každé obdobie má svoj vkus a svoje preferencie. V súčasnosti „letí", teda je obľúbená najmä literatúra faktu, biografie, sci-fi a detektívne či kriminálne romány a poviedky. Na umeleckú literatúru – na jej vydávanie alebo čítanie – akoby bolo menej peňazí a času. Aj na Slovensku však platí: Povedz mi, čo čítaš, a ja ti poviem, kto si.

Milan R ú f u s
Básnik sa modlí za deti

Nevedia prečo,
no veľmi im to treba.
A možno ešte viacej ako chleba.
Aby im v duši pusto nebolo.
Aby ich mali radi okolo.

Aby im bolo mäkko
ako v mame.
Keď bolia veci, ktoré nepoznáme,
tu každé dieťa,
plaché ako laň,
na hlave musí cítiť teplú dlaň.

Bože,
o takú dlaň Ťa ľudské mláďa prosí.
V čase, keď ešte ani nevie, Kto si.

Našiel Ťa hore ten džavot tenkých hláskov?

Našiel. Dal si im liek.
A nazval si ho láskou.

Literárne žánre

próza:
román
poviedka
zbierka poviedok
novela
povesť
rozprávka
detektívka, detektívny román,
detektívna poviedka
kriminálny príbeh
biografia, životopis
autobiografia
science-fiction, sci-fi
literatúra faktu

poézia:
báseň
zbierka básní

čitateľ, -ľa; -lia, -ľov *M* reader
čiže that is
dávno *Adv* long ago
dejiny, -ín *(only Pl)* history
detektívka, -y; -y, -vok *F (Coll)* detective story/novel
detektívny *Adj* pertaining to detective stories
div, -u; -y, -ov *M* wonder
dielo, -a; -a, diel *N* work of art, work (e.g. book)

dlaň, -ne; -ne, -ní *F* palm of the hand; **o takú dlaň** for such a palm of the hand
do rúk into one's/sb's hands
dodatok, -tku; -tky, -tkov *M* supplement
dramatik, -a; -ci, -kov *M* playwright
dramaturg, -a; -ovia, -ov *M* script writer, repertoire adviser
duchovný *Adj* spiritual, intellectual
duša, -e; -e, -í *F* soul; **v duši** in the soul

Kto je kto?

Informácie o významných osobnostiach môžete nájsť v *Slovenskom biografickom slovníku* a v encyklopédiách (pozri *Dodatky*). Tu na ilustráciu uvádzame aspoň základné údaje o niektorých slovenských osobnostiach.

Vojtech Zamarovský
– spisovateľ, autor literatúry faktu
Narodil sa v roku 1919 v Trenčíne.
Študoval na právnickej fakulte v Bratislave a Vysokej škole obchodnej v Prahe. Najprv pracoval v manažmente banky, potom cestoval a písal. Je autorom 13 kníh o svojich cestách po stopách starovekých civilizácií, napríklad *Za siedmimi divmi sveta*. Žije v Prahe. Ako prvý dostal *Cenu Egona Ervína Kischa*. V roku 2006 dostal od gréckej vlády titul *Veľvyslanec helenizmu.*

Ján Uličiansky
– dramatik, prozaik, dramaturg i režisér
Narodil sa v roku 1955 v Bratislave. Študoval na Akadémii múzických umení v Prahe. Najprv pracoval ako režisér a dramaturg v Bábkovom divadle v Košiciach a v súčasnosti je dramaturgom Slovenského rozhlasu v Bratislave. Píše poéziu, bábkové hry, rozhlasové hry a prekrásne moderné rozprávky pre deti. Vydal vyše 10 knižiek, za ktoré dostal mnohé ceny. V roku 2004 bol nominovaný na *Cenu H. Ch. Andersena.*

Ľuboslav Paľo
– akademický maliar, grafik a ilustrátor
Narodil sa v roku 1968 vo Vranove nad Topľou. Študoval na Vysokej škole výtvarných umení v Bratislave, kde teraz prednáša na katedre grafiky. Dostal mnohé ceny, napríklad *Najkrajšia kniha Slovenska 1998 a 2002, Zlaté jablko* na medzinárodnej výstave *Bienále ilustrácií Bratislava 2005*. Ilustroval napríklad Zamarovského *Sinuheta* či Uličianskeho knihu *Čarovný chlapec.*

Miroslav Dvorský
– sólista opery Slovenského národného divadla, tenor, brat Petra Dvorského
Narodil sa v roku 1960 v Partizánskom. Spev študoval v Bratislave aj v La Scale v Miláne. Od roku 1986 je sólistom opery Slovenského národného divadla v Bratislave a niekoľko rokov aj sólistom opery vo Viedni. Získal významné ceny na medzinárodných súťažiach a často hosťuje v zahraničí.

KEDY V MINULOSTI?

včera
predvčerom
minulý týždeň
minulý mesiac
minulý rok
vlani
v roku 1920
v minulom storočí
v osemnástom storočí
v ....om storočí
nedávno
dávno

Milan Rúfus
– básnik, esejista a prekladateľ
Narodil sa v roku 1928 v Závažnej Porube, okres Liptovský Mikuláš. Študoval na Filozofickej fakulte Univerzity Komenského a tam aj prednášal dejiny slovenskej a českej literatúry. Napísal mnohé zbierky básní a patrí medzi najväčších slovenských básnikov.

---

džavot, -u; -y, -ov *M* chatter
encyklopédia, -ie; -ie, -ií *F* encyclopaedia
esejista, -u; -i, -ov *M* essay writer, essayist
fakt, -u; -y, -ov *M* fact
francúzsky *Adj* French
grafik, -a; -ci, -kov *M* graphic artist
grafika, -y; -y, grafík *F* graphic arts
grécky *Adj* Greek
helenizmus, -u *M* Hellenism
hlas, -u; -y, -ov *M* voice
hlások, -ska; -sky, -skov *M (Diminutive of* **hlas)** voice
hosťovať, -ujem, -jú *NP* to have visiting performances
ilustrácia, -ie; -ie, -ií *F* illustration; **na ilustráciu** for the sake of illustration
ilustrátor, -a; -i, -ov *M* illustrator

ilustrovať, -ujem, -ujú *NP/P* to illustrate
im to treba they need it
intelektuálny *Adj* intellectual
kníhkupectvo, -a; -á, kníhkupectiev *N* book store; **v kníhkupectve** in a/the book store
knižka, -y; -y, knižiek *F* book
kriminálny *Adj* criminal
kultúra, -y; -y, kultúr *F* culture
kultúrny *Adj* cultured; cultural
laň, lane; lane, laní *F* hind
latinsky/po latinsky *Adj* (in) Latin
letieť, -im, -ia; *Pas* letel *NP (Coll)* to be in, to be fashionable; *literally*: to fly
literárny *Adj* literary
literatúra, -y; -y, literatúr *F* literature

12.1 PAST TENSE – Minulý čas

12.1.1 Slovak has only one past tense. This is in contrast to English which has 6 past tense related forms, i.e.
present perfect simple – *I have written*
present perfect continuous – *I have been writing*
simple past – *I wrote*
continuous past – *I was writing*
past perfect simple – *I had written* and
past perfect continuous – *I had been writing*.
The Slovak equivalent of all the above English forms is *ja som písal* or *písal som*.
(The former past perfect tense, e.g. *ja som bol písal* is more or less extinct.)

12.1.2 The Slovak past tense can be exemplified by the conjugated past tense forms of *písať*:

	Sg		Pl	
1st Pers	písal(a)	som	písali	sme
2nd Pers	písal(a)	si	písali	ste
3rd Pers	písal	–	písali	–
	písala			
	písalo			

12.1.3 The Slovak past tense form is composed of two elements:
a) the past tense form (*-l* form) of the verb. The distribution of its variants depends on the gender and number of the subject, i.e.

písal	M Sg
písala	F Sg
písalo	N Sg
písali	Pl

b) the conjugated present form of *byť* which is present in the 1st and 2nd persons singular and plural, but absent in the 3rd person, e.g.
čítal som, but *čítal.*

12.1.4 The conjugated form of the verb *byť* as part of the past tense takes the second place (slot) in the sentence structure, e.g. *písal si (ty si písal)*. The reflexive *si* or *sa* follow after it, e.g. *učil si sa, kúpil som si.*

12.1.5 The regular past tense form of the verb is formed by replacing the infinitival ending *-ť* by *-l (a/o/i)*:

Infinitive	Past Tense Form
-ť	**-l (a/o/i)**
čítať	čítal
pracovať	pracoval
prosiť	prosil
hľadať	hľadal

12.1.6 Verbs with an irregular past tense form it in the following way:

a) byť:	1st Pers	bol(a)	som	boli	sme
	2nd Pers	bol(a)	si	boli	ste
	3rs Pers	bol	–	boli	–
		bola	–		
		bolo	–		
b) ísť:	1st Pers	(i)šiel	som	(i)šli	sme
	2nd Pers	(i)šiel	si	(i)šli	ste
	3rs Pers	(i)šiel	–	(i)šli	–
		(i)šla	–		
		(i)šlo	–		
c) jesť:	1st Pers	jedol/jedla	som	jedli	sme
	2nd Pers	jedol/jedla	si	jedli	ste
	3rs Pers	jedol	–	jedli	–
		jedla	–		
		jedlo	–		

d) -ieť > -el(a/o/i)
Verbs ending in the infinitive in *-ieť* drop the *-i-*, e.g. *vidieť – videl, rozumieť – rozumel, letieť – letel, smieť – smel.*

e) -núť > -nul (a/o/i)
Verbs ending in the infinitive in *-núť* the present tense of which ends in *-niem, -nieš...* drop the *-núť* and replace it by *-nul(a/o/i)*, e.g. *minúť* (to spend), *miniem – minul, spomenúť si* (to recall), *spomeniem si – spomenul si.*

f) -núť 2> -ol/-la/-lo/-li
Verbs ending in the infinitive in *-núť* whose present tense forms end in *-nem, -neš, ...* drop the *-núť* and replace it by *-ol/-la/-lo/-li*, e.g.
sadnúť, sadnem – sadol, sadla, sadlo, sadli; rozpadnúť sa, rozpadne sa – rozpadol sa, rozpadla sa, rozpadlo sa, rozpadli sa.

g) -sť/-cť
Verbs ending in *-sť* or *-cť* form the past tense in a way that cannot be systemically predicted in simple terms, e.g.

	Sg			Pl
	M	F	N	
môcť	mohol	mohla	mohlo	mohli
niesť	niesol	niesla	nieslo	niesli
piecť	piekol	piekla	pieklo	piekli
rásť (to grow)	rástol	rástla	rástlo	rástli
klásť (to place)	kládol	kládla	kládlo	kládli

---

literatúra faktu *F* non-fiction
ľudský *Adj* human, pertaining to mankind
maďarsky/po maďarsky *Adv* (in) Hungarian
maliar, -a; -i, -ov *M* painter
mäkko *Adv* soft; **aby im bolo mäkko** so that they could feel soft
medzi among, between, in the number of
menej *Adv* less
miestny *Adj* local
minulosť, -ti *(only Sg) F* the past; **v minulosti** in the past
minulý *Adj* previous
mláďa, mláďaťa; mláďatá, mláďat *N* the young of animal; (Poetical) baby, child
modliť sa, -ím sa, -ia sa *NP (za + Acc)* to pray (for)
modlitebná knižka *F* prayer book, book of prayers
modlitebný *Adj* pertaining to prayer(s)

múdrosť, -ti; -ti, -tí *F* wisdom
múzický *Adj* pertaining to performing arts
myšlienka, -y; -y, -nok *F* thought, idea (na + Acc) about sth
na + Loc on (location); **na hlave** on the head
nájsť, nájdem, nájdu; *Past* našiel *P + Acc* to find
najvýznamnejší *Adj (Superlative of* **významný**) the most significant
napriek tomu in spite of that
narodiť sa, -ím sa, -ia sa *P* to be born
nazvať, nazvem, nazvú *P + Acc + Instr* to name, to give a/the name; **nazval si ho láskou** you gave it the name of love
Neapol, -a *M* Naples
nedávno *Adv* not long ago
nemecký *Adj* German
nemecky/po nemecky (in) German
neskôr *Adv* later

12.1.7 The past tense form of all irregular verbs occurring in the textbook is listed in the vocabulary as the last form of each such verbal entry, e.g.

piecť, pečiem, pečú; *Past* piekol
vziať, vezmem, vezmú; *Past* vzal.

12.1.8 All irregular verbs whose past tense ends in *-ol,* except for *bol,* drop the *-o-* in the remaining forms of the past tense, e.g.

piekol, piekla, pieklo, piekli;
mohol, mohla, mohlo, mohli.

12.2 DEGREES OF COMPARISON OF ADJECTIVES
Stupňovanie prídavných mien

12.2.1 In Slovak degrees of comparison of adjectives are formed either regularly or irregularly; both of these types have one of the following sets of endings:

Comparative	Superlative
-ší/šia/šie	**naj- -ší/šia/šie**
e.g. nový novší, novšia, novšie	najnovší/šia/šie
-ejší/ejšia/ejšie	**naj- -ejší/ejšia/ejšie**
e.g. šťastný šťastnejší/ejšia/ejšie	najšťastnejší/ejšia/ejšie

The comparative degree is formed by dropping the final vowel and adding *-ší/šia/šie* or *-ejší/ejšia/ejšie* (on the distribution of the two types of endings see 12.2.3), the superlative degree in addition to the comparative form has the prefix *naj-* (the most).

12.2.2 The gender and number forms of the comparative and superlative correspond to those of adjectives in their basic forms, e.g.

M	F	N	Pl M +Anim	FN
novší	novšia	novšie	novší,	-ie
najnovší	najnovšia	najnovšie	najnovší,	-ie
šťastnejší	šťastnejšia	šťastnejšie	šťastnejší,	-ie

As these gender and number forms are fully predictable, in the following explanations for brevity only the masculine form is presented.

12.2.3 The ending *-ší* for forming degrees of comparison is used with:

a) most adjectives in which the final vowel is preceded by a single consonant, e.g.

mladý	mladší	najmladší
starý	starší	najstarší
zdravý	zdravší	najzdravší

b) adjectives in which the final vowel is preceded by *-(o/e/i)k-* which is dropped in forming degrees of comparison, e.g.

hlboký *(deep)*	hlbší	najhlbší
divoký *(wild)*	divší	najdivší

If the *-(o/e/i)k* is preceded by *s* or *z,* these are softened, e.g.

úzky	užší	najužší
vysoký	vyšší	najvyšší

The vowel before the ending is shortened, e.g.

krátky	kratší	najkratší
úzky	užší	najužší

12.2.4 The ending *-ejší* for forming degrees of comparison is used with:

a) adjectives in which the final vowel is preceded by a consonantal cluster, e.g.

múdry	múdrejší	najmúdrejší
štíhly	štíhlejší	najštíhlejší
príjemný	príjemnejší	najpríjemnejší

b) most adjectives in which the final vowel is preceded by *-iv/av/ov* or *-a(s)t/-i(s)t,* e.g.

zaujímavý	zaujímavejší	najzaujímavejší
citový	citovejší	najcitovejší
guľatý (round)	guľatejší	najguľatejší

but: *zdravý, zdravší, najzdravší*

c) adjectives in which the final vowel is preceded by a sibilant *(c, č, dz, s, š, z, ž),* e.g.

horúci (hot)	horúcejší	najhorúcejší
cudzí	cudzejší	najcudzejší
drzý (rude)	drzejší	najdrzejší

d) some other adjectives with which the occurrence of the ending *-ejší* is rather unpredictable in simple terms, e.g.

hlúpy	hlúpejší	najhlúpejší
unavený	unavenejší	najunavenejší

---

nominovaný *Adj* nominated
novela, -y; -y, noviel *F* novelette
obdobie, -ia; -ia, -í *N* period, era; **v období** + *Gen* in the period of
obľúbený *Adj* favorite, popular
obohatenie, -ia *(usually only Sg) N* enrichment
obrazový *Adj* picture, pictorial
obyvateľ, -ľa; -lia, -ľov *M* inhabitant, citizen
od since
oddávna *Adv* since long ago, for a long time
okolo around
okres, -u; -y, -ov *M* district
opera, -y; -y, opier *F* opera
originál, -u; -y, -ov *M* original
osobnosť, -ti; -ti, -tí *F* personality
osud, -u; -y, -ov *M* destiny, fate

patriť, -ím, -ia + medzi + *Acc NP* rank in the number of
päťjazyčný *Adj* in five languages
písať sa, píšem sa, píšu sa; *Past* písal sa *NP* to be written
plachý *Adj* timid, shy
pocit, -u; -y, -ov *M* feeling
podeliť sa *(o + Acc) P* to share sth
podmienka, -y; -y, -nok *F (+ na + Acc)* condition (for)
podobne ako similarly to
poézia, -ie; -ie, -ií *F* poetry
pohnutý *Adj (negatively)* dramatic, hard
pokrstiť, -ím, -ia + *Acc* to Christianize
pomerne *Adv* considerably, rather
po tom, čo + *Verb* after (doing sth)
povesť, -ti; -ti, tí *F* legend
poviedka, -y; -y, -dok *F* short story

12.2.5 Only several very frequent and historically old adjectives are irregular, viz:

dobrý	lepší	najlepší
zlý	horší	najhorší
veľký	väčší	najväčší
malý	menší	najmenší
krásny/pekný	krajší	najkrajší

Pekný also has the less frequent forms *peknejší - naj-peknejší.*

12.2.5 When expressing comparison of the same extent of quality or denying it, Slovak uses the construction
taký/á/é.....ako
e.g.:
Peter is as old as Mária. – *Peter je taký starý ako Mária.*

12.3 POSSESSIVE PRONOUN *SVOJ*
Privlastňovacie zámeno *svoj*

12.3.1 The reflexive possessive pronoun *svoj, svoja, svoje* is used when there is a relationship of possession of the subject towards the object, e.g.
mám svoju knihu (I have my (own) book),
vidia svojho otca (they can see their (own) father),
čakajú svojich priateľov (they are waiting for their friends).

12.3.2 If the relationship of ownership is stressed, *svoj* can be accompanied by *vlastný*, e.g.
má svoj vlastný bicykel (he has his own bicycle).

12.3.3 If there is a relationship of possession between the subject towards the object, the use of the person-related possessive pronouns, i.e. *môj, jeho*, etc. is redundant in Slovak and conceived of as incorrect if the possession is not stressed. In these instances *svoj* is used instead, i.e.
I have my car – *mám svoje auto* (and not *mám *moje auto*).

12.3.4 With the third person singular and plural the usage of person-related possessive pronouns can – similarly to the situation in English – even cause confusion, e.g.
on má jeho dom (he has his house), where *jeho* can refer to any male 3rd person, not necessarily the same one. To avoid this Slovak uses *svoj*, i.e.
(on) má svoj dom (he has his own house).

12.3.5 *Svoj*, similarly to possessive pronouns and adjectives, has: gender forms, i.e. *svoj M, svoja F, svoje N*, number forms, i.e. the previous ones being the singular, *svoje, svojich* the plural, and case forms, e.g. Accusative:
vidím svojho otca, svoju knihu, svoje priateľky.

	M	F	N
Sg Nom	svoj	svoja	svoje
Acc +Anim	svojho }	svoju	svoje
–Anim	svoje }		
Pl Nom			
+Anim	svoji }	svoje	svoje
–Anim	svoje }		
Acc +Anim	svojich		
–Anim	svoje		

12.3.6 Slovak uses possessive pronouns, including *svoj*, less frequently than English does, unless the possession is to be stressed.
In Slovak, in contrast to English, possessive pronouns are not used above all:

a) with parts of one's body, e.g. *bolí ma hlava* (my head aches); *moja hlava* would sound funny here, as if I were stressing that I was not having somebody else's headache, but my own;

b) in cases when it is situationally clear that the object is in the relationship of being possessed by the subject, or when it is situationally the only one, e.g. *vezmi si tašku* (take your/the bag), *Eva píše úlohu* (Eva is writing her assignment). Only if we either want to stress the possessive relationship or the fact that the object belongs to somebody other than the subject, do we use the possessive pronouns, e.g.

Vezmi si	*svoju tašku,*	*nie moju.*
Vezmi si	*jeho bicykel,*	*nie svoj.*

povinne *Adv* obligatorily
poznať, -ám, -ajú *NP/P + Acc* to be acquainted/familiar with
požičať, požičiam, požičajú *P + Acc + Dat* to lend sth to sb
predok, -dka; -dkovia, -dkov *M* ancestor, predecessor
predvčerom *Adv* the day before yesterday
prechádzka, -y; -y, prechádzok *F* walk
preferencia, -ie; -ie, -ií *F* preference
preklad, -u; -y, -ov *M* translation; **v preklade** in translation
prekladať, -ám, -ajú *NP + Acc* to translate, to be translating
prekladateľ, -ľa; -lia, -ľov *M* translator
prekrásny *Adj* wonderful
priaznivý *Adj* favorable
priniesť, prinesiem, prinesú; *Past* priniesol *P + Acc* to bring
próza, -y; -y, próz *F* prose
prozaik, -a; -ci, -kov *M* prose writer

pusto *Adv* empty, deserted; **aby im pusto nebolo** so that they would not feel deserted
realizmus, -zmu *(usually only Sg) M* realism
reč, -i; -i, -í *F* speech
resumé [rezumé] *Nondecl N* résumé
ríša, -e; -e, ríš *F* empire
román, -u; -y, -ov *M* novel
romantizmus, -zmu *(usually only Sg) M* romanticism
rozhlas, -u; -y, -ov *M* radio
rozhlasový *Adj* pertaining to radio; **rozhlasová hra** *F* radio play
rozpadnúť sa, rozpadne sa, rozpadnú sa *(no 1st or 2nd Pers Sg or Pl); Past* rozpadol sa *P* to disintegrate
rozprávka, -y; -y, -vok *F* fairy tale
rozsiahly *Adj* extensive
samostatný *Adj* sovereign, independent

CVIČENIA

I. Odpovedzte:

1. Kde Peter a Mária hľadajú zaujímavé knihy?
2. Čo si chce Peter kúpiť?
3. Čo si chce Peter len pozrieť?
4. Majú v kníhkupectve pre Petra všetko, čo si chce kúpiť?
5. Majú aj knihy o Slovensku v angličtine?
6. Čo si chce pozrieť Mária?
7. Chce si niečo aj kúpiť?
8. Číta Mária beletriu?
9. Aké žánre číta?
10. Máte vy čas na literatúru?
11. Čo radi čítate?
12. Poznáte dobre americkú/anglickú/kanadskú/ austrálsku literatúru?
13. Poznáte slovenskú literatúru?
14. Čítali ste nejakú slovenskú beletriu v preklade?
15. Čítali ste nejakú slovenskú beletriu po slovensky?

II. Give the past tense 1st person singular masculine form of the following verbs:

kúpiť, dávať, odvážiť, vedieť, písať, čítať, byť, smieť, modliť sa, nájsť, môcť, poznať, skúsiť, prednášať, ukázať, získať si, mať, vziať, hľadať, piť, jesť, sadnúť si, vziať si, rozumieť, ďakovať

III. Conjugate the following verbs:

byť, pracovať, jesť, piť, sadnúť si

IV. Drop the personal pronouns from the following phrases, carrying out all the necessary changes:

ja som čítala, on študoval, my sme to priniesli, vy ste nerozumeli, ja som si kúpil atlas, ona sa narodila v Poprade, my sa ich opýtame, ja som veľmi meškal, my sme prišli autom, vy ste si nás získali, my sme dlho čakali, ja som veľa pracoval, my sme vás potrebovali

V. Change the following sentences into the past tense:

1. Je to slovenský študent.
2. Všetci máme svoje problémy.
3. Máš veľké šťastie.
4. Nepočujem ho.
5. Pozeráme sa na nich.
6. Nehovoríme po slovensky.
7. Už dva dni ich hľadáme.
8. Veľa fajčí.
9. Mama pečie koláče.
10. Kúpim si mapu.
11. Jeme dobrý slovenský chlieb.
12. Miško sa učí matematiku.
13. Jeho mama pracuje v zelovoci.
14. Večer nemôžeme prísť.

VI. Using the words in brackets, give negative answers, saying that you did earlier what is asked about.

Príklad: Idete dnes do kina? *(včera)* Nie, *včera sme išli do kina.*
1. Píšete teraz Petrovi? *(minulý týždeň)*
2. Idete navštíviť mamu? *(predvčerom)*
3. Učíte sa pieseň? *(v pondelok)*
4. Kupujete dnes ovocie? *(včera)*
5. Pijete dnes víno? *(v sobotu)*
6. Opravujete auto? *(minulý mesiac)*
7. Čítate teraz slovenské noviny? *(predvčerom)*
8. Je tu váš brat? *(vlani)*
9. Večeriate? *(nedávno)*
10. Ste unavení? *(včera večer)*

VII. Preložte do angličtiny:

1. Čo si želáte?
2. Tu sú na pulte.
3. Čo si chcete pozrieť?
4. To je škoda.
5. Jasné.
6. Máme dobrú spoločnosť.
7. Platíte pri pokladni.
8. Kúpim si ju.
9. Prosím si tohto sprievodcu.
10. Môžeš mi ho požičať?
11. Môžeme si tykať?
12. Nie ste smädný?
13. Ako sa to povie po slovensky?
14. Nová metla dobre metie.
15. Páči sa mi tu.
16. Krv nie je voda.
17. Dajte mi vedieť.
18. Nerozumiem.
19. Ako to?
20. Nevadí.

---

science-fiction *(pronounced as in English) Nondecl F*
science-fiction; **sci-fi** [sci-fi] *N* sci-fi
skúsenosť, -ti; -ti, -tí *F* experience, expertise, knowledge
sólista, -u; -i, -ov *M* soloist
Solún, -a *M* Salonika, ancient Thessalonica *(a town in Greece)*
spev, -u; -y, -ov *M* singing
sprievodca, -u; -ovia, -ov *M* guide *(both as book or person declined as +Hum)*
staroveký *Adj* ancient
stopa, -y; -y, stôp *F* trail; **po stopách** *Acc* along the trail of, following the trail of
storočie, -ia; -ia, -í *N* century
stredoškolák, -a; -láci, -lákov *M* secondary school student
súčasnosť, -ti *(usually only Sg) F* the present; **v súčasnosti** at present

VIII. Give negative answers, answering with whole sentences:

1. Boli ste dnes v obchode?
2. Kupovali ste dnes mäso?
3. Stretli ste dnes svojho doktora?
4. Boli ste dnes v banke?
5. Písali ste tento týždeň nejaké pohľadnice?
6. Mali ste niekedy pokazené auto?
7. Jedli ste dnes nejaké ovocie?
8. Stretli ste dnes rektora?
9. Videli ste dnes prezidenta?
10. Mali ste dnes šťastie?

IX. To the answers that you have given above in exercise VIII add *ešte*, rephrasing them if necessary:

Príklad: *Boli ste dnes v obchode?*
Nie, nebol som dnes v obchode.
Nie, ešte som dnes nebol v obchode.

X. Preložte do slovenčiny:

1. Can you show me those tourist guides?
2. I want a bigger dictionary.
3. I will buy these two books about Slovakia.
4. The other books are not in English.
5. Please, can you lend me your car? Mine is broken.
6. What can I do for you?
7. I want to send it by air mail.
8. Do you have cheaper postcards?
9. Can you give it to me tomorrow?
10. I want to try to read that book in Slovak.

XI. Odpovedzte:

1. Čo je dnes? (*Aký deň je dnes?)
2. Čo ste dnes robili?
3. Čo ste robili včera?
4. Boli ste v kine?
5. Boli ste na návšteve?
6. Kúpili ste včera nejaké mäso?
7. Mali ste včera čas na svoju rodinu a svojich priateľov?
8. Čo ste robili minulý víkend?
9. Kde ste boli minulé leto?

10. Boli ste vlani na Slovensku?
11. Leteli ste niekedy lietadlom?
12. Mali ste minulý mesiac nejaké problémy?
13. Stretli ste tento týždeň nejakých zaujímavých ľudí?
14. Mali ste tento týždeň čas?
15. Kedy máte čas?

XII. Napíšte svoj krátky životopis (for inspiration you might like to use some of the following questions):

Kde ste sa narodili?
Kde sa narodili vaši rodičia?
Čo robili alebo čo robia teraz vaši rodičia?
Kde ste študovali?
Kde ste už boli?
Akých významných ľudí ste videli?
Aké najväčšie šťastie ste mali?

XIII. Form the degrees of comparison (in the masculine) of the following adjectives:

drahý, lacný, dobrý, rýchly, ľudský, dávny, citový, zlý, romantický, sladký, samostatný, veľký, významný, pohnutý, plachý, dlhý, umelecký, žltý, priaznivý, rozsiahly, zaujímavý, krátky, šťastný

IV. Fill in the correct form and answer in pairs:

1. Máš rád *(história Európy)*?
2. Navštevuješ často *(priatelia)*?
3. Chodíš často do *(reštaurácia)*?
4. Máš rád *(ryby)*?
5. Študuješ *(chémia)*?
6. Varíte doma každý deň *(polievka)*?
7. Pozeráte každý večer *(televízia)*?
8. Kupujete každý rok *(nové auto)*?

XIV. Use in your own sentences the following phrases, putting them into the past tense:

pripraviť večeru, opraviť bicykel, vyskúšať auto, chodiť spolu, pomôcť mame, nepočuť otca, sadnúť si, otvoriť dvere, zazvoniť, čakať priateľa, vítať mamu, zobrať na výlet, pozrieť si film, uťahovať si, ísť domov

súťaž, -e; -e, -í *F* competition
svoj, -a, -e one's own (mine, yours…)
teda hence, thus
tenký *Adj* thin
tenor, -u; -y, -ov *M* tenor; tenorist
text, -u; -y, -ov *M* text
tradícia, -ie; -ie, -ií *F* tradition
úcta, -y *(only Sg) F* respect; s úctou with respect
údaj, -a; -e, -ov *M (+ o Loc)* information, data (about)
ukázať, ukážem, ukážu *NP + Acc* to show
umelec, -lca; -lci, -lcov *M* artist
umelecký *Adj* artistic, pertaining to fiction
umenie, -ia; -ia, -í *N* art
úroveň, -vne; -vne, -vní *F* level
uvádzať, -am, -ajú *NP + Acc* to state

XV. Preložte do slovenčiny:

1. She drank her coffee.
2. I took my keys.
3. He saw his father.
4. I have my own office.
5. We need a house of our own.
6. They have their own problems.
7. She was looking for her brother.
8. I need my car every day.
9. He sometimes needs my car.
10. She was carrying her bag.

XVI. Preložte do angličtiny:

1. Podelili sa o svoje skúsenosti, myšlienky a pocity.
2. Hľadali zábavu i životnú múdrosť.
3. Písali pomerne rozsiahlu umeleckú literatúru.
4. Vtedy prišli apoštoli viery a vzdelania.
5. Už od deviateho storočia sme mali vlastné písmo.
6. Slovenský jazyk nemal priaznivé podmienky na svoj rozvoj.
7. Stredoškoláci už poznajú najvýznamnejšie diela svetovej literatúry.
8. Mnohí čitatelia majú radi cestopisy a literatúru faktu.

XVII. Odpovedzte:

1. Na čo ľudia potrebujú knihy?
2. Odkedy mali predkovia Slovákov svoje písmo?
3. Kto ho priniesol?
4. Kedy pokrstili predkov Slovákov?
5. Ako dlho trvala Veľkomoravská ríša?
6. Kedy sa rozpadla Veľkomoravská ríša?
7. Bolo potom Slovensko samostatné?
8. Študujú slovenskí študenti svetovú literatúru?
9. Vydáva sa v súčasnosti na Slovensku veľa umeleckej literatúry?
10. Aké žánre sú teraz obľúbené na Slovensku?
11. Aké žánre teraz letia v USA/Kanade...?
12. Aké žánre máte radi?

XVIII. Preložte do slovenčiny:

1. I do not know what literature they read.
2. We have been good friends for a long time.
3. They recorded our speech.
4. Your literature gained international recognition.
5. I usually read Slovak literature in translation.
6. Their level of education was always high.
7. Each period has its own tastes.
8. Their destiny was not sad.

XIX. Write down questions that you could ask your friend about his or her reading habits and preferences.

XIX. Write down and perform the following dialogues:

a) You are at a book store. You would like a Slovak-English Dictionary, a guide book of Slovakia in English and some books in Slovak – you are not sure what actually. The attendant is patiently giving you various questions trying to help you decide what kind of books you might like to get.

b) You are at a car-repair shop. You are telling Mr. Novák, the attendant, that they repaired your car last week, you paid a lot of money, and now it has broken down again. The attendant apologizes. You are asking him to repair it very quickly because you need it for tomorrow.

---

uznanie, -ia; -ia, -í *N* recognition
včera *Adv* yesterday
Veľkomoravská ríša *F* Great Moravian Empire – a 9th century Slavonic empire whose main centers (Nitra and Devín) were on the territory of Slovakia
veľvyslanec, -nca; -nci, -ncov *M* ambassador
viacej *(a variant of viac) Adv* more
viera, -y; -y, vier *F* creed, religion, faith
vkus, -u; -y, -ov *(usually only Sg) M* taste or preference *(in fashion, etc.)*
vláda, -y; -y, vlád *F* government
vlastný *Adj* (one's) own
vreckový *Adj* pocket-size
vydávanie, -ia *(only Sg) N* publishing
vydavateľstvo, -a; -á, vydavateľstiev *N* publishing house

vysoká škola *F* university level school
vystupovať, -ujem, -ujú *NP* to perform
výtvarný *Adj* pertaining to visual art(s)
významný *Adj* significant, outstanding
vzdelanie, -ia *(usually only Sg) N* education
vzdelanosť, -ti *(only Sg) F* level of education
zábava, -y; -y, zábav *F* enjoyment, fun
zahraničie, -ia *(only Sg) N* foreign country/countries; **v zahraničí** abroad
základný *Adj* basic
zámok, -mku; -mky, -mkov *M* château
zapísať, zapíšem, zapíšu *P + Acc* to record in writing
zatiaľ in the meanwhile, during that time
zážitok, -tku; -tky, -tkov *M* experience

XX. What would the characters in the following pictures say?

XXI. Naučte sa porekadlo:

*Kto rýchlo dáva,
dvakrát dáva.*

(A stitch in time saves nine.)

XXII. Naučte sa spievať pieseň:

Aká si mi krásna

text: Peter Bella - Horal
hudba: Eugen Suchoň

zbierka, -y; -y, -rok *F* collection; **zbierka básní/poviedok** collection of poems/short stories
získať si, -am si, -ajú si *P + Acc* to gain, to achieve
zlatý *Adj* golden

žáner, -nru; -nre, -nrov *M* genre
životný *Adj* pertaining to life
životopis, -u; -y, -ov *M* biography

Hľadáme na mape

Peter: Pozri, Mária, toto je tá moja nová mapa Slovenska.

Mária: Ukáž! Je veľmi podrobná a celkom nová, tohoročná.

Peter: Kúpil som si ju, lebo som mal len starú a malú, kde bolo iba niekoľko miest. Pozrime sa, kde je Levoča, ty to určite vieš.

Mária: Áno, Levoča je tu na severovýchodnom Slovensku. Je tam Kostol svätého Jakuba, kde je svetoznámy oltár, ktorý v šestnástom storočí vyrezával slovenský renesančný umelec Majster Pavol. Je to najväčší drevený vyrezávaný oltár v Európe. Krásna je aj samotná Levoča. Jej zreštaurované stredoveké centrum bolo vyhlásené za národnú kultúrnu pamiatku. Ak chceš, cez prázdniny sa tam spolu môžeme ísť pozrieť.

Peter: A kde sú Čičmany? Čítal som, že je tam zaujímavá ľudová architektúra. Videl som aj nejaké obrázky a rád by som tam niekedy šiel.

Mária: Čičmany sú pri Žiline. Môžeme tam ísť aj tento víkend. A vieš čo? Ak v lete pôjdeme do Levoče, môžeme ísť aj do Košíc. Býva tam moja teta. Keď ťa zaujíma architektúra, môžeme si tam pozrieť gotickú Katedrálu svätej Alžbety.

Peter: Dobre, len či prázdniny nebudú príliš krátke na všetky tie naše plány?

Mária: A ešte nesmieme zabudnúť – sľúbila som, že ťa vezmem na výlet do Trenčína, pamätáš sa?

SLOVNÍK

ako... tak aj... ... as well as...
Alžbeta, -y; -y, Alžbiet *F* Elizabeth
architektúra, -y; -y, architektúr *F* architecture
audio(-) *Adj* audio
Baltické more *N* the Baltic Sea
beztrestne *Adj* without any punishment
bohatý *Adj* rich
by *(conditional particle)*
cudzinec, -nca; -nci, -ncov *M* foreigner
cukrová repa *F* sugar beet
cukrový *Adj* pertaining to sugar
časť, -ti; -ti, -tí *F* part
Čierne more *N* the Black Sea

člen, -a; -ovia, -ov *M* member
čoho *(Gen of čo)* (of) what
desaťročie, -ia; -ia, -í *N* decade;
   po niekoľko desaťroči for several decades
dispozícia, -ie; -ie, -ií *F* disposal;
   mať k dispozícii to have at one's disposal
dobytok, -tka *(only Sg) M* cattle
drevársky *Adj* wood-processing
drevený *Adj* wooden
dynamický *Adj* dynamic
gotický *Adj* gothic
hora, -y; -y, hôr *F* mountain
hornatý *Adj* mountaineous
hra, -y; -y, hier *F* game

Slovensko

Slovensko je malá stredoeurópska vnútrozemská krajina. Jeho susedia sú: na severe Poľsko, na západe Česko a Rakúsko, na juhu Maďarsko a na východe Ukrajina. Slovensko má vyše päť miliónov obyvateľov. Väčšina z nich sú Slováci,

ale na Slovensku žijú aj Maďari, Nemci, Rómovia, Ukrajinci, Poliaci, Česi, Rusíni a iné národnosti.

Slovensko je krásna krajina. Nemá more, ale jeho príroda je malebná. Na severe ho ohraničujú Vysoké Tatry, na juhu Dunaj, na západe Malé Karpaty a na východe Vihorlat.

Až tretinu územia Slovenska tvoria lesy. Slovensko je hornatá krajina a jeho hory patria do Karpatského pohoria. Mnohé jeho časti sú známe turistické oblasti. Najvyššie sú Vysoké Tatry, ktoré v roku 1994 kandidovali na Zimné olympijské hry, a v centre Slovenska sú Nízke Tatry. Najväčšie nížiny sú Podunajská a Východoslovenská. Slovenské rieky – Dunaj, Váh, Hron, Hornád, Bodrog a ďalšie – tečú na juh do Čierneho mora, len Dunajec na severe tečie do Baltického mora. Na Slovensku sú mnohé jaskyne a liečivé pramene. Slovenské kúpele poskytujú liečenie či možnosti rekreácie pre našich i zahraničných pacientov aj turistov.

Slovensko je priemyselno-poľnohospodárska krajina. Je tu predovšetkým strojársky, chemický, hutnícky, drevársky a pivovarnícky priemysel. Poľnohospodárstvo sa orientuje najmä na živočíšnu výrobu – chová sa tu dobytok, ošípané, ovce, kone a hydina. Rozsiahla je však aj rastlinná výroba – pestuje sa obilie, cukrová repa, zemiaky, chmeľ, vinič, ovocie aj zelenina, niekde i tabak.

Žiaľ, mnohé priemyselné oblasti Slovenska majú veľmi znečistené životné prostredie, pretože po niekoľko desaťročí továrne takmer beztrestne vypúšťali škodlivé látky do ovzdušia a znečisťovali aj rieky. Teraz bude zas možno trvať niekoľko desaťročí, kým sa znečistenie odstráni a škody napravia.

Slovensko obývajú Slováci už vyše 14 storočí, ale samostatná Slovenská republika vznikla až 1. januára 1993. Od 1. mája 2004 je Slovensko členom Európskej únie.

Ešte nie mnohí cudzinci poznajú krásy Slovenska, jeho bohatú históriu a dynamickú súčasnosť. Slovensko však nosia v srdci nielen tí, ktorí ho obývajú, ale aj mnohí ľudia blízko i ďaleko od jeho hraníc.

---

hranica, -e; -e, hraníc *F* border *(when referring to the borders surrounding a country, in Slovak the plural is used)*
hutnícky *F* metallurgic
chemický *Adj* chemical
chmeľ, -u *(usually only Sg) M* hops
chovať, -ám, -ajú *NP + Acc* to breed, to deal with animal husbandry
interný *Adj* internal
Jakub, -a; -ovia, -ov *M* Jacob
jaskyňa, -ne; -ne, jaskýň *F* cave
jazero, -a; -á, jazier *N* lake
kandidovať, -ujem, -ujú *NP (+ na + Acc)* to run for, to be the candidate for
Karpaty, Karpát *Pl* the Carpathians
katedrála, -y; -y, katedrál *F* cathedral

kompetenčný *Adj* pertaining to competence or professionalism
kostol, a; -y, -ov *M* church
kôň, koňa; kone, koní *M* horse
krajina, -y; -y, krajín *F* country
krása, -y; -y, krás *F + Gen* the beauty of *(in Slovak often the plural is used when referring to the beauty of a country or countryside)*
kúpele, -ľov *(only Pl)* spa(s)
ľadový *Adj* ice, pertaining to ice
látka, -y; -y, -tok *F* substance
les, -a; -y, -ov *M* forest, wood
liečivý *Adj* therapeutic
ľudový *Adj* folk
majster, -stra; -stri, -strov *M* maestro, master
malebný *Adj* picturesque

Novinová správa

NIEKTORÉ SLOVENSKÉ MESTÁ

Banská Bystrica, -ej -e *F*
Banská Štiavnica, -ej -e *F*
Bardejov, -a *M*
Bratislava, -y *F*
Brezno, -a *N*
Čadca, -e *F*
Detva, -y *F*
Dunajská Streda, -ej -y *F*
Fiľakovo, -a *N*
Gabčíkovo, -a *N*
Ilava, -y *F*
Komárno, -a *N*

Košice, Košíc *Pl*
Kysucké Nové Mesto, -ého -ého -a *N*
Levoča, -e *F*
Leopoldov, -a *M*
Liptovský Mikuláš, -ého -a *M*
Lučenec, -nca *M*
Martin, -a *M*
Modra, -y *F*
Mochovce, Mochoviec *Pl*
Myjava, -y *F*
Nitra, -y *F*
Nová Baňa, -ej -e *F*
Nové Zámky, ých -ov *Pl*
Partizánske, -eho *N*
Pezinok, -nka *M*
Piešťany, Piešťan *Pl*
Poprad, -u *M*
Považská Bystrica, -ej -e *F*
Prešov, -a *M*
Prievidza, -e *F*
Rožňava, -y *F*
Ružomberok, -rka *M*
Sládkovičovo, -a *N*
Stupava, -y *F*
Svidník, -a *M*
Trenčín, -a *M*
Trenčianske Teplice, -ych Teplíc *Pl*
Trnava, -y *F*
Zvolen, -a *M*
Žilina, -y *F*

Malé Karpaty, Malých Karpát *Pl*   the Little Carpathians
míľa, -e; -e, míľ *F* mile
more, -a; -ia, -í *N*   sea
možnosť, -ti; -ti, -tí *F + Gen*   possibility
na celom svete   in the whole world
napájať, -am, -ajú *NP (+ na + Acc)*   to be connecting (to)
napraviť, -ím, -ia *P + Acc*   to put right, to remedy
národná kultúrna pamiatka *F* national cultural landmark
navštíviť, -ím, -ia *P*   to visit
Nízke Tatry, Nízkych Tatier *Pl*   the Low Tatras
nížina, -y; -y, nížin *F*   the lowlands
nosiť, -ím, -ia *NP + Acc*   to be carrying, to carry;
    nosiť v srdci to carry in one's heart
novinový *Adj* pertaining to newspapers
oblasť, -ti; -ti, -tí *F*   area

obrázok, -zka; -zky, -zkov *M*   picture (photograph, (little) drawing or reprint of a picture)
obývať, -am, -ajú *NP + Acc*   to inhabit
od *+ Gen*   (away) from
odborník, -a; -ci, -kov *M*   specialist
odstrániť, -ím, -ia *P + Acc*   to do away with
ohraničovať, -ujem, -ujú *NP + Acc*   to form the border of
oltár, -a; -e, -ov *M*   altar
Olympijské hry *Pl*   Olympic Games
olympijský *Adj*   Olympic
orientovať sa, -ujem sa, -ujú sa *NP (+ na + Acc)* to be oriented (upon)
ošípaná, -ej; -é, -ých *(declined as Adj) F*   pig
ovca, -e; -e, oviec *F*   sheep
ovzdušie, -ia *(only Sg) N*   atmosphere

NIEKOĽKO „NAJ-"

Najvyššia hora na Slovensku je Gerlach alebo Gerlachovský štít (2 655 m, t. j. 8 710 stôp). Je zaujímavé, že až do 16. storočia bol najvyšší Slavkovský štít, ale znížilo ho zemetrasenie.

Najväčšie a najhlbšie prirodzené jazero je Veľké Hincovo Pleso vo Vysokých Tatrách. Má 182 000 štvorcových metrov a je 53 m (174 stôp) hlboké.

Najdlhšia rieka je Váh (390 km, t. j. 242 míľ).

Najstaršia známa ľadová jaskyňa v Európe je Dobšinská ľadová jaskyňa.

Najvyšší vodopád je Vysoký vodopád pri Komašove (85 m, t. j. 279 stôp). Druhý najvyšší vodopád je Kmeťov vodopád vo Vysokých Tatrách.

Najvyššie položený hrad je Muráň. Je vo výške 938 m (3 077 stôp).

Najväčší zo sto sedemdesiatich slovenských hradov je Spišský hrad – je to aj najväčší hrad v strednej Európe.

3.1 FORMING ADVERBS FROM ADJECTIVES
Tvorenie prísloviek z prídavných mien

13.1.1 Similarly to English, also in Slovak adjectives often serve as the basis for forming adverbs. In Slovak this is carried out with the help of the suffixes -o, -e, -y.

Adj	Adv suffix	Adv	
rýchly	-o	rýchlo	quickly
pekný	-e	pekne	nicely
pomalý	-y	pomaly	slowly

The predictability of the distribution of these suffixes is rather limited, hence the form of the adverb should preferably be learned by heart.

13.1.2 **-y** is
a) fully predictable with adverbs ending in -ský/cký, e.g. slovenský – slovensky, sympatický – sympaticky;
b) used with some adjectives ending in -lý, e.g. pomalý – pomaly; but: veselý – veselo.

13.1.3 **-e** is frequent in cases when:
a) the adverb is formed from a participle, e.g. unaviť (to tire) – unavený – unavene (in a tired way);
b) the adjective ends in -ný, e.g. pekný –pekne, zábavný – zábavne; but: dávny – dávno, rovný (straight) – rovno.

13.1.4 **-o** is frequent in cases when:
a) the adjective ends in -avý, -ivý, -istý, -vý: zaujímavý – zaujímavo, sivý - sivo, mladistvý (youthful) – mladistvo;
b) the adjective ends in -lý, e.g. smelý (brave) – smelo; but: pomalý – pomaly,
c) the adjective ends in -ký (but not -ský/cký, see 13.1.2), e.g. ďaleký – ďaleko, sladký – sladko; but: slovenský – slovensky, umelecký – umelecky;
d) the adjective ends in -tý, e.g. žltý – žlto, bohatý – bohato.

13.1.5 With a number of adverbs both -e or -o can be used, e.g. rýchle/rýchlo, dôležite/dôležito, umele/umelo (artificially).

13.1.6 As the predictability of the suffixes for forming adverbs from adjectives is both rather limited and non-transparent, it is not advisable to attempt to form the adverbs, but their form should be learned from the dictionary, e.g. dobrý – dobre, mladý – mlado.

pacient, -a; -i, -ov M   patient
pamätať sa, -ám sa, -ajú sa NP (+ na + Acc) to remember, to recall
pamiatka, -y; -y, -tok F   landmark; souvenir
pes, psa; psi/psy, psov M   dog
pivovarnícky Adj   pertaining to breweries, beer-producing
plán, -u; -y, -ov M   plan
pleso, -a; -á, plies N   moraine lake
počítať, -am, -ajú NP + Acc   to count sth
podrobný Adj   detailed
podunajský Adj   Danubian, pertaining to the area along the Danube
pohorie, -ia; -ia, -í N   mountain range
poľnohospodársky Adj   agricultural
poľnohospodárstvo, -a (usually only Sg) N   agriculture
položený Adj   located, situated

poskytovať, -ujem, -ujú NP + Acc + pre + Acc   to offer, to provide sth for
prameň, -a; -ne, -ov M   (mineral or thermal) spring
prezentácia, -ie; -ie, -ii F   presentation
priamy Adj   direct
priemyselno-poľnohospodársky Adj   industrial-agricultural
priemyselný Adj   industrial
prirodzený Adj   natural, not man-made
prostredie, -ia; -ia, -í N   environment
rastlinná výroba F   crop production and horticulture
rastlinný Adj   pertaining to plants
rekreácia, -ie; -ie, -ii F   holiday making
renesančný Adj   pertaining to renaissance
repa, -y; -y, riep F   beet
rieka, -y; -y, riek F   river

13.2 DEGREES OF COMPARISON OF ADVERBS
Stupňovanie prísloviek

13.2.1 Adverbs ending in *-o, -e, -y* can form degrees of comparison. These are formed in a regular or irregular way, in both cases containing:

Basic Form	Comparative	Superlative
-o/-y	-šie	naj- -šie
veselo	veselšie	najveselšie
pomaly	pomalšie	najpomalšie
-o/-e/-y	-ejšie	naj- -ejšie
rýchlo	rýchlejšie	najrýchlejšie
prekvapene	prekvapenejšie	najprekvapenejšie
priateľsky	priateľskejšie	najpriateľskejšie

As you will note, the endings of degrees of comparison correspond to those of Neuter Sg or to Pl of degrees of comparison of adjectives.

13.2.2 With adverbs ending in *-o/y* the distribution of *-šie* and *-ejšie* is analogous to the situation with adjectives (see 12.2.3 and 12.2.4), e.g.:
novšie, najnovšie; šťastnejšie, najšťastnejšie.

13.2.3 Adverbs ending in *-e* as a rule form the degrees of comparison with the ending *-ejšie*, e.g. *prekvapenejšie.*

13.3.4 The changes of the word root that occur in adjectives (see 12.2.3 b) analogously occur also in adverbs, e.g. *krátko – kratšie, vysoko – vyššie, nízko – nižšie.*

13.2.5 The degrees of comparison of the following adverbs (some of them not ending in *-o, -e, -y*) are formed irregularly:

dobre	lepšie	najlepšie
zle	horšie	najhoršie
pekne/krásne	krajšie	najkrajšie
ďaleko	ďalej	najďalej
málo	menej	najmenej
mnoho/veľa/veľmi	viac	najviac
skoro	skôr	najskôr

13.2.6 The predicative *rád, -a, -o; -i/-y* can also form degrees of comparison, and these are similar to the forms of ďaleko and málo, i.e.

rád, -a, -o; -i/-y	radšej	najradšej

13.2.7 When making comparisons, as the equivalent of the English *than* Slovak uses *ako* or *než* (cf. with comparison of adjectives in 12.2.6), e.g.

On varí lepšie ako/než ja.	He cooks better than I do.
Jeho auto ide rýchlejšie ako/než moje.	His car goes faster than mine.
Otec hovorí po anglicky lepšie ako/než mama.	Father speaks English better than mother does.

Note that the verb is not repeated after the second item compared.

13.2.8 When making parallel comparisons of the type *the more ... the better*, Slovak, similarly to the situation with adjectives (see 12.2.7) uses

čím ...., tým ....
Čím skôr prídeš, tým lepšie.
The sooner you come, the better.

13.3 CONDITIONAL MOOD
Podmieňovací spôsob

13.3.1 In Slovak the present conditional is formed by means of the conditional particle *by* and the past tense form of the verb, i.e. the conjugated *byť* and the *-l* form of the verb, i.e.

by + conjugated byť + ... -l(a/o/i)

Ja by som išiel domov.	I would go home.
Išiel by som domov.	,,

By takes the second syntactic place (slot), and then comes the conjugated *byť*. If *sa* or *si* are present, they come after the conjugated *byť*, e.g.

Ja by som si kúpil slovník.	I would buy a dictionary.
Kúpil by som si slovník.	,,
Vy by ste sa išli učiť?	You would go to study?
Išli by ste sa učiť?	,,

(Unless differentiated by stress and intonation, the above pairs of sentences with and without the pronoun as subject have basically the same meaning.) The present conditional expresses the so-called real condition, i.e. what could possibly happen.

Róm, -a; -ovia, -ov *M*   Romany, Gypsy
rozsiahly *Adj*   extensive
Rusín, -a; -i, -ov *M*   Ruthenian
samotný, -á, -é *Adj*   itself *(it precedes the modified noun:*
   samotná Levoča – *Levoča itself)*
severovýchodný *Adj*   north-eastern;
   na severovýchodnom Slovensku in north-eastern Slovakia
sieť, -te; -te, -tí *F*   network
sľúbiť, -im, -ia *P + Acc*   to promise
slúžiť, -im, -ia *NP (+ na + Acc + pre + Acc)* to serve (for sth for sb)
software/softvér [softvér], -ru; -ry, -rov *M*   software
správa, -y; -y, správ *F*   news; **novinová správa**   newspaper news
stopa, -y; -y, stôp *F*   foot (measure of length)
stredoeurópsky *F*   Central European
strojársky *Adj*   pertaining to machine engineering

sused, -a; -ia, -ov *M*   neighbour
svätý *Adj*   saint
svetoznámy *Adj*   world-renowned
škoda, -y; -y, škôd *F*   damage
školenie, -ia; -ia, -í *N*   briefing, training
špecialista, -u; -i, -ov *M*   specialist
štít, -u; -y, -ov *M*   peak
štvorcový *Adj*   square
tabak, -u *(usually only Sg) M*   tobacco
technický *Adj*   technological, technical
technika, -y; -y, technik *F*   technology, technical equipment
tiecť, tečie *(no 1st and 2nd Pers Sg or Pl)*, tečú; *Past* tiekol
   NP (+ do + Acc)   to flow (into)
t. j. *(abbreviated from* **to jest)**   i.e. (that is)
tohtoročný *Adj*   pertaining to this year, this year's

13.3.2 In Slovak there also exists the past conditional the form of which is basically the same as that of the present conditional, but, in addition, it contains *bol*, *-a, -o; -i*, i.e. the past tense of *byť*, e.g.

Ja	by som bol čítal.	I would have read.
Potom	by som bol čítal.	Then I would have read.
Bol	by som čítal.	I would have read.

When the subject is present, or the sentence is introduced by an adverb, *bol* is placed after the conjugated *byť*, otherwise it takes the initial position. The past conditional expresses the so-called unreal condition, i.e. something that could have happened but did not.

13.4 CONDITIONAL SENTENCES
Podmieňovacie súvetia

13.4.1 Just as in English, Slovak conditional sentences referring to the present or future real condition can also be formed without the conditional mood itself, only with the help of the conjunctions *ak* (if) or *keď* (when). The verbs are in the present or future tense in the clause (sentence part) with the conditional conjunction while in the other clause in the future tense (for future tense see 14.2), e.g.

Ak/Keď potrebuješ tú knihu, prinesiem ju.
If you need that book I will bring it.

Ak/Keď chceš, budem tam.
If you want (me to), I will be there.

Ak/Keď budeš chcieť, budem šoférovať.
If you would like me to, I will drive.

13.4.2 Conditional sentences expressing real condition can also use the conditional mood, and then they have the following structure:

Ak by/Keby	+ *byť* + Subj + ...-l +Obj, ...-l +	by + *byť* + Obj
Ak by/Keby	si (ty) chcel tú knihu, prinesiol	by som ju.

Ak by/Keby	+ *byť* + Subj +Obj, +...-l Subj +	by + *byť* + Obj + ...-l
Ak by/Keby	si (ty) tú knihu chcel, ja	by som ju priniesol.

If you needed that book, I would bring it (to you).

13.4.3 Conditional sentences expressing unreal conditions have the following structure:

Keby	+ *byť* +	Subj/Obj + bol +....-l, + Obj + bol + by + *byť* + Obj + ...-l
Keby	si	(ty) bol chcel tú knihu, bol by som ju priniesol.

If you had needed that book, I would have brought it for you.

| Keby som to bol vedel, | nebol by som tam šiel. |

If I had known about it, I would not have gone there.

In unreal conditional sentences *bol* comes before the *-l* form in the first clause and it introduces the second clause if the subject or an adverb are not present in it; if they are present, *bol* comes before the *-l* form. The *-l* form is placed at the end of the sentence.

13.4.4 Similarly to the situation in English, in all types of conditional sentences the order of the clauses can be reversed, e.g.

Ak chceš, opravím to.	Opravím to, ak chceš.
If you want me to,	I will repair it.
I will repair it	if you want me to.

13.5 *SA* AS AN IMPERSONAL OR PASSIVE REFLEXIVE FORMANT
Sa ako neosobný alebo pasívny zvratný formant

13.5.0 So far we have met *sa* as:
a) a reflexive formant (or pronoun), e.g.
naučím sa (I will learn, *literally „I will teach myself"*);
b) a rather desemantized formant as part of the form of the verb, e.g.
pýtam sa (I am asking);
c) a formant expressing reciprocal activity, e.g.
rozprávať sa (to speak with each other) as against *rozprávať* (to speak).

13.5.1 In addition, *sa* can be used to form impersonal passive statements, e.g.
literatúra sa písala (literature was written), *odstráni sa* (will be removed), *orientuje sa* (is oriented). Hence e.g. the translation of the English:

it must be done	is:	musí sa to urobiť
it is written there	is:	píše sa tam
vine is grown there	is:	pestuje sa tam vinič

13.5.2 *Sa* can also be used to translate English impersonal statements or general statements containing *one* or *you*, e.g.

that is not supposed to be done	to sa nerobí
one should not forget about it	na to sa nesmie zabudnúť
you do not eat that fruit	to ovocie sa neje

---

továreň, -rne; -rne, -rni *F* factory
tretina, -y; -y, tretín *F* (one) third
turista, -u; -i, -ov *M* tourist
turistický *Adj* tourist
tvoriť, -ím, -ia *NP + Acc* to form, to be formed by
únia, -ie; -ie, íí *F* union
územie, -ia; -ia, -í *N* territory
videotechnika, -y; -y, videotechník *F* video-technology, video-technical equipment
Vihorlat, -u *M* the Vihorlat (mountain)
vinič, -a; -e, -ov *M* vine
vnútrozemský *Adj* landlocked
vodopád, -u; -y, -ov *M* waterfall
vyhlásený *Adj* declared
vyhlásiť, -ím, -ia *P + Acc* to declare

13.5.3 *Sa* takes its usual second syntactic position (slot), unless preceded by *by*, e.g.

študovala by sa tam matematika	mathematics would be studied there

13.6 ADJECTIVES PERTAINING TO NATIONALITIES
Prídavné mená týkajúce sa národností

13.6.1 Related to names of countries (see 8.3) and names of members of nationalities (see 9.5) are the respective adjectives.

13.6.2 Adjectives pertaining to nationalities are formed in the following ways (only the masculine form is stated here):

  a) If the name of the country ends in *-sko/cko*, the final *-o* in it is dropped and replaced by the adjectival endings *-ý/y,* e.g.
  Slovensko – slovenský, Anglicko – anglický, Francúzsko – francúzsky.

  b) If the name of the country ends in *-a, -ia,* these are dropped and *-ský* is added in all cases except when the ending is preceded by *-k-* when *-cký* is added, e.g.
  Európa - európsky, Kanada - kanadský, Amerika – americký.

  c) If the name of the country does not end in *-sko/cko* or *-(i)a,* the ending *-ský* is added, e.g.
  Senegal – senegalský, Jemen – jemenský.
  Some changes of the final consonants can occur, e.g.
  Kongo – konžský (for those check the forms in a dictionary).

13.6.3 Note that while the name of the country is capitalized, the relevant adjective, in contrast to English, is not capitalized in Slovak, e.g.
American literature – *americká literatúra*
Slovak študent – *slovenský študent.*
The adjective pertaining to nationality is capitalized only when it is the initial word in a proper name, e.g.
Slovak Republic – *Slovenská republika;*
but United States of America – *Spojené štáty americké.*

13.7 ADVERBS PERTAINING TO LANGUAGES
Príslovky vyjadrujúce, v akej reči

13.7.1 Adverbs pertaining to languages are formed from the respective adjectives by dropping the final vowel and adding *-y,* and they are preceded by *po,* e.g.

po anglicky *–(in) English*   **po slovensky** *– (in) Slovak*
po čínsky   *–(in) Chinese* **po nemecky** *– (in) German*

The types of phrases in which they occur can be exemplified by the following sentences:

Ako hovoria? Po francúzsky.	**What are they speaking? French.**
"	**In what language are they speaking? In French.**
Neviem hovoriť po čínsky.	**I cannot speak Chinese.**
Rozumiete po japonsky?	**Can you understand Japanese?**
Povedal to po španielsky.	**He said it in Spanish.**

13.7.2 As you have noted, adverbs pertaining to languages are not capitalized, e.g. *po slovensky, po anglicky.*

CVIČENIA

I. Odpovedzte

1. Čo si Peter kúpil?
2. Prečo?
3. Aké mestá chce navštíviť?
4. Aká národná kultúrna pamiatka je v Levoči?
5. Čo svetoznáme je v Levoči?
6. Čo zaujímavé majú Čičmany?
7. Prečo chce Mária, aby navštívili Košice?
8. Na aký výlet ešte chce vziať Petra?

II. Ukážte na mape Slovenska:

a) Čičmany, Levoču, Žilinu, Košice, Trenčín;
b) ďalšie slovenské mestá, ktoré sú na strane 106

III. Odpovedzte:

1. Aké slovenské mestá ste už navštívili?
2. Čo je tam zaujímavé?
3. Navštívili ste už niektoré slovenské pohoria?
4. Navštívili ste už vy alebo vaši rodičia niektoré slovenské kúpele?
5. Boli ste už niekedy v jaskyni? Kde?
6. Má Slovensko more?
7. Sú na Slovensku nejaké lesy?
8. Aký priemysel je na Slovensku?
9. Čo sa pestuje na Slovensku?
10. Je životné prostredie všade na Slovensku zdravé?
11. Sú Slováci mladý národ?
12. Ako dlho obývajú Slováci Slovensko?
13. Kedy vznikla Slovenská republika?
14. Kto sú susedia Slovenska?
15. Aké národnosti žijú na Slovensku?

východoslovenský *Adj* East Slovak
vypúšťať, -am, -ajú *NP + Acc* to be letting out, to be emitting
vyrezávať, -am, -ajú *NP + Acc* to carve
výroba, -y; -y, výrob *F* production
Vysoké Tatry, Vysokých Tatier *Pl* the High Tatras
výška, -y; -y, výšok *F* altitude
vzniknúť, -ne *(no 1st or 2nd Pers Sg or Pl),* -nú; *Past* vznikol *P* to arise
zabudnúť, -dnem, -dnú; *Past* zabudol *P* (+ na + Acc) to forget
založiť, -ím, -ia *P + Acc* to found, to establish
zamestnávať, -am, -ajú *NP + Acc* to be employing, to employ

IV. Answer by using complete sentences:

Kto z vašej rodiny (Who from your family):
1. vie najlepšie variť **2.** vie najkrajšie písať **3.** vie najlepšie pracovať na počítači **4.** vie najlepšie po slovensky **5.** pije najviac piva **6.** má najviac peňazí **7.** najrýchlejšie šoféruje **8.** chodí najviac autobusom **9.** cestuje najviac lietadlom **10.** najviac pracuje **11.** najradšej chodí na bicykli **12.** má najväčšie šťastie **13.** má najviac detí **14.** má najväčší byt alebo dom **15.** najmenej rozpráva **16.** vie najlepšie spievať **17.** je najkrajší **18.** je najpríjemnejší **19.** je najšikovnejší **20.** je najhorší **21.** je najmladší **22.** je najstarší **23.** je najmúdrejší **24.** je najtučnejší **25.** je najhlučnejší **26.** je najsympatickejší **27.** je najzábavnejší?

V. Odpovedzte:

1. Čo robíte doma najradšej?
2. Čo viete robiť najrýchlejšie?
3. Čo najčastejšie jete?
4. Čoho máte najmenej?
5. Aký obchod máte najbližšie?
6. Čo kupujete najčastejšie?
7. Čo najčastejšie pijete?
8. Čo máte bližšie – bankomat alebo banku?
9. Kedy sa máte najhoršie?
10. Koho vidíte častejšie – svoju rodinu alebo svojich kolegov a kolegyne?
11. Čo máte radšej – zimu alebo leto?
12. Ako chodíte častejšie – autom alebo autobusom?
13. Ako viete lepšie – po anglicky alebo po slovensky?
14. Čo myslíte, kde na svete je najlepšie?

VI. Preložte do slovenčiny:

1. You must do it quickly.
2. We do not live very far.
3. Could you do it better?
4. Ján is studying more than Jozef.
5. Our car goes faster than yours.
6. They are living more comfortably than we are.
7. We bought it cheaper.
8. Unfortunately, Slovaks smoke more than Americans do.
9. Our daughter studies better than theirs.

10. He spoke in the most interesting way.
11. They brought the most modern technology.
12. It is their newest company.
13. They employ the best Slovak specialists.
14. The information network serves for direct technical assistance.
15. We have at our disposal the most recent (newest) information.

VII. Odpovedzte:

Máte telefón? Máte fax? Máte e-mail? Ak áno:
Čo používate najčastejšie?
Za čo najviac platíte?
Čo je najlacnejšie?
Čo vám (to you) najviac pomáha?
Čo vám robí najväčšie problémy?
Čo vám dáva najviac informácií?
Chodíte na služobné cesty?
Nosíte si svoj počítač?

VIII. Odpovedzte:

1. Ako sa volá najvyššie slovenské pohorie?
2. Kde je?
3. Je na Slovensku viac nížin alebo pohorí?
4. Kde sú najväčšie nížiny?
5. Tečú všetky slovenské rieky na juh?
6. Sú rieky na Slovensku znečistené?
7. Kto do nich vypúšťa škodlivé látky?
8. Poznáte nejaké slovenské mestá, kde sú veľké elektrárne?
9. Poznáte nejaké hrady alebo zámky?
10. Bývajú na Slovensku nejakí vaši príbuzní?
11. Kde bývajú?

zaujímať, -am, -ajú *NP + Acc* to be of interest to; to be interested in
zaujíma ho architektúra he is interested in architecture
zemetrasenie, -nia; -nia, -ní *N* earthquake
získavať, -am, -ajú *NP + Acc* to be acquiring
známy *Adj* (well-)known
znečistený *Adj* polluted
znečistiť, -ím, -ia *P + Acc* to pollute
znečisťovať, -ujem, -ujú *NP* to be polluting
znížiť, -i, -ia *P + Acc* to lower sth
zreštaurovaný *Adj* restored
zreštaurovať, -ujem, -ujú *P* to restore
živočíšna výroba *F* livestock production
živočíšny *Adj* pertaining to animals
životné prostredie *N* (ecological) environment

IX. Fill in the blanks in the following sentences:

1. ...... som mal čas, prišiel by som.
2. ...... budem mať čas, prídem.
3. ...... by si mohol prísť?
4. Keby som ju bol stretol, ... by som sa jej na to opýtal.
5. Vedeli ..... ste mi povedať, kde býva Peter?
6. Kúpil ..... som si tú knihu, keby som mal peniaze.
7. Nešiel by som tam, ... som nemusel.
8. ..... potrebuješ pomoc, povedz mi.
9. Kedy ..... ste nás mohli navštíviť?
10. Ak by ..... mohol ísť autom, veľmi ..... mi to pomohlo.

X. Odpovedzte:

1. Poznáte dobre svoju krajinu?
2. Čo sa vám tam najviac páči?
3. Žijú tam ľudia šťastne?
4. Aké národnosti tam žijú?
5. Aký je tam oficiálny jazyk?
6. Kedy vznikla vaša krajina?
7. Aké sú vaše najvyššie hory?
8. Aká je vaša najdlhšia rieka?
9. Ktoré sú vaše najpriemyselnejšie oblasti?
10. Je vaše životné prostredie zdravé?
11. Kam chodí najviac obyvateľov vašej krajiny na výlety a na prázdniny?
12. Ako tam najčastejšie cestujú?

XI. Preložte do angličtiny:

1. Učia sa tam hovoriť po nemecky.
2. Už sa to musí urobiť.
3. Kúpil som si noviny.
4. Píše sa tam, aké máme problémy.
5. Na Slovensku sa pomaranče nepestujú.
6. Strýko sa prišiel pozrieť, kde bývame.
7. Znečistenie sa musí odstrániť.
8. Kedy sa to musí napísať?
9. Na to sa nesmie zabudnúť.
10. Aké jazyky sa učíte?
11. To sa nesmie robiť.
12. Nemôže sa tam prísť neskoro.
13. Videli sa asi hodinu.
14. Rozprávali sa.
15. Začali sa mať radi.

XII. Preložte do slovenčiny:

1. The sooner you come, the better.
2. The more money he received, the more problems he had.
3. The closer they live, the more often we are together.
4. The more often I read Slovak, the better I remember it.
5. The more friends they had, the happier they were.
6. The newer the car you have, the fewer problems you have.
7. The sweeter the cakes are, the worse they are for your health.
8. The longer I knew him, the more I liked him.
9. The sooner we can go there, the better for us.
10. The more often he comes, the more he will get done.

XIII. Change the following phrases into adjectival ones.

Príklad: Čína – bicykel – *čínsky bicykel*
Kanada – hokej, Mexiko – pieseň, Japonsko – gejša, India – oceán, Francúzsko – koňak, Anglicko – futbal, Slovensko – kultúra, Škótsko – whisky, Holandsko – poľnohospodárstvo, Tibet – pohoria, Maďarsko – guláš, Taliansko – umenie, Európa – únia, Egypt – pyramídy, Írsko – more, Vietnam – konflikt, Čechy – pivo, Rusko – auto, Amerika – život, Švédsko – diplomat, Švajčiarsko – banka, Grécko – história

XIV. Odpovedzte:

1. Ako viete hovoriť? Ako rozumiete?
2. Ako vie hovoriť váš/vaša: otec, matka, syn, dcéra, brat, sestra?
3. Ako hovoria ľudia vo Švajčiarsku?
4. Ako hovoria ľudia v Kanade?
5. Ako hovoria delegáti v OSN (v Organizácii Spojených národov – UNO)?
6. Ako vedia hovoriť Američania?
7. Ako hovoria ľudia v Bratislave?

XV. Opýtajte sa priateľa/priateľky, čo by robil/a:

1. if (s)he had a million crowns;
2. if (s)he had 10 children;
3. if (s)he had a castle.
   Odpoveď napíšte.

XVI. Prečítajte si:

Bohatá pani poslala svojho psa študovať do školy.
Po mesiaci sa ho pýta:
Pani: Bobinko, ako sa ti páči škola?
Pes : Hav, hav.
Pani: Vieš už písať?
Pes : Hav, hav.
Pani: A vieš už aj počítať?
Pes : Hav, hav.
Pani: A koľko je toto *(ukázala tri prsty)*?
Pes : Hav, hav, hav.
Pani: A vieš už aj nejaký cudzí jazyk?
Pes : Mňau, mňau.

XVII. Čo by mohli povedať tí, čo sú na obrázkoch?

XX. Naučte sa spievať pieseň: ▶

XVIII. Krížovka

Nájdite odpoveď na otázku:
Kto je tvoj najlepší priateľ?

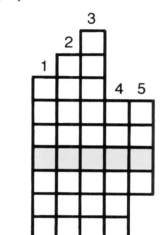

1 cave
2 technology
3 harmful
4 rich
5 castle

XIX. Naučte sa porekadlo:

Ako sa do hory volá,
tak sa z hory ozýva.

(What goes around, comes around.)

Po nábreží koník beží

Mierne

Po ná - bre - ží   ko - ník be - ží,   ko - ník vra - ný,   Ska - diaľ som
ska - diaľ - že si,   šu - ha - jí - ček   ma - ľo - va - ný?

sta - diaľ som.   Slo - ven - stva syn   ver - ný som   du - ša mo - ja.

2. A pod lipkou a nad lipkou iskieročka,
skadeže si, moja milá frajeróčka?
Skadiaľ som, stadiaľ som,
slovenského rodu som,
duša moja!

3. Z tej jedličky dve hrdličky na tú lúčku,
ja som Slovák, ty Slovenka, daj mi rúčku!
Rúčku ti podávam,
tebe verná zostávam,
duša moja!

Korešpondencia

Bratislava 15. novembra

Drahá mamička a ocko,

srdečne Vás pozdravujem. Do Bratislavy sme pricestovali dobre, len sme boli dosť unavení, lebo vo vlaku sme aji trochu nespali. Dnes sa mi vôbec nechcelo vstávať. U nás v Žiline sme sa mali veľmi dobre, vďaka za všetko. Pozdravujte od nás starých rodičov – fajn, že nás prišli pozrieť aj oni.

Tak už zas študujeme. Ale myslíme aj na kultúru. Ako vieš, Peter sa tiež zaujíma o divadlo, a tak v sobotu pôjdeme na operu. Hlavné úlohy budú spievať Peter Dvorský a Sergej Kopčák, tak už sa veľmi teším. V únore by sme chceli vidieť jednu novú hru. Je to komédia a má výborné obsadenie, hrajú tam naši najlepší herci a herečky a má veľký úspech. Keď na jar budete mať dovolenku, mali by ste si ju tiež prísť pozrieť. Podľa toho, čo sme počuli, určite sa po celý čas budete smiať a dobre sa zabavíte. Nová scéna dáva dobrý muzikál, my sme ho videli pred mesiacom, aj ten by ste mali vidieť. Len mi dajte vopred vedieť, kedy prídete, aby som Vám kúpila lístky, lebo sú často vypredané. Radi by sme išli aj na džezový festival a na Bratislavské hudobné slávnosti, ak dostaneme lístky.

Cez semester na šport človek nemá veľa času, ale chodím aspoň plávať a behať. A na jar budem môcť zas hrať tenis.

Zajtra pôjdem na večierok. Moja kamarátka Elena má narodeniny a pripravuje oslavu u nich doma. Ešte jej musím kúpiť darček. Asi tam pôjdem sama, lebo Peter, myslím, ide na basketbalový zápas.

Ako som Vám hovorila, budem mať len tri skúšky, a keď aj Peter urobí skúšky, pôjdeme do Levoče a do Košíc. Teba mi písala, že budeme môcť u nej bývať.

Budem končiť, lebo ešte sa mám na zajtra učiť históriu. Povedzte Miškovi, nech nechodí stále na bicykli, ale radšej nech sa učí, aby mal dobré vysvedčenie.

Takže ahojte a majte sa dobre. Ak by ste mi náhodou chceli poslať nejaké peniaze, nerátajte – určite sa zídu.
Objíma a bozkáva Vás Vaša
Maja

P.S. Pozdravuje Vás aj Peter. Aj on Vám čoskoro napíše list.

Pohľadnice a pozdravy

Z výletu:

> Srdečný pozdrav z výletu po Tyrokých
> Tatrách Vám posielajú
>
>   Mária a Peter
> P.S. Počasie je krásne. V Košiciach aj
>   v Levoči bolo fajn. Škoda, že zajtra
>   už ideme späť do Bratislavy.

Na Vianoce:

> Príjemné a požehnané vianočné sviatky
> Vám zo srdca želá
>
>   rodina Hrádka

Na Nový rok:

> šťastný Nový rok, veľa zdravia,
> spokojnosti a lásky Vám
> úprimne želajú
>   Jozef a Eva

Na Veľkú noc:

> Veselé veľkonočné sviatky a diev-
> čatám veľa vody srdečne žela-
> jú dedko a babka

Na narodeniny:

> Srdečne Ti blahoželáme k Tvojim
> narodeninám a želáme Ti všetko
> najlepšie.
>   S láskou
>   mama a otec

SLOVNÍK

ani   not even
ale   but, however
basketbalový *Adj*   pertaining to basketball
behať, -ám, -ajú *NP*   to be running
bezdrôtový *Adj*   cordless
blahoželať, -ám, -ajú *NP (+ Dat + k + Dat)*   to congratulate
   (sb on sth)
bozkávať, -am, -ajú *NP + Acc*   to be kissing
často *Adv*   often
človek, -a; ľudia, ľudí *M*   one, you *(impersonal generic
   reference to a person or people in general)*
činohra, -y; -y, -hier *F*   drama theatre

čoskoro *Adv*   soon
darček, -a; -y, -ov *M*   (small) present
dedko, -a; -ovia, -ov *M (Coll, expresses endearment)*   grandpa
distribuovať, -uujem, -uujú *NP + Acc*   to distribute
distribútor, -a; -i, -ov *M*   distributor
divadlo, -a; -á, divadiel *N*   theatre
dobierka, -y; -y, -rok *F*   cash on delivery;
   na dobierku   (as) cash on delivery mail
doluuvedený *Adj*   hereunder stated
doručený *Adj*   delivered
dovoliť, -ím, -ia *P + Dat + Acc*   to allow sb sth;
   dovoľte, aby   let me
dovolenka, -y; -y, dovoleniek *F*   vacation, holidays
drahý *Adj*   dear *(used for relatives or close friends)*

Úradné listy

Vážený pane,

dovoľte, aby som Vás poprosil o informáciu. V katalógu Vašej firmy sa píše, že si Vaši zákazníci telefonicky alebo písomne môžu objednať Vaše výrobky.

Chcel by som si objednať Váš bezdrôtový telefón typu T 1, ale neviem, či ho posielate na dobierku, alebo mám poslať peniaze vopred šekom. Prosím, aby ste mi túto informáciu oznámili listom alebo telefonicky na doluuvedenú adresu alebo číslo telefónu. Zároveň prosím, aby ste uviedli, na aký dlhý čas je záruka na Vaše telefóny.

Ďakujem.

S pozdravom

Ján Novák

Milá pani riaditeľka,

Chicago 4. 2. 2005

srdečne Vás pozdravujem a chcela by som Vás poprosiť o láskavosť. Mám veľký záujem o Slovensko. Veľmi rada by som si kúpila knihu Divy Slovenska, ktorú nedávno vydalo Vaše vydavateľstvo. Bohužiaľ, neviem, kto ju distribuuje a kam mám napísať, ani aká je jej cena a či si ju možno kúpiť aj na dobierku. Bola by som Vám veľmi vďačná, keby ste mi mohli letecky alebo faxom poslať adresu distribútora, cenu knižky a poštovného (v korunách alebo dolároch) a informáciu, za aký dlhý čas a ako môže byť doručená do USA. Ak je to možné, pošlite mi, prosím, aj formulár objednávky.

Vopred ďakujem a želám všetko najlepšie

S úctou

Mary Smith

---

džezový *Adj*   pertaining to jazz
faxom   by fax
herec, -rca; -rci, -rcov *M*   actor
herečka, -y; -y, -čiek *F*   actress
hrať, -ám, -ajú *NP*   to play
hudobné slávnosti *F* music festival
hudobný *Adj*   musical
katalóg, -u; -y, -ov *M* catalog
komédia, -ie; -ie, -ií *F* comedy
končiť, -ím, -ia *NP* to be finishing, to finish
korešpondencia, -e *(only Sg) F*   correspondence
láskavosť, -ti; -ti, -tí *F* favor
list, -u; -y, -ov *M*   letter; **listom**   by (a) letter
mamička, -y; -y, -čiek *F (Coll, expresses endearment)*   mom, mommy

mať, mám, majú *+ Inf NP (+ Acc)*   to be expected or obliged to do
Miškovi *Dat*   to Miško
muzikál, -u; -y, -ov *M*   a musical
náhodou *Adv*   by (some/any) chance
na operu   to an opera
napísať, -šem, -šu *P + Acc*   to write
nech *(Imper particle for 3rd Pers)*   may (he/she/they)
nechce sa mi *(+ Inf)*   I do not feel like (doing sth)
objednávka, -y; -y, -vok *F*   order
objímať, -am, -ajú *NP + Acc*   to be embracing/hugging
obsadenie, -ia *(only Sg) N (+ Acc)*   cast (of a play, etc.)
ocko, -a; -ovia, -ov *M (Coll, expresses endearment)*   dad, daddy
od nás   from us
oslava, -y; -y, oslláv *F*   celebration
oznámiť, -im, -ia *P + Acc + Dat*   to announce sth to sb

14.1 PERFECTIVE AND NON-PERFECTIVE VERBS
Dokonavé a nedokonavé slovesá

14.1.0 Although Slovak verbs have only 3 tenses and no continuous or perfective forms of tenses, they can also express the meaning differences that in English are expressed by the numerous verbal forms. In Slovak the most common means to do so are verbal prefixes or suffixes. Their system is rather complex and often specific with individual verbs and their meanings. Perfectiveness and non-perfectiveness of Slovak verbs will be dealt with here only with regard to its relevance for forming the future tense (see 14.2).

14.1.1 Basically, Slovak verbs are divided into perfective (P) and non-perfective (NP).

a) Perfective are e.g. *napísať* (to write), *kúpiť* (to buy), *povedať* (to say). They express completed action.

b) Non-perfective verbs express a continuing or repetitive action, e.g.
písať (to be writing, to write), *kupovať* (to be buying, to buy), *hovoriť* (to be speaking, to speak).
In the vocabulary of this textbook each verb is marked as perfective *(P)* or non-perfective *(NP)*. This division is relevant for forming the future tense (see 14.2).

14.1.2 Most Slovak verbs differentiate perfectivity and non-perfectivity (and other grammatical and/or semantic features) with the help of prefixes and suffixes, e.g.

Perfective	Non-Perfective
dať	dávať
kúpiť	kupovať
nakúpiť	nakupovať
napísať	písať
uvariť	variť
vypiť (drink up)	piť
vydať	vydávať

The examples can also serve to hint at the complexity of the situation. E.g. with *vypiť* the prefix *vy-* has a perfective function, with *vydávať* this is not the case, as *vy-* occurs in both the perfective and imperfective verb in the meaning of *out*. Similarly *na-* can but does not have to differentiate verbs as to their perfectivity, e.g. it differentiates *napísať (P)* from *písať (NP)*, but it occurs with both *nakúpiť (P)* and *nakupovať (NP)*. Moreover, the prefixes can carry their own semantic meaning, e.g. *napísať* – to write (down), *odpísať* – to copy, *prepísať* – to rewrite, *pripísať* – to add (in writing), etc.

On the contrary, if suffixes as *-ovať/uj-, -ávať/áva-*, etc. are added to a verb, usually, but not always, these denote continuous action or repetitiveness, making the verbs non-perfective, e.g. *kúpiť (P)* vs *kupovať (NP)*, but e.g. *potrebovať (NP)* does not have any counterpart without this suffix. Among the most common perfective prefixes are:

do-	dočítať, dojesť, doniesť
na-	napísať, navariť, napočítať
pri-	pripísať, priniesť, prikúpiť
u-	urobiť, uvariť
vy-	vydať, vypiť, vypísať

However, with each occurrence of the above prefixes with different verbs check in the dictionary whether the verb is or is not perfective (see 14.1.2 above).

14.1.4 Some Slovak verbs occur only as non-perfective verbs. These include modal verbs, e.g. *musieť, smieť*, and verbs by their meaning close to modals, e.g. *potrebovať* (see also 14.1.2), *mať* (to be to do sth) (see 14.3).

14.1.4 A small number of Slovak verbs can be both perfective and non-perfective, e.g. *odpovedať* (to answer).

14.2 FUTURE TENSE – Budúci čas

14.2.1 While in English the future tense is formed analytically, i.e. with the help of *will/shall* followed by the infinitive of the verb, e.g. *I will write*, future tense in Slovak is formed in one of the following ways:

a) by using the present tense form of the verb to express future meaning, e.g. *napíšem* (see 14.2.2), or

b) analytically, with the help of the conjugated *byť*, e.g. *budem písať* (see 14.2.3).
The choice of these two possibilities depends on whether the verb is

	Infinitive	Future Tense
a) perfective	**napísať**	**napíšem**
b) non-perfective	**písať**	**budem písať**

14.2.2 Slovak perfective verbs have no present tense meaning. Their present tense form expresses a future meaning, e.g.

dám	I will give
napíšu	they will write
prídeme	we will come

---

písomne *Adv* in writing
plaváreň, -rne; -rne, -rní *F* swimming pool
plávať, -am, -ajú *NP* to swim
po celý čas all the time
podľa + *Acc* by, according to
poprosiť, -ím, -ia *P* + *Acc* + *o* + *Acc* to ask sb for sth
posielať, -am, -ajú *NP* + *Acc* + *Dat* to be sending sth to sb
poštovné, -ého *(only Sg) N* postage
pozdravovať, -ujem, -ujú *NP* + *Acc* to extend or send greetings to
požehnaný *Adj* blessed
pred + *Instr* before, ago; **pred mesiacom** a month ago
pricestovať, -ujem, -ujú *P* to arrive (after travelling)
program, -u; -y, -ov *M* program
P. S. *(Abbr from Latin)* **post scriptum** *(in correspondence introduces an afterthought)*

radosť, -ti *(only Sg) F* joy
radšej *Adj* (should) better, preferably
riaditeľ, -ľa; -lia, -ľov *M* director
riaditeľka, -y; -y, riaditeliek *F* female director
s + *Instr* with; **s láskou** with love; **s pozdravom** sincerely *(literally: with a greeting)*
sám, sama, samo, sami alone, by oneself
scéna, -y; -y, scén *F* scene
smiať sa, smejem sa, smejú sa; *Past* smial sa *NP* to laugh
srdečne *Adj* cordially *(used in correspondence as English sincerely)*
srdečný *Adj* cordial; **srdečný pozdrav** sincere greetings
s úctou with respects
stále all the time
sviatok, -tku; -tky, -tkov *M* holiday

The verb *ísť* forms the future tense irregularly, i.e.

pôjdem	pôjdeme
pôjdeš	pôjdete
pôjde	pôjdu

14.2.3 Non-perfective verbs form the future tense analytically, with the help of the conjugated future tense forms of the verb *byť* followed by the infinitive of the particular verb, e.g.

(ja)	budem	písať	(my)	budeme	písať
(ty)	budeš	písať	(vy)	budete	písať
(on)	bude	písať	(oni)	budú	písať
(ona)	„	„	(ony)	„	„
(ono)	„	„			

14.2.4 Verbs which are both perfective and non-perfective, can form the future in both of the above ways, e.g.

odpoviem	budem odpovedať

14.2.5 Negation of forms expressing the future is analogous to the negation of other forms of verbs, e.g.

dám	nedám
pôjdu	nepôjdu
budeš spievať	nebudeš spievať

14.3 MAŤ AS A MODAL VERB
Mať ako modálne sloveso

14.3.1 The Slovak verb *mať* can be used as a modal verb, e.g.

mám tam ísť	I am (expected/supposed/obliged) to go there
majú sa učiť	they are „ to study

14.3.2 *Mať* expresses a lower degree of obligation modality than *musieť*. It can also correspond to should, e.g.

mám ho navštíviť?	should I visit him?

If it is in the conditional mood, it always corresponds to *should*, e.g

mal by som to urobiť	I should do it

14.4 Človek AS AN INDEFINITE GENERIC REFERENCE
Človek ako neurčité všeobecné pomenovanie

14.4.1 The basic meaning of *človek* is *human being, person*. However, it can also be used as an indefinite generic reference, e.g.

človek nemá čas	one does not have time, you do not have time
človek to musí vidieť	one has to see it, you have to see it

14.4.2 It is important to note that to translate a statement like *you do not have time* as *(ty) nemáš čas* can not only be erroneous (it is only used when personal reference is to be expressed), but, in addition, can also be rude if you are not on informal terms with the person, hence, it has to be translated as *človek nemá čas*. Similarly, e.g.

you never know	človek nikdy nevie
you would not expect it	človek by to nečakal

14.5 THE ADVERBIAL PRONOUN SÁM
Vymedzovacie zámeno sám

14.5.1 The Slovak pronoun *sám* has gender and number forms analogous to those of *rád*, i.e.
14.5.2 *Sám* and its forms can be used in two functions:
a) To express *alone*, e.g.

pôjdem tam sama	I will go there alone

b) to express *(by) myself, without anybody's help or interference*, e.g.

napísali to sami	they wrote it (by) themselves

14.6 RADŠEJ

14.6.1 In Slovak *radšej*, i.e. the comparative degree of *rád*, can be used to express:
a) to prefer (to do) sth to sth, e.g.

Radšej plávam ako behám.	I prefer swimming to running.

b) (with *mať* + Acc): *to prefer sb/sth (to sb/sth)*, e.g.

Otec má radšej kávu (ako čaj).	Father prefers coffee (to tea.)
Mám radšej strýka ako tetu.	I prefer my uncle to my aunt.

šek, -u; -y, -ov *M* check; **šekom** by check
telefonicky *Adv* by/over the telephone
tenis, -u *(only Sg) M* tennis
tešiť sa, -ím sa, -ia sa *NP (+ na + Acc)* to look forward to
typ, -u; -y, -ov *M* type; **typu** of the type
u + *Gen* at (sb's place or home); **u nich (doma)** at their home
úloha, -y; -y, úloh *F* role
úprimne *Adv* sincerely
úradný *Adj* official
urobiť, -ím, -ia *P* to do, to pass; **urobiť skúšku** to pass an/the examination
úspech, -u *(only Sg) M* success; **mať úspech** to be successful, to have success
uviesť, uvediem, uvedú; *Past* uviedol *P + Acc* to state sth
váhať, -am, -ajú *NP* to hesitate

c) *(one should) preferably/better*, e.g. when giving advice

radšej choďte domov	you better go home
radšej cestuj autom	preferably you ought to go by car
radšej by tam nemali ísť	they should better not go there
radšej nech nás čakajú	they better wait for us

In such phrases the equivalent of the English modal verb is the Slovak imperative mood or the conditional mood.

d) *(one would) rather, (one would) prefer*, e.g.

radšej by som čítal	I would rather read
radšej by išli autom	they would rather go by car

In these phrases the English conditional mood is parallelled by the Slovak conditional mood.

14.7 NECH AS AN IMPERATIVE PARTICLE
Nech ako imperatívna častica

14.7.1 In Slovak the imperative mood can be formed only in the case of 2nd person singular, 1st person plural and 2nd person plural, e.g. *čítaj, čítajme, čítajte* (see 10.3).

14.7.2 To express the imperative mood with the other persons Slovak uses *nech* and the relevant conjugated form of the verb in the present tense, e.g.

nech napíšem, nech napíše, nech napíšu

i.e. let me write it, let him/her/it write it, let them write it.

14.8 THE STYLE OF CORRESPONDENCE
Štýl korešpondencie

14.8.0 Similarly to English, also in Slovak the style of correspondence has its specific characteristic features, and they often differ from those in English. Let us point out some of the basic linguistic features of Slovak correspondence.

14.8.1 As part of the address to which the correspondence is sent in Slovak we write:
Vážený pán
Vážená pani
Vážená slečna
Vážená rodina

If the person has a title it is usually abbreviated and used in the line before the name, e.g.
Vážený pán
Dr. Pavol Novák
(See also 1.5)

14.8.2 To address the person at the beginning of the letter itself we use:
Vážený/-á/-í in formal contexts or to a person or to people whom we do not know, e.g.
Vážený pán Veselý
Vážená pani Veselá
Vážený pán doktor
Vážení páni
Milý/-á/-í (followed, as above, by the address itself) in neutral or informal contexts, e.g.
Milý pán Novák
Drahý/-á/-í (followed, as above, by the address itself) to family members or to close friends, e.g.
Drahá mama
Drahý Peter

14.8.3 The second person pronouns, both personal and possessive, and, of course, also their conjugated forms, are capitalized, e.g.
Ty, Teba, Tvoj, Vy, Vás, Váš, etc.

14.8.4 The typical introductory phrase of a Slovak letter might be:
Srdečne Ťa/Vás pozdravujem or
Posielam Ti/Vám srdečný pozdrav,
both meaning I am sending you sincere greetings. Official letters are often introduced by:
Dovoľte, aby som..... – Let me.....

14.8.5 The closing phrase in neutral style is usually:
S pozdravom – Sincerely *(literally*: with a greeting*)*
So srdečným pozdravom – With a sincere *(literally:* cordial*)* greeting
In very formal letters we can write:
S úctou – Respectfully *(literally: with respect)*
In a very affectionate letter to family members or very close friends we can write:
S láskou – With love.
However, the latter is used much less often than the English *Love* and its presence in a letter to just a friend with whom we do not have a very close emotional relationship would sound inappropriate.

14.8.6 If you are requesting some service or favor, usually you would end the letter with
Vopred (Ti/Vám) ďakujem(e) – Your help will be appreciated *(literally:* Thank you in advance.*)*

---

vám *(Dat of* **vy***)* to/for you
vážený *Adj* respected
vďačný *(+ Dat + za + Acc)* obliged, thankful (to sb for sth)
vďaka, -y *(only Sg) (Coll)* F *(+ Dat + za + Acc)* thanks (to sb for sth)
večierok, -rka; -rky, -rkov *M* party
Veľká noc *F* Easter
veľkonočný *Adj* pertaining to Easter
Vianoce, Vianoc *Pl* Christmas
vopred in advance
vôbec at all
výborný *Adj* excellent
vydať, -ám, -ajú *P + Acc* to publish
vypredaný *Adj* sold out
vysvedčenie, -ia; -ia, -í *N* grades, student record

zákazník, -a; -ci, -kov *M* customer
zápas, -u; -y, -ov *M* match, meet
zároveň at the same time
záruka, -y; -y, záruk *F* warranty
záujem, -jmu; -jmy, -jmov *M (+ o + Acc)* interest (in);
mať záujem o to be interested in, to have interest in
zaujímať sa, -am sa, -ajú sa *NP + o + Acc* to be interested in;
zaujíma sa o divadlo he is interested in theater
zdravie, -ia *(only Sg) N* health
zísť sa, zídem sa, zídu sa; *Past* zišiel sa *P* to come in handy
zo srdca cordially
želať, -ám, -ajú *NP + Dat + Acc* to wish sb sth

CVIČENIA

I. Check whether the following verbs are perfective or non-perfective and use the phrases in the future tense in short sentences of your own:

čítať knihu, mať čas, kúpiť ovocie, spievať pieseň, poslať list, posielať peniaze, prosiť brata, poprosiť o pomoc, predať dom, nepredávať auto, vydať noviny, vydávať slovníky, želať šťastie, pricestovať domov, napísať odpoveď, nehrať hlavnú úlohu, urobiť skúšky, pozrieť si hru, vstávať skoro, ísť na večierok, byť zvedavý, prísť ráno, poskytovať informácie, znečistiť ovzdušie, nevypúšťať škodlivé látky, získať si uznanie, poznať literatúru, platiť veľa, rozumieť po slovensky

II. Preložte:

1. They will come tomorrow. 2. They will be here for three days. 3. They will be staying at a hotel. 4. They will visit friends. 5. They will go to the theater. 6. They will travel by taxi. 7. They will talk with friends. 8. They will have business talks. 9. They will make phone calls to the USA. 10. They will go home by plane.

III. Odpovedzte:

1. Kedy píše Mária list rodičom?
2. Koho pozdravuje?
3. Ako Mária a Peter pricestovali do Bratislavy?
4. Bol vlak plný?
5. Spali vo vlaku?
6. Chcelo sa Márii ráno vstávať?
7. Ako sa mali Mária a Peter v Žiline?
8. Majú Peter a Mária aj nejaký iný program ako študovať?
9. Na aké predstavenia chodia?
10. Aké športy ich zaujímajú?
11. Kam pôjde Mária zajtra?
12. Čo ešte musí kúpiť?
13. Kam pôjde Peter zajtra?
14. Koľko skúšok bude mať Peter?
15. Čo sa musí Mária na zajtra učiť?
16. Čo majú jej rodičia povedať Miškovi?
17. Kto im čoskoro tiež napíše list?
18. Bude ten list napísaný po anglicky alebo po slovensky?

IV. Preložte do angličtiny:

1. Príďte sa pozrieť na tú hru.
2. Neváhajte.
3. Dajte mi vopred vedieť.
4. Dávajú výborný muzikál.
5. Máme tam ísť na budúci týždeň.
6. Nepôjde tam sám.
7. Kúpila si si už lístky?
8. Elena pripravuje oslavu narodenín u nich doma.
9. Radšej tam príďte včas.

10. Už bolo vypredané.
11. Objímam vás.
12. Radšej by ste mu to nemali hovoriť.
13. Hlavné úlohy hrajú naši najlepší herci.
14. Musím ešte kúpiť darček.
15. Mali by ste ho vidieť.
16. Kedy budete mať dovolenku?
17. Nech ten list napíšu oni.
18. Človek ho niekedy nerozumie.

V. Odpovedzte:

1. Aké športy vás zaujímajú?
2. O aké krajiny máte záujem? Prečo?
3. Chodíte na výlet radšej autom alebo vlakom?
4. Máte radšej komédie alebo tragédie?
5. Ktorá bola najlepšia hra, akú ste videli?
6. Kedy máte narodeniny?
7. Mali ste oslavu na svoje minulé narodeniny?
8. Bola doma alebo v reštaurácii?
9. Bolo jedlo dobré?
10. Dostali ste veľa darčekov?
11. Aké jedlo ste mali?
12. Spievali ste?
13. Bola spoločnosť príjemná?
14. Kto bol najzábavnejší?
15. Ako dlho ste sa zabávali?

VI. Preložte do slovenčiny tento list:

Dear Mr. Brown,
    Let me ask you for a favour. My wife is very interested in art. Please send us your catalog of pictures and all the necessary information so that we could buy some of your pictures.
    With many thanks,
    Sincerely,

VII. Respond to the following sentences by referring the imperative to the person(s) stated in brackets (use *nech* where necessary).

Príklad: Napíšte to. *(oni) Nech to radšej napíšu oni.*
1. Kúpte tie knihy. *(on)* 2. Pomôžte im. *(oni)* 3. Prečítajte to. *(ona)* 4. Priprav obed. *(vy)* 5. Odpovedz. *(ona)* 6. Spievajte. *(oni)* 7. Príďte večer. *(my)* 8. Otvorte dvere. *(oni)* 9. Choďte na dovolenku. *(ty)* 10. Vezmite si kľúče. *(on)*

VIII. Preložte do angličtiny:

1. Pozdravujte starých rodičov.
2. Posielam Vám srdečný pozdrav.
3. Ten darček nebudem kupovať sama.
4. Synovec má narodeniny na jeseň.
5. Chcela by som poslať nejaké peniaze.
6. Dúfam, že bude mať dobré vysvedčenie.

7. V činohre sme boli pred mesiacom.
8. Obsadenie tej komédie nebolo najlepšie.
9. Zíde sa nám pomoc.
10. Ak tam náhodou pôjdete, vezmite si pas.
11. Chodia aspoň behať a plávať.
12. Chceli vopred vedieť, kde a ako býva.
13. Ich podmienky na šport neboli veľmi priaznivé.
14. Poskytovali pomoc pre podnikateľov.
15. Pamätali sa na ten krásny gotický kostol.
16. Radšej píšem pohľadnice ako listy.
17. Používajú radšej platobnú kartu.

IX. Napíšte pohľadnice:

1. z výletu na hrad
2. z návštevy Levoče
3. z rekreácie v Nízkych Tatrách

X. Peter a Maria čítajú programy divadiel.
Čo myslíte, kam pôjdu dnes večer? Kam by ste išli vy?

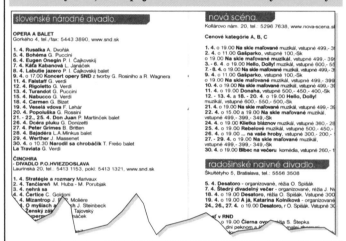

XI. Opýtajte sa svojho priateľa alebo priateľky:

1. Aké ročné obdobie máš najradšej?
2. Aké športy máš najradšej?
3. Aké sú tvoje najobľúbenejšie jedlá?
4. Aké jedlá ješ najčastejšie?
5. Aké jedlá vieš najlepšie variť?
6. Aký program máš najčastejšie cez víkend?
7. Ktorý deň v týždni máš najradšej?
8. Ako najradšej cestuješ?
9. Kde si bol/a na svojej najkrajšej dovolenke?
10. Cestoval/a si sám/sama, alebo išla na dovolenku aj tvoja rodina či tvoji priatelia?
11. Akých priateľov máš najradšej?
12. Kedy si najšťastnejší/ia?
13. Čo je pre teba v živote najzaujímavejšie?
14. Čo je pre teba v živote najdôležitejšie?

XII. Change the following expressions into superlative and use them in sentences of your own.

Príklad: *nový dom* – Ten dom je najnovší.
moderné auto, rýchle lietadlo, dobrý film, zaujímavá kniha, veľké šťastie, krásna krajina

XII. Napíšte list:

1. to your friend(s) about your visit to Slovakia or another country;
2. to your colleague about your Slovak classes;
3. to your family about your Slovak and/or other friends.

XIII. Odpovedzte, prosím, po slovensky:

1. Kde budete môcť používať slovenčinu?
2. Ako dlho sa človek musí učiť, aby vedel dobre čítať, písať aj hovoriť?
3. Rozumiete, keď ľudia hovoria po slovensky?
4. Telefonovali ste už po slovensky?
5. Rozumiete slovenské rádio?
6. Pozeráte nejaké slovenské programy?
7. Rozumiete slovenské piesne?
8. Napísali ste už po slovensky nejaké listy?
9. Dostali ste už nejaký slovenský list? Kto ho napísal?
10. Ako dlho sa každý deň učíte po slovensky?
11. Čo je v slovenčine pre vás najväčší problém?
12. Čítate nejaké slovenské noviny?
13. Kúpili ste si nejaké slovenské knihy?
14. Máte na Slovensku nejaké obľúbené miesto?
15. Máte nejakých slovenských priateľov alebo priateľky?
16. Čo myslíte, čo je najdôležitejšie pre Slovensko?
17. Aké máte najbližšie plány?

XIV. Naučte sa porekadlo:

V núdzi poznáš priateľa.
(A friend in need is a friend indeed.)

XV. Naučte sa pieseň:

Keby som bol vtáčkom

pp

1. Ke-by som bol vtáč-kom, le-tel by som za les, po-zrieť sa, čo robí, po-zrieť sa, čo robí ma-mi-čka mo-ja dnes.

2. Košieľku mi šije,
na mňa si spomína:
[(:„Vráť mi, Bože, vráť mi,:)
toho môjho syna.:]

U lekára

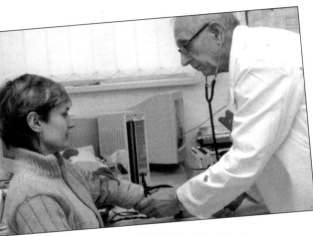

Pán Novák sa necíti dobre, preto sa rozhodol navštíviť lekára.

Doktor Kolár: Povedzte, pán Novák, čo vám je?

Pán Novák: Pán doktor, mám nádchu a kašlem. Ťažko sa mi dýcha a cítim sa veľmi unavený. Často ma bolí hlava. Mám strach, či to nie je niečo vážne.

Doktor Kolár: Odkedy sa necítite dobre?

Pán Novák: Už asi tri dni.

Doktor Kolár: Poďte sem, vyšetrím vás. Máte zapálené hrdlo. Ukážte, zmeriam vám krvný tlak. V poriadku, ale pošlem vás ešte na vyšetrenie pľúc.

O pol hodiny neskôr:

Pán Novák: Nech sa páči, pán doktor, tu sú výsledky vyšetrenia.

Doktor Kolár: Chvalabohu, nie je to zápal pľúc. Predpíšem vám lieky. Môžete si ich kúpiť v našej lekárni. Nech sa páči, tu je recept. Tieto pilulky budete brať dva razy denne po jednej pilulke. Ak sa do troch dní nebudete cítiť lepšie, príďte zas. Potom možno budú potrebné antibiotiká.

Pán Novák: Dúfam, že lieky pomôžu. Ďakujem vám.

Zdravie nadovšetko

Bežné zdravotné problémy
bolesti hlavy, hrdla, zubov
prechladnutie
nevoľnosť

Vážnejšie zdravotné problémy
cukrovka/diabetes
vysoký krvný tlak
zápal slepého čreva
zápal pľúc
žltačka
infarkt
porážka
rakovina
skleróza

Márii dnes telefonovala stará mama. Bohužiaľ, mala pre ňu nie veľmi dobrú správu. Keď sa minulý týždeň boli so starým otcom lyžovať na Táľoch, spadla a zlomila si ruku. V nemocnici vo Zvolene jej na ňu dali sadru a už ju, chvalabohu, nebolí. Nemôže však takmer nič robiť, takže starý otec jej teraz veľa pomáha, najmä nakupuje a varí – vraj je výborný kuchár. Stará mama veľa číta, pozerá televízne programy najmä o cudzích krajinách a ona aj starý otec často chodia spolu na prechádzky po okolí. Lekár povedal, že sadru jej dajú dolu asi o šesť týždňov a potom bude chodiť na rehabilitáciu. Na jeseň by chcela ísť na liečenie do kúpeľov do Piešťan. Možno pôjde aj starý otec, hoci hovorí, že sa mu nechce. Skúsi ho však presvedčiť, lebo trochu oddychu a zdravotnej starostlivosti mu určite nezaškodí. Veď zdravie je nadovšetko.

Nakoniec stará mama nezabudla pripomenúť, aby si Mária a Peter dávali na seba lepší pozor ako ona na Táľoch. Bola by rada, keby jej niekedy tiež zavolali, a potom prišli na návštevu na oslavu narodenín – starý otec má o mesiac 65 rokov.

S L O V N Í K

bežný *Adj* common, ordinary
bolesť, -ti; -ti, -tí *F* pain
cudzí *Adj* foreign
cukrovka, -y *(Coll) F* diabetes
častý *Adj* frequent
cunami *(Nondecl) N* tsunami
dážď, dažďa; dažde, dažďov *M* rain
denne *Adv* daily
dlhodobý *Adj* long-lasting
dĺžka, -y; -y, dĺžok *F* length; **o dĺžke** of the length of
dostatočne *Adv* sufficiently
dostatok, -tku *M* sufficient quantity, enough
dôležitý *Adj* important
dôsledok, -dku; -dky, -dkov *M* consequence;
   v dôsledku + *Gen* in consequence of, as a result of

dýchať, -am, -ajú *NP* to breathe; **ťažko sa mi dýcha** I have difficulties when breathing, it is difficult for me to breathe
finančný *Adj* financial
fúkať, -am, -ajú *NP* to blow; **fúka vietor** the wind is blowing
hmla, -y; -y, hmiel *F* fog; **je hmla** there is (a) fog
hrdlo, -a; -á, hrdiel *N* throat
cholera, -y *F* cholera
cholesterol, -u *(usually only Sg) M* cholesterol
choroba, -y; -y, chorôb *F* illness, disease, health disorder
chrániť, -im, -ia *NP* to protect
ihličnatý *Adj* coniferous
indický *Adj* Indian, pertaining to India
infarkt, -u; -y, -ov *M* heart attack
jediný the only one
kašľať, -lem, -lú *NP* to cough

Ako zdravo žiť

Zdravie potrebuje každý, nie každý sa však o svoje zdravie dostatočne stará. Niekto je príliš veľa sladkostí, iný má rád mastné jedlá, ktoré obsahujú veľa cholesterolu, ďalší fajčí, pije priveľa alkoholických nápojov, alebo si poškodzuje zdravie inými látkami.

Na zdravý životný štýl nie je recept. Každý človek je iný a jeho organizmus funguje trochu inak, princípy zdravej životosprávy sú však určite všeobecne platné. Zdravé stravovanie, veľa ovocia, zeleniny a tekutín, veľa pohybu, cvičenie, športovanie a pobyt na čerstvom vzduchu, ako aj dostatok oddychu a menej stresu síce zdravie nezaručia, ale významne prispejú k jeho udržaniu. Dôležitá je aj prevencia. Pravidelné lekárske vyšetrenia môžu odhaliť chorobu, keď sa ešte dá účinne liečiť.

Okrem toho asi majú pravdu tí, ktorí hovoria, že človeka pred chorobami môže chrániť aj úsmev, pozitívne myslenie a láska.

Počasie	
teplo	je teplo
zima	je zima
mráz	je mráz, mrzne
vietor	fúka vietor
hmla	je hmla
dážď	prší
sneh	sneží;
	padá sneh

Prírodné katastrofy

Vo svete sa takmer denne stane množstvo udalostí, ktoré sťažujú alebo priam ohrozujú život ľudí a nepriaznivo vplývajú aj na zvieratá a rastliny. Dlhodobé sucho, ale i prudký dážď môžu obyvateľov pripraviť o úrodu; povodne či požiar aj o majetok a strechu nad hlavou. Nebezpečenstvo znamenajú sopky, pretože láva môže zdevastovať obývané oblasti v jej okolí.

V niektorých krajinách je častý výskyt tornád, ktoré vedia za okamih zmeniť domy na kopu trosiek. Na Slovensku sa tornáda, chvalabohu, nevyskytujú. Napriek tomu bola v novembri v roku 2004 vo Vysokých Tatrách taká silná veterná smršť, že vyvrátila stromy a zničila krásne ihličnaté lesy na území v šírke 5 kilometrov a dĺžke vyše 50 kilometrov a premenila ho na mesačnú krajinu. V Tatranskom národnom parku spôsobila obrovské škody, ktorých náprava bude trvať mnohé desaťročia a vyžiada si veľa úsilia i finančných prostriedkov.

Mimoriadne nebezpečné sú aj vlny cunami. Na konci decembra 2004 takáto obrovská vlna spôsobená podmorským zemetrasením zničila rozsiahle pobrežné územia na ostrovoch v Indickom oceáne. V dôsledku nej prišlo o život vyše 280 000 ľudí. Mnohí ďalší boli ranení alebo ich neskôr ohrozovali vážne choroby, ako cholera či týfus. Do postihnutých oblastí prichádzali pomáhať záchranári z mnohých krajín. Ešte 13 dní po katastrofe našli v troskách budovy živého staršieho muža, a dokonca 45 dní po nej na opustenom ostrove objavili 18-ročné dievča, ktoré tam jediné prežilo katastrofu.

katastrofa, -y; -y, katastrof *F* catastrophe
kopa, -y; -y, kôp *F* pile, heap
krvný *Adj* pertaining to blood
kuchár, -a; -i, -ov *M* cook
láva, -y; -y, láv *F* lava
lekáreň, -rne; -rne, -rní *F* pharmacy
liečenie, -ia; -ia, -í *N* spa treatment; medical therapy
liečiť, -im, -ia *NP* to treat (healthwise)
lyžovať sa, lyžujem sa, lyžujú sa *NP* to ski
majetok, -tku; -tky, -tkov *M* property
mesačný *Adj* 1. moonlike, pertaining to the moon 2. monthly
mimoriadne *Adv* extremely
množstvo, -a; -á, množstiev *N* 1. large number of 2. quantity
mrznúť, -nem, -nú *NP* to freeze; **mrzne** it is freezing
myslenie, -ia; -ia, -í *N* thinking
nádcha, -y *F* cold (with a running nose)

nadovšetko above all; (is) more important than anything else
nakoniec *Adv* finally, in the end
náprava, -y; -y, náprav *F + Acc* remedying sth
narodeniny, narodenín *(only Pl)* birthday
nebezpečenstvo, -a; -á, nebezpečenstiev *N* danger
nebezpečný *Adj* dangerous
nevoľnosť, -ti *F* sickness
nezaškodiť, -ím, -ia *NP* not to do (any) harm
objaviť, -ím, -ia *P* to discover, to find
obrovský *Adj* huge
obsahovať, obsahujem, obsahujú *NP* to contain
oddych, -u *M* rest, relaxation
odhaliť, -ím, -ia *P* to reveal
odkedy since when
ohrozovať, ohrozujem, ohrozujú *NP + Acc* to endanger
okamih, -u; -y, -ov *M* moment; **za okamih** in no time, in a moment

15.1 LOCATIVE CASE OF NOUNS
Lokál podstatných mien

15.1.0 The locative is the second objective case included in this textbook (for accusative see 10.1-2 and 11.1-3). In the traditional listing of cases it is the 6th case (see also 10.1.0.2), cf.:

1 Nominative
2 Genitive
3 Dative
4 Accusative
5 Vocative (only relics of it have been preserved)
6 Locative
7 Instrumental

The nominative functions as the subject of the sentence, while the object is expressed by the other cases (see also 10.1.0.1). As to its occurrence in utterances, the statistically most frequent object case is the accusative, the second one as to frequency is the locative.

15.1.1 The basic function of the locative is denoted already by its name – it is used above all to express that something is located somewhere or that its position is somewhere.

Kniha je na stole.	The book is on the table.
Stolička je pri stole.	The chair is at/near the table.
Stôl je v izbe.	The table is in the room.
Peter býva vo Vranove.	Peter lives in Vranov.
Videl som to vo sne.	I saw it in a dream.

In addition, it is used if after the prepositions *o* and *po* the verb and/or the meaning of the verb requires the locative (check the verbs in the Dictionary in this textbook), e.g.

Mama rozpráva o Márii.	Mother speaks about Mary.
Peter spieva po mne.	Peter sings after me.

(but: Mama rozpráva Márii. (Dative) Mother speaks to Mary. Peter spieva pre mňa. (Accusative) Peter sings for me.)

15.1.2 **The locative is only used after prepositions**, these being *na, o, po, pri* and *v/vo*, i.e. it does not occur without prepositions.

15.1.3 In the Slovak educational tradition the questions used when/before listing, identifying or forming the locative are *o kom?/o čom?*

15.1.3.1 In the locative singular the nouns have the following endings predictable from their gender, animateness/inanimateness and the final letter(s) or ending of the noun in the nominative case (one preposition is given as example):

Locative Singular of Nouns – Lokál singuláru podstatných mien

Gender		Ending	Examples
M +Anim		-ovi	o otcovi, futbalistovi, strýkovi, učiteľovi
M –Anim	-C*	-e	dome
F	-Ca	-e	žene
N	-o*	-e	aute
M –Anim	-Č	-i	stroji
F	-Č(a)*	-i	koľaji, dlani, kolegyni, ulici
„	-ia	-i	Británii
N	-Č(i)e	-i	srdci, vzdelaní

15.1.3.2 The asterisk (*) above marks the types in which exceptions can occur.
a) -u occurs with the following types of nouns:

M -Anim -k/g/h/ch	-u	**v/vo**	vlaku, Balogu, snehu, vrchu
N -ko/cho/go	-u		oku, uchu, Kongu
„ -io/ao/eo	-u		rádiu, Bilbau, videu
„ -um	-u		múzeu

b) If the masculine -*Anim* noun ends in -*l* or -*r,* the locative can end in either -*i* or -*e* without any predictability, so the form of each of these words has to be checked in the dictionary, e.g.

motel	– pri moteli	but	alkohol	– v alkohole
kalendár	– v kalendári	but	radiátor	– pri radiátore
papier	– na papieri	but	výbor	– vo výbore

c) The ending *-ti* occurs with neuter nouns ending in -*Ča*, e.g.

dieťa	–	o dieťati
dievča	–	o dievčati
vtáča	–	o vtáčati

This type comprises very old petrified noun forms referring to young people or animals.

15.1.3.3 If the noun in the nominative ends in -*ec*, -*ok,* -*er,* and in some cases also in -*en/eň* (these words have to be checked in the dictionary) the vowel is usually dropped (cf. also 10.1.3.2):

---

okolie, -ia; -ia, -í *N* surroundings; **po okolí** in the surroundings
opustený *Adj* deserted
organizmus, -u; -y, -ov *M* body, organism
ostrov, -a; -y, -ov *M* island
park, -u; -y, -ov *M* park
pilulka, -y; -y, -liek *F* pill; **po jednej pilulke** one pill at a time
piť, pijem, pijú; *Past* pil *NP* to drink
platný *Adj* valid
pľúca, pľúc (*usually Pl*) lungs
pobrežný *Adj* coastal, pertaining to the sea shore or shore of the ocean
podmorský *Adj* submarine, occurring under the surface of the sea or ocean
pohyb, -u; -y, -ov *M* physical activity; movement
pomáhať, -am, -ajú *NP* to help (continuously or repeatedly)

porážka, -y; -y, -žok *(Coll) F* stroke
postihnutý *Adj* affected, afflicted
poškodzovať, poškodzujem, poškodzujú *NP* to harm, to do harm to (continuously or repeatedly), to damage
potrebný *Adj* necessary
povodeň, -dne; -dne, -dní *F* flood
pozitívny *Adj* positive
pozor, -u *(only Sg) M* attention; **dávať na seba pozor** to take care, to be careful
požiar, -u; -e, -ov *M* fire
pravda, -y; -y, právd *F* truth
pravidelný *Adj* regular
predpísať, -šem, -šu *P* to prescribe
prehliadka, -y; -y, -dok *F* (medical) examination
prechádzka, -y; -y, -ok *F* walk

chlapec	–	o chlapcovi
zvyšok	–	o zvyšku
Peter	–	o Petrovi
sen	–	o sne
báseň	–	o básni
deň	–	o dni
peň	–	o pni

but not e.g. in: *jeleň – o jeleňovi, kameň – o kameni, koreň – o koreni.*

15.1.3.4 The word *pani* does not change in the locative singular (and other cases) if followed by her name, title or profession, e.g.
o pani Novákovej, o pani profesorke, o pani učiteľke
When not followed by any such word, it has the form panej, e.g.
Hovorili sme o tej panej.

15.1.4 In the locative plural of nouns the morphological situation is relatively simple.

Locative Plural of Nouns – Lokál plurálu podstatných mien

Gender		Ending	Examples	
M		-och	o	bratoch, dedoch, obedoch
F	-Ca	-ách		ženách, knihách
N	-o	-ách		autách, videách
F	-Č(a)	-iach		kolegyniach, dlaniach
N	-e/ie	-iach		srdciach, vysvedčeniach

15.1.4.1 The following are exceptions:

a) Neuter nouns denoting young people or animals (cf. the singular in 15.1.3.2 c):

dievča	–	o dievčatách
vtáča	–	o vtáčatách
dieťa	–	o deťoch

b) The neuter nouns *oko* and *ucho* which undergo consonantal change in the plural have the forms:

oči	–	o očiach
uši	–	o ušiach

15.2 LOCATIVE CASE OF ADJECTIVES, PRONOUNS AND NUMERALS
Lokál prídavných mien, zámen a čísloviek

15.2.1 The form of the adjectives, pronouns and numerals in Slovak is in concord with the grammatical categories of the nouns with which they occur (cf. 10.2.1).

15.2.2 In the locative case these words have the following endings:

Sg			Pl
M	**F**	**N**	
-om	-ej	-om	-ých/-ích or -ych/-ich

The long plural ending *-ých/-ích* occurs in adjectives which in the singular masculine nominative have long *-ý/-í*, and similarly also the short plural ending *-ych/-ich* corresponds to the short singular ending *-i/y* (and in the respective feminine forms).

15.2.3.1 In the particular word categories there are the following forms of the locative:

Adjectives			
Singular		**Plural**	
M	**F**	**N**	
o peknom	peknej	peknom	pekných
o krásnom	krásnej	krásnom	krásnych
o cudzom	cudzej	cudzom	cudzích
Possessive Pronouns			
o mojom	mojej	mojom	mojich
o tvojom	tvojej	tvojom	tvojich
o jeho	jej	jeho	jeho/jej
o nášho	našej	nášho	našich
o vášho	vašej	vášho	vašich
o ich	ich	ich	ich
Other Pronouns			
o tom	tej	tom	tých
o tomto	tejto	tomto	týchto
o ktorom	ktorej	ktorom	ktorých
o čom	čej	čom	číchí
o akom	akej	akom	akých
Numerals			
o jednom	jednej	jednom	jedných
o druhom	druhej	druhom	druhých
o treťom	tretej	treťom	tretích

15.2.3.2 As personal pronouns do not have the gender categories of the pronouns listed above, their forms are given here separately, i.e.:

prechladnutie, -ia *N* (having caught) a cold
presvedčiť, -ím, -ia *P* to convince
pretože as, because
prevencia, -ie *F* prevention
priam actually, literally
priaznivo *Adv* favorably
prichádzať, -am, -ajú *NP* to keep coming
princíp, -u; -y, ov *M* principle
pripomenúť, -niem, -nú *P* to remind
pripraviť, -ím, -ia *P + Acc* to prepare;
   pripraviť o *+ Acc* to deprive of
prírodný *Adj* natural, concerning nature
prispieť, prispejem, prispejú *P* (k *+ Dat*)
   to contribute to
prísť o život to lose one's life

Personal Pronouns	
Singular	*Plural*
mne	nás
tebe	vás
ňom	nich
nej	
ňom	

15.2.4 The pronouns *kto* and *čo* have the forms *o kom* and *o čom* respectively.

15.2.5 Indefinite and negative pronouns use the forms corresponding to the above list, e.g.:
o niektorom, o nejakom, o nikom, o ničom, etc.

15.3 FORMING PERFECTIVE VERBS
Tvorenie dokonavých slovies

15.3.0 When we want to express that an action or state is completed or that it is a one-time action, in Slovak we use perfective verbs (cf. 14.1.1-3).

15.3.1 Many Slovak perfective verbs are formed from imperfective ones with the help of prefixes, e.g.

Non-Perfective	*Perfective*
devastovať	zdevastovať
kašľať	zakašľať; vykašľať
letieť	odletieť; priletieť; vyletieť; zaletieť
liečiť	vyliečiť; doliečiť; preliečiť
meniť	zmeniť
merať	zmerať, odmerať
mrznúť	zamrznúť
ničiť	zničiť
piť	vypiť
platiť	zaplatiť
pôsobiť	spôsobiť; zapôsobiť
prosiť	poprosiť
starať sa	postarať sa
volať	zavolať; vyvolať
žiadať si	vyžiadať si
žiť	prežiť

15.3.2 Of course, the prefixes carry a particular generalized or specific meaning. If the verb can be derived with the help of different prefixes, then the derivatives usually differ in meanings.

a) With some verbs the differences can be obvious from the prefix, e.g.:

niesť – to carry; vyniesť – to carry out;
    priniesť – to bring; odniesť – to carry away/to sb
    doniesť – "   zaniesť – to carry away/to sb
kašľať – to cough; zakašľať – to cough; vykašľať – to cough out
volať – to call; zavolať – to call; vyvolať – to call out

b) As evident from some examples given in a) above, i.e. *priniesť – doniesť, odniesť – zaniesť, merať – odmerať, zmerať*, in some derived verbs different prefixes can also result in the same meaning of the verb.

c) However, with the majority of prefixed verbs the meanings are non-transparent and non-predictable or not fully predictable and have to be checked in a dictionary, e.g.

pôsobiť	– to make an impact, to influence;
spôsobiť	– to cause;
zapôsobiť	– to make an impression, to make an impact
žiť	– to live
prežiť	– 1. to survive
	2. to live longer than sb
	3. to spend some time
	4. to experience
zažiť	– 1. to experience
	– 2. to witness

15.4 VERBS WITH SPECIAL PERFECTIVE AND/OR NON-PERFECTIVE FORMS

15.4.1 Some verbs are **both perfective and non-perfective**. In their number there are native verbs, e.g.
počuť, poznať,
and a number of foreign verbs, e.g.
dekorovať (to decorate), *promovať* (to graduate).

15.4.2 In some cases, different forms are used for perfective and non-perfective lexically corresponding verbs, e.g.

Non-Perfective	*Perfective*
brať	vziať; *but also* zobrať (to take)
hovoriť	povedať
klásť	položiť (to place)

15.4.3 With regard to several verbs perfectiveness or non-perfectiveness is irrelevant (due to semantic reasons), e.g. *byť, mať.*

---

priveľa too much
program, -u; -y, -ov *M* program
prostriedok, -dku; -dky, -dkov *M* means
pršať *NP* to rain; **prší** it is raining
prudký dážď *M* heavy rain
rakovina, -y; -y, rakovín *F* cancer
ranený *Adj* wounded
rastlina, -y; -y, rastlín *F* plant
rehabilitácia, -ie; -ie, -ií *F* convalescence, rehabilitation
rozhodnúť sa, -nem sa, -nú sa *P* to decide
sadra, -y *F* plaster cast
síce although
skleróza, -y; -y, -róz *F* sclerosis
sladkosť, -ti; -ti, -tí *F* sth sweet, sweets
slepý *Adj* blind; **slepé črevo** *(Coll) N* appendix

smršť, -te; -te, -tí *F* strong destructive wind, whirlwind
sneh, -u *M* snow; **padá sneh** it is snowing
snežiť *NP* to snow; **sneží** it is snowing
sopka, -y; -y, sopiek *F* volcano
spadnúť, spadnem, spadnú; *Past* spadol/spadla *P* to fall down
spôsobiť, -ím, -ia *P* to cause
starať sa, -ám sa, -ajú sa o + *Acc* to take care of
starostlivosť, -ti *F* care
stať sa, stanem sa, stanú sa; *Past* stal sa *P* to happen, to occur
strach, -u *M* fear; **mám strach** I am afraid
stravovanie, -ia *N* nutrition; **zdravé stravovanie** healthy diet
stres, -u; -y, -ov *M* stress
strom, -u; -y, -ov *M* tree
sťažovať, sťažujem, sťažujú *NP + Acc* to make difficult
sucho, -a *N* drought

CVIČENIA

I. Odpovedzte:

1. Aký problém má Máriina stará mama?
2. Kde sa jej to stalo?
3. Kedy sa jej to stalo?
4. Čo robila, keď si zlomila ruku?
5. Čo potrebuje, aby sa jej ruka vyliečila?
6. Kedy pôjde na liečenie?
7. Kam pôjde na liečenie?
8. Pôjde tam sama?
9. Čo má starý otec o mesiac?
10. Žijú teraz ľudia zdravo?
11. Čo by nemali robiť?
12. Čo by mali robiť?
13. Chodíte často k lekárovi?
14. Čo potrebujete od lekára?
15. Bolí vás teraz niečo?
16. Ako sa môžeme chrániť pred chorobami?

II. Preložte do slovenčiny:

1. My head aches. 2. I am coughing. 3. I feel very tired. 4. I think I have flu. 5. I must go to the doctor. 6. He must examine me. 7. I need some medicine. 8. I need to exercise and relax.

III. Describe the health problems of a member of your family or of a friend.

IV. Fill in the missing prepositions *na, o, po, pri, v/vo*:

1. Kniha je ..... stole.
2. Môj brat je ..... Londýne.
3. ..... našom dome nie je nijaký strom.
4. Hovorili sme ..... otcovi.
5. Cestovali ..... vlaku.
6. Čítal som to ..... jeho básni.
7. To auto má ..... otcovi.
8. Videl som to ..... videu.
9. ..... sladkostiach je veľa cukru a cholesterolu.
10. ..... zdravom životnom štýle sa veľa píše.
11. Radi chodia na prechádzky .... okolí.
12. Pobyt ...... čerstvom vzduchu je zdravý.

V. Fill in the missing words according to the text:

.... životospráva, ... oddychu, oslava ...., ... krajiny, životný ...., ... programy, navštíviť ...., ..., vyšetrenie, výsledok ...., ... prispieť, odhaliť ...., krvný ...., poškodzovať ...., pozitívne ...., predpísať ...., ... liečiť, nezaručia ....

VI. Change the following verbs into non-perfective verbs:

urobiť, zničiť, zavolať, zmeniť, prečítať, prežiť, spôsobiť, podať, priniesť, prepísať

VII. Change the following verbs into perfective verbs:

liečiť, písať, piť, prosiť, starať sa, devastovať, mrznúť, spievať

VIII. Name illnesses.

IX. Preložte do slovenčiny:

serious illnesses, wounded, to devastate, coniferous forests, to topple trees, to cause damage, animals, plants, heavy rain, volcano, submarine earthquake, danger, territory, populated area

X. Preložte do angličtiny:

Veľa ľudí prišlo o život.
Dlhodobé sucho pripravilo obyvateľov o úrodu.
Požiar im zničil majetok.
Veterná smršť spôsobila obrovské škody.
Do postihnutých oblastí prichádzali pomáhať záchranári.
Ľudí ohrozovali mnohé vážne choroby.
Zemetrasenie zničilo rozsiahle pobrežné územia na ostrovoch.

šírka, -y; -y, šírok *F* width; **o šírke** of the width of
športovanie, -ia *N* sporting activities, doing sport(s)
štýl, -u; -y, -ov *M* style
Tále, -ľov *(only Pl)* the Tále ski and tourist resort in the Low Tatras
tatranský *Adj* pertaining to the Tatras
ťažko *Adv* with difficulty/difficulties
tekutina, -y; -y, -tín *F* liquid; **tekutiny** *(only Pl in this meaning)* beverages
televízny *Adj* pertaining to TV
teplo *Adv* in: **je teplo** it (i.e. the weather) is warm
tlak, -u; -y, -ov *M* pressure
tornádo, -a; -a, tornád *N* tornado
troska, -y; -y, trosiek *F (usually in Pl)* ruins, débris
týfus, -u *M* typhoid fever
účinne *Adv* effectively

udalosť, -ti; -i, -í *F* event
udržanie, -ia *N* maintaining, preservation, preserving
úroda, -y; -y, úrod *F* crop, harvest
úsilie, -ia; -ia, -í *N* effort
úsmev, -u; -y, -ov *M* smile
vážny *Adj* serious
veterný *Adj* pertaining to wind
vietor, vetra; vetry, vetrov *M* wind;
    fúka vietor the wind is blowing
vlna, -y; -y, vĺn *F* wave
vplývať, -am, -ajú *NP + na + Acc* to influence
všeobecný *Adj* general
výskyt, -u *(only Sg) M* occurrence
vyskytovať sa, -ujem sa, -ujú sa *NP* to occur
vyšetrenie, -ia; -ia, -í *N* (medical) examination

XI. Change the verbs in the following sentences into perfective ones (expressing that you have done/finished sth):

Príklad: *Čítam dobrú knihu.* – *Prečítal som dobrú knihu.*
1. Píšem list. **2.** Pijem víno. **3.** Kupujem chlieb. **4.** Nesie liek. **5.** Prosí priateľa. **6.** Volá doktora. **7.** Ničia lesy. **8.** Liečia rakovinu.

XII. Ask as many questions in Slovak as you can concerning health.

XIII. Use the prepositions *o, pri* with the following nouns:

dom, strýko, Londýn, pivo, priateľ, jedlo, kniha, auto, doktor

XIV. Describe in Slovak a natural disaster that happened in your area.

XV. Povedzte/napíšte, aké je dnes počasie.

XVI. Naučte sa porekadlo:

Mýliť sa je ľudské.

(To err is human.)

XVII. Naučte sa pieseň: ▶

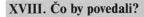

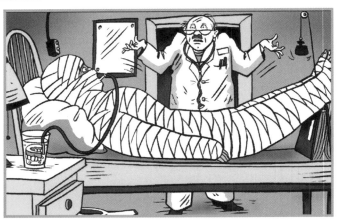

XVIII. Čo by povedali?

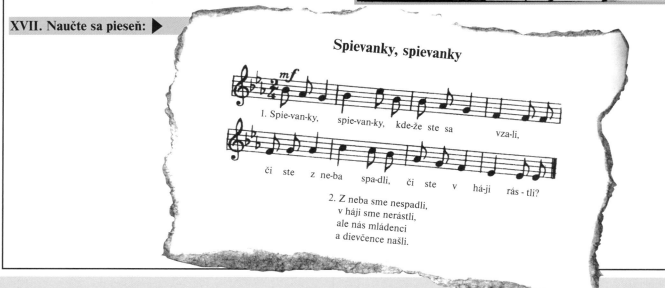

Spievanky, spievanky

1. Spie-van-ky, spie-van-ky, kde-že ste sa vza-li,
či ste z ne-ba spa-dli, či ste v há-ji rás - tli?

2. Z neba sme nespadli,
v háji sme nerástli,
ale nás mládenci
a dievčence našli.

---

vyvrátiť, -im, -ia *P + Acc* to uproot, to topple
vyžiadať si, -am si, -ajú si *P + Acc* to require, to necessitate in
vzduch, -u *M* air
záchranár, -a; -i, -ov *M* member of a rescue team, rescuer
zápal, -u; -y, -ov *M* inflammation
zapálený *Adj* inflamed
zavolať, -ám, -ajú *P* to call
zdevastovať, -ujem, -ujú *P* to devastate
zdravo *Adv* in a healthy way
zdravotný *Adj* pertaining to health (care)
zemetrasenie, -ia; -ia, -í *F* earthquake
zima *Adv* in: **je zima** it (i.e. the weather) is cold

zlomiť, -ím, -ia *P + Acc* to break;
  zlomiť si ruku to break one's arm
zmeniť, -ím, -ia *P + Acc* to change
zmerať, -iam, -ajú *P* to measure
znamenať, -ám, -ajú *NP* to mean, to represent
zničiť, -ím, -ia *P + Acc* to destroy
zrejme *Adv* evidently, unquestionably
zviera, -aťa; -atá, -at *N* animal
životospráva, -y *F* lifestyle (incl. nutrition)
živý *Adj* alive
žltačka, -y; -y, -čiek *F* jaundice

Automobily

Už vyše storočia automobily slúžia ako prostriedok dopravy a v súčasnosti tvoria neodmysliteľnú súčasť nášho každodenného života. Nákladné autá a kamióny vozia tovar, autobusy dopravujú cestujúcich a osobné automobily sa používajú na osobné, rodinné či služobné účely. Na Slovensku sa predáva stále viac nových osobných a malých nákladných vozidiel. Najpredávanejšia značka je Škoda, hoci sa predáva aj množstvo zahraničných automobilov. Veľa ľudí však kupuje ojazdené vozidlá v autobazároch, pretože nové autá sú pre mnohých pridrahé.

Automobil je dobrý pomocník, jeho majiteľ má však početné povinnosti. Musí pravidelne chodiť na technické kontroly, musí dbať o dobrý stav pneumatík, o dostatok oleja v motore aj vody v chladiči a, samozrejme, na čerpacej stanici musí včas načerpať palivo – benzín, naftu alebo plyn. Ak sa auto pokazí, musí ho dať čo najskôr opraviť do autoservisu. Každoročne tiež musí zaplatiť povinné poistenie, prípadne aj havarijné poistenie. Za služobné a podnikateľské autá sa okrem toho platí aj cestná daň.

Slovensko sa v súčasnosti stáva významným strediskom automobilového priemyslu. Výrobcov áut priťahuje stredná Európa, pretože výrobné náklady sú tu pomerne nízke a kvalita práce vysoká. Trh rastie a ďalšie veľké odbytiská sú dostupné. Preto mnohé zahraničné automobilové firmy a investori prichádzajú na Slovensko a po úspešných rokovaniach tu zakladajú svoje závody na výrobu automobilov alebo ich častí. Aj vďaka nim vznikajú nové pracovné miesta a pokračuje rozvoj ekonomiky.

Potrebujem vodičský preukaz

Peter: Mária, mohli by sme dnes ísť do kina?

Mária: Dnes nie. Asi si zabudol, že večer mám poslednú jazdu v autoškole.

Peter: Aha. Takže už čoskoro budeš robiť skúšky, však?

Mária: Áno, o dva týždne. Už som sa začala učiť. Dopravné značky už takmer ovládam, ale dopravné predpisy ešte dobre neviem. Sú dosť ťažké a je ich veľa. Preto sa dosť bojím testov. Dúfam, že aj praktickú skúšku urobím.

Peter: To vieš, že ti budem držať palce. No a potom môžeme ísť na výlet autom po Európe.

Mária: Jasné. Už sa môžeš začať baliť a študovať dopravné predpisy jednotlivých krajín.

SLOVNÍK

aktuálny *Adj* topical, current, up-to-date
antiradar, -u; -y, -ov *M* antiradar (detector)
autobazár, -u; -e, -ov *M* used cars sale; second-hand car dealers
automobil, -u; -y, -ov *M* car, automobile
automobilový *Adj* pertaining to car(s)
autorádio, -ia; -iá, -ii *N* car radio
autoservis, -u; -y, -ov *M* car-repair shop, garage, service station
autoškola, -y; -y, autoškôl *F* driving school
baliť sa, -ím sa, -íme sa *NP* to pack (one´s things)
benzín, -u; -y, -ov *M* gas; *BE* petrol

bezpečnostný *Adj* pertaining to safety;
   bezpečnostný pás *M* seat belt
blízky *Adj* near
budúcnosť, -ti *(only Sg) F* future
cestný *Adj* pertaining to roads; **cestná daň** road tax
čerpacia stanica *F* gas station, filling station
čin, -u; -y, -ov *M* deed
čo najskôr as soon as possible
daň, -e; -e, -í *F* tax
dávny *Adj* remote, ancient
dbať, dbám, dbajú *NP + o + Acc* to see to, to take care of
diaľnica, -e; -e, diaľnic *F* motorway, freeway
diaľničný *Adj* pertaining to a motorway/freeway
dieťa, dieťaťa; deti, detí *N* child

Niektoré dopravné predpisy a pokuty

Slovensko:

Povolená rýchlosť:

v obci:	60 km/hod, ak dopravné značky neuvádzajú nižšiu rýchlosť
na ceste 1. triedy:	90 km/hod
na diaľnici:	90 – 130 km/hod (za prekročenie rýchlosti o 30 km môže polícia okrem pokuty aj odobrať vodičský preukaz)
Zákaz:	– požiť alkohol pred jazdou alebo počas jazdy;
	– telefonovať z mobilného telefónu bez hands-free vybavenia
Povinnosť:	– používať bezpečnostné pásy;
	– svietiť od októbra do apríla;
	– zakúpiť si na spoplatnené úseky diaľničnú známku a nalepiť ju;
	– mať platné potvrdenie o technickej kontrole

Peter našiel na internete aj nasledujúce informácie:

Rakúsko: Diaľnice sú spoplatnené a treba si na ne kúpiť diaľničnú známku, inak hrozia vysoké pokuty. Za značné alebo opakované prekročenie povolenej rýchlosti alebo za alkohol v krvi môže vodič prísť aj o vodičský preukaz. Ak odmietne zaplatiť pokutu alebo zložiť zálohu, polícia mu môže skonfiškovať napríklad autorádio, batožinu alebo fotoaparát. Antiradary sú zakázané.

Taliansko: Pokuty sa platia za jazdu na červenú, nebezpečnú jazdu, nevhodné predbiehanie aj za jazdu bez bezpečnostných pásov. Za jazdu pod vplyvom alkoholu hrozí väzba do jedného mesiaca. Ak vodič nezaplatí pokutu a nepredloží vodičský preukaz, polícia mu môže vozidlo skonfiškovať až do zaplatenia pokuty.

Poľsko: Je zakázané telefonovať počas jazdy. V zimnom období treba mať po celý deň zapnuté svetlá. Ak vodič neposkytne prvú pomoc obetiam nehody, považuje sa to za trestný čin a trestá sa uväznením od troch mesiacov do troch rokov a pokutou.

Francúzsko: Za nezaplatenie pokuty môže polícia skonfiškovať vozidlo a hrozí to aj pri obsahu alkoholu v krvi nad 0,8 promile.

Dopravné značky

Stoj. Daj prednosť (v jazde)
Zákaz vjazdu
Jednosmerná ulica
Slepá ulica
Zákaz predbiehania
Zákaz zastavenia
Zákaz státia
Obchádzka
Priechod pre chodcov
Železničné priecestie
Iné nebezpečenstvo

doba, -y; -y, dôb *F* era, epoch
doprava, -y; -y, dopráv *F* transportation
domácnosť, -ti; -ti, -tí *F* household
dopravný *Adj* 1. pertaining to traffic 2. pertaining to transportation; **dopravná značka** *F* traffic sign; **dopravné predpisy** traffic rules/regulations
dopravovať, -ujem, -ujú *NP + Acc* to transport, to keep transporting
doručovať, -ujem, -ujú *NP* to deliver
dospelosť, -ti *(only Sg)* adulthood
dosť quite a lot
držať palce + *Dat* to keep one's fingers crossed for sb
ekonomika, -y; -y, ekonomík *F* economy

fotoaparát, -u; -y, -ov *M* camera
havarijný *Adj* pertaining to accidents
hroziť, -í, -ia *NP* to be pending; **hrozia pokuty** there is a risk of getting a fine, you risk getting a fine
hymna, -y; -y, hýmn *F* anthem
chladič, -a; -e, -ov *M* radiator (in a car)
chodec, -dca; -dci, -dcov *M* pedestrian
informačný *Adj* pertaining to information
inštitúcia, -ie; -ie, -ií *F* institution
internet, -u; -y, -ov *M* internet
investor, -a; -i, -ov *M* investor
jazda, -y; -y, jázd *F* drive/ride
jazykolam, -u; -y, -ov *M* tongue twister
jednosmerná ulica *F* one-way street
jednotlivý *Adj* particular, individual

Komunikácia v treťom tisícročí

Kým v dávnej minulosti informácie doručovali poslovia a v nedávnej minulosti poštári a telegrafisti, v súčasnosti žijeme v dynamickej dobe moderných informačných technológií. Okrem médií, ako je rádio, televízia a video, priniesli aj mobilné telefóny, internet a e-mail. Vďaka nim môžeme v okamihu kontaktovať ľudí, inštitúcie či informačné zdroje na celom svete. Nie každá domácnosť na Slovensku má internet. Na príčine nie je nezáujem, ale vysoká cena potrebného technického vybavenia, a najmä vysoké telekomunikačné poplatky. V blízkej budúcnosti sa to určite bude musieť zmeniť, lebo dynamický rozvoj spoločnosti bez moderných telekomunikačných technológií a prístupu k aktuálnym informáciám je nemysliteľný. Pre slovenské deti je však počítač ich spoločníkom už nielen na základnej škole, ale často dokonca aj v materskej škole. V dospelosti ho určite budú nevyhnutne potrebovať na profesionálne i osobné účely.

16.1 DATIVE CASE OF NOUNS
Datív podstatných mien

16.1.1 The basic function of the dative in Slovak is to express directedness at or towards something or somebody.

16.1.1.1 Note that in Slovak directedness can be expressed not only by the dative case but also by the genitive case, with a difference in meaning. Cf.

ísť k domu *(Dative)* – to go towards or near to the house

ísť do domu *(Genitive)* – to go into the house

16.1.2 Dative can occur either without any preposition after verbs requiring the dative or after some prepositions.

16.1.2.1 The verbs requiring the dative include e.g. *blahoželať, darovať, dať, pomáhať, pomôcť, poslať, povedať, požičať, predať, prikázať, radiť, telefonovať, zakázať.* Cf.

Tú knihu dám otcovi.	I will give the book to my father.
Mária pomáha mame.	Mary is helping her mother.
Stará mama telefonuje Márii.	Grandmother is (tele)phoning Mary.

16.1.2.2 The prepositions requiring the dative are *k/ku* (to), *oproti* (against), *napriek* (in spite of), *vďaka* (thanks to) and several others. Cf.

Peter ide <u>k</u> lekárovi.	Peter is going to the doctor.
Ich dom je <u>oproti</u> kinu.	Their house is opposite the cinema.
<u>Napriek</u> tomu doštudovala.	In spite of that, she completed her studies.
<u>Vďaka</u> internetu veľa vedel.	He knew a lot thanks to the internet.

16.1.2.3 The prepositions *k/ku* alternate depending on the beginning of the word that follows. The basic preposition is *k*, while *ku* is only used before *k* or *g* or clusters in which these occur, e.g.:

k Márii, k otcovi, k domu;
ku kamarátovi, ku Gabrielovi, ku krásnemu autu, ku škole

16.1.3 In the dative the nouns have the following endings predictable from the gender, animatedness/inanimatedness and the final letter(s) or ending of the noun in the nominative case:

---

kamión, -u; -y, -ov *M* heavy truck
každodenný *Adj* daily, occurring every day
každoročne *Adv* yearly
kilometer, -tra; -tre, -trov *M* kilometer
km/hod = kilometer za hodinu *M* kilometer per hour
komunikácia, -ie; -ie, -ií *F* communication
kontaktovať, -ujem, -ujú *P/NP* to contact
krv, -i *(only Sg)* *F* blood
kupovať, -ujem, -ujú *NP + Acc* to keep buying
kvalita, -y; -y, kvalít *F* quality
majiteľ, -a; -lia, -ov *M* owner
materská škola *F* nursery school
médium, -ia; -iá, -ií *N* medium
mobilný *Adj* mobile; **mobilný telefón** *M* mobile telephone
motor, -a; -y, -ov *M* engine

načerpať, -ám, -ajú *P + Acc* to fill up with sth
nafta, -y; -y, náft *F* diesel fuel
náklad, -u; -y, -ov *M* 1. load 2. *(usually Pl)* cost(s)
nákladné auto *N* truck
nalepiť, -ím, -ia *P + Acc + na + Acc* to fix, to stick on
nasledujúci *Adj* following
nebezpečenstvo, -a; -á, nebezpečenstiev *N* danger
nebezpečný *Adj* dangerous
nehoda, -y; -y, nehôd *F* accident
nemysliteľný *Adj* inconceivable
neodmysliteľný *Adj* inherent, essential
nevhodný *Adj* inappropriate
nevyhnutne *Adv* indispensably, certainly
nezáujem, -jmu *(only Sg)* *M* lack of interest
no a potom well, and then

16.1.3.1 In the dative singular the nouns have the following endings:

Dative Singular of Nouns – Datív singuláru podstatných mien

Gender	Final Letter(s) in Nominative	Dative Ending	Examples
M +Anim		-ovi	otcovi, futbalistovi, strýkovi, učiteľovi
M –Anim		-u	domu, stroju, problému
N		-u	mestu, srdcu, vysvedčeniu; dievčaťu
F	-Ca	-e	žene, knihe, škole
F	-Č(a)	-i	kosti, dlani, ulici

16.1.3.2 Note that some of the dative case endings are the same (i.e. homonymous) with the locative endings, e.g. -ovi, -e, -i, -u, though their distribution is not the same (see 15.1.3.1).

16.1.4 In the dative plural of nouns the morphological situation is relatively simple.

Dative Plural of Nouns – Datív plurálu podstatných mien

Gender	Final Letter(s) in Nominative	Dative Ending	Examples
M		-om	otcom, strýkom, domom, strojom učiteľom
F	-Ca	-ám	ženám, knihám, dámam, vázam
N	-o	-ám	mestám
F	-Č(a)	-iam	dlaniam, uliciam
N	-e, -ie	-iam	srdciam, vysvedčeniam

16.1.4.1 After a long vowel or diphthong in the previous syllable the long ending -ám is shortened to -am, which is in accordance with rhythmic shortening, e.g. dámam, sólam, videám, miestam.

16.2 DATIVE CASE OF ADJECTIVES, PRONOUNS AND NUMERALS – Datív prídavných mien, zámen a čísloviek

16.2.1 The form of the adjectives, pronouns and numerals in Slovak is in concord with the grammatical categories of the nouns with which they occur (cf. 10.2.1 and 15.2).

16.2.2 In the dative plural these words have the following endings (in the table in 16.2.3.1. below the forms are exemplified):

Sg M	F	N	Pl
-ému/-emu -iemu	-ej	-ému/-emu -iemu	-ým/-ím

16.2.2.1 The endings -iemu and -ím are used after palatalized (soft) consonants, e.g. cudziemu, cudzím.

16.2.2.2 After a long vowel or diphthong in the previous syllable the long endings -ému and -ým/-ím are shortened due to the rhythmic shortening.

16.2.3.1 In the particular word categories there are the following dative forms:

Adjectives

Singular M	F	N	Plural
peknému	peknej	peknému	pekným
krásnemu	krásnej	krásnemu	krásnym
cudziemu	cudzej	cudziemu	cudzím

Possessive Pronouns

M	F	N	Plural
môjmu	mojej	môjmu	mojim
tvojmu	tvojej	tvojmu	tvojim
jeho	jej	jeho	ich
nášmu	našej	nášmu	našim
vášmu	vašej	vášmu	vašim
ich	ich	ich	ich

Other Pronouns

M	F	N	Plural
tomu	tej	tomu	tým
tomuto	tejto	tomuto	týmto
ktorému	ktorej	ktorému	ktorým
čiemu	čej	čiemu	čím
akému	akej	akému	akým

Numerals

M	F	N	Plural
jednému	jednej	jednému	jedným
druhému	druhej	druhému	druhým
tretiemu	tretej	tretiemu	tretím

---

obchádzka, -y; -y, -dzok F detour
obsah, -u; -y, -ov M content
odbytisko, -a; -á, odbytísk N market (for delivering goods)
odmietnuť, -nem, -nu NP + Acc to refuse
odobrať, odoberiem, odoberú P + Acc to take, to withhold, to confiscate
ojazdený Adj (about cars) used, second-hand
okamih: v okamihu in no time, instantaneously
okrem toho in addition (to that)
olej, -a; -e, -ov M oil, lubricant
opakovaný Adj repeated

osobný Adj personal; osobný automobil M (motor) car, automobile
ovládať, -am, -ajú NP to know, to be able to handle
palivo, -a; -á, palív N fuel
pás, -u; -y, -ov M belt
platný Adj valid
plyn, -u; -y, -ov M gas
pneumatika, -y; -y, pneumatík F tire
počas during
početný Adj numerous
podnikateľský Adj entrepreneurial, pertaining to business

16.2.3.2 As personal pronouns do not have the gender categories of the pronouns listed above, their forms are listed here separately, i.e.:

Personal Pronouns	
Stressed Form	**Unstressed Form**
Singular	
mne	mi
tebe	ti
jemu/nemu	mu
jej/nej	jej
nemu	mu
Plural	
nám	
vám	
im/nim	

16.2.3.3 The existing stressed (long) forms are used:

a) when emphasized, e.g.

Nehovor to <u>mne</u>!   Don't tell <u>me</u> that!
Cf.: <u>Nehovor</u> mi to!   <u>Don't</u> tell me!

b) at the beginning of the sentence, e.g.

<u>Tebe</u> pomôžem.   I'll help <u>you</u>.
Cf.: <u>Pomôžem</u> ti.   <u>I'll</u> help you.

c) after prepositions, e.g.

<u>Ku mne</u> príde mama.   My mother will come to <u>me</u>.

16.2.3.4 In the 3rd person the stressed masculine form *jemu* and the feminine form *jej* are used without a preposition and the stressed form *nemu* and *nej* are used after a preposition, e.g.

Jemu/Jej sa to páči.   He/She likes it.
Nemusíme ísť k nemu/nej.   We don't have to go to him/her.

16.2.3.5 The pronouns *kto* and *čo* have the forms *komu* and *čomu* respectively.

16.2.3.6 Indefinite and negative pronouns use the forms corresponding to the above list, e.g.:

niektorému, nejakej, nejakým, nikomu, ničomu, etc.

16.3 FORMING ADJECTIVES AND NOUNS FROM VERBS – Tvorenie prídavných a podstatných mien od slovies

16.3.0 Word-formation is a very complex linguistic area in each language. The main stumbling-block is that although there exist word-formative rules, in contrast to grammar the predictability of the existence of the words formed with their help is relatively low, so each supposed form has to be checked in a dictionary.

Some notes concerning Slovak word-formation have already been presented earlier (e.g. in 9.5 on names of nationalities, in 13.1 on forming adverbs, in 14.1 on forming perfective and imperfective verbs, etc.).

16.3.1 With regard to the vocabulary used in this textbook and in this lesson, two main word-formative patterns for forming adjectives and nouns from verbs can be pointed out.

Verb	Adjective	Noun
a) When the noun expresses a process or its result:		
	-aný/-ený	*-anie/-enie*
opakovať	opakovaný	opakovanie
prekročiť	prekročený	prekročenie
opraviť	opravený	opravenie
povoliť	povolený	povolenie
doručiť	doručený	doručenie
zastaviť	zastavený	zastavenie
založiť	založený	založenie
platiť	platený (paid)	platenie
zaplatiť	zaplatený	zaplatenie
skonfiškovať	skonfiškovaný	skonfiškovanie
b) When the noun expresses a quality:		
	-ný	*-nosť*
platiť	platný	platnosť
trestať	trestný	trestnosť
cena	cenný	cennosť

16.4 FORMING ADJECTIVES WITH -ný Tvorenie prídavných mien koncovkou -ný

16.4.1 Many relational adjectives in Slovak are formed from material nouns and from things with the help of the suffix *-ný*, or *-ny* (when preceded by a long syllable), e.g.:

Noun	Adjective
bezpečnosť	bezpečnostný
jar	jarný
obec	obecný
obed	obedný
obchod	obchodný
pár	párny
pomoc	pomocný
štát	štátny
trest	trestný
večer	večerný

poistenie, -ia; -ia, -í *N* insurance; **havarijné poistenie** accident insurance; **povinné poistenie** third party insurance
pokaziť sa, -ím sa, -ia sa *P* to get out of order, to break down
pokračovať, -ujem, -ujú *NP* (v + *Loc*) to continue (in sth)
pokuta, -y; -y, pokút *F* fine (as penalty)
polícia, -ie; -ie, -íí *F* police
pomocník, -a; pomocníci, pomocníkov *M* helper, assistant
poplatok, -tku; -tky, -tkov *M* fee
poskytnúť, -nem, -nú *P + Acc* to provide, to give
posledný *Adj* last
posol, posla; poslovia, poslov *M* messenger
poštár, -a; -i, -ov *M* mailman
potrebný *Adj* necessary
potvrdenie, -ia; -ia, -í *N* certificate

považovať, -ujem, -ujú *NP* to consider
povinnosť, -i; -i, -í *F* obligation, duty
povinný *Adj* obligatory, mandatory
povolený *Adj* allowed, permitted
požiť, -jem, -jú *P + Acc* to consume (alcohol, medications)
pracovný *Adj* pertaining to work;
   pracovné miesto *N* position at work; job (opening)
praktická skúška *F* test of practical (driving) skills
predávaný *Adj* (being) sold
predbiehanie, -ia; -ia, -í *N* overtaking
predložiť, -ím, -ia *P + Acc* to submit
prednosť, -ti; -ti, -tí *F* advantage;
   dať prednosť v jazde to give right of way
predpis, -u; -y, -ov *M* regulation

16.4.2 The final *-e, -a* or *-o* is dropped before adding the suffix *-ný/-ny*, e.g.:

cena	cenný
leto	letný
zima	zimný

16.4.3 Some final consonants change before adding the suffix *-ný/-ny*:

a) Final *-ň* changes into *-n*, e.g.:

deň	denný
jeseň	jesenný

b) Some final consonants are changed (palatalized), though the changes are not fully predictable, e.g.:

c	>	č	noc	nočný
			ulica	uličný
h	>	ž	juh	južný
			kniha	knižný
			noha	nožný

ch	>	š	úspech	úspešný
k	>	č	mlieko	mliečny
			rieka	riečny
but:			obec	obecný
			pomoc	pomocný
			práca	prácny (demanding; taking long time to be done)

16.5 INTENSIFYING ADJECTIVAL AND ADVERBIAL PREFIX *pri-*
Intenzifikujúci adjektívny a adverbiálny prefix *pri-*

Some Slovak adjectives and adverbs can be intensified by the prefix *pri-* meaning *too* much, *excessively*, e.g.

priďaleký, priďaleko, pridrahý, pridraho, priťažký, priťažko, priveľký, priveľa

CVIČENIA

I. Preložte do slovenčiny:

pedestrian crossing, detour, one-way street, blind alley, driver's licence, safety belts, motorway sticker, to exceed the speed limit, to pay the fine, imprisonment, alcohol in blood

II. Odpovedzte:

Na aké účely sa používajú:
  osobné automobily,
  autobusy,
  nákladné automobily,
  kamióny?
Ktorá je najpredávanejšia značka automobilu na Slovensku?
Aké povinnosti má majiteľ automobilu?
Aké povinnosti má vodič automobilu?
Čo má vodič automobilu zakázané?
Aká je povolená rýchlosť na slovenských cestách?

III. Napíšte základné informácie a/alebo zaujímavý príbeh o vašom aute.

IV. Preložte do angličtiny:

1. Nebojím sa testov. 2. Výrobné náklady sú nízke. 3. Automobily tvoria neodmysliteľnú súčasť nášho života.

4. Slovensko sa stáva významným strediskom automobilového priemyslu. 5. Zahraničné firmy tu zakladajú svoje závody. 6. Vznikajú nové pracovné miesta.

V. Aké sú najdôležitejšie dopravné predpisy:

a) na Slovensku
b) vo vašej krajine

VI. Preložte do angličtiny:

posol, poštár, minulosť, informačné zdroje, telekomunikačné poplatky, rozvoj, počítač, spoločník, materská škola, dospelosť, účel

VII. Use the correct form of the nouns in brackets:

blahoželám (otec, mama, syn, susedia)
telefonuje (kamarátky, priatelia, profesor, sestra)
poviem to (Mária, Peter, spolužiaci)
darujeme to (deti, škola, otec)

VIII. Preložte do slovenčiny vždy jedným slovom:

too hot, too far, too old, too easy, too tall, too sweet, too quickly

---

prechod, -u; -y, -ov *M* crossing;
  prechod pre chodcov *M* pedestrian crossing
prekročenie, -ia; -ia, -í *N + Acc* exceeding sth;
  prekročenie rýchlosti exceeding the speed limit, speeding
prekročiť, -ím, -ia *P + Acc* to exceed
preukaz, -u; -y, -ov *M* licence; card
pridrahý *Adj* too expensive
príčina, -y; -y, príčin *F* reason; **na príčine je** the reason is
priemysel, -slu; -sly, -slov *M* industry
prichádzať, -am, -ame *NP* to come, to keep coming
prípadne *Adv* or
prísť o + *Acc P* to lose, to be deprived of sth
prístup, -u; -y, -ov *M* access
priťahovať, -ujem, -ujú *NP + Acc* to attract, to keep attracting

profesionálny *Adj* professional
promile *Nondecl N* pro mille
rádio, -ia; -iá, -ií *N* radio
rásť, rastiem, rastú *NP* to grow
robiť skúšku *F* to take an/the examination
rodinný *Adj* pertaining to the family
rozhodnúť sa, -nem sa, -nú sa *P* to decide, to make one's decision
rýchlosť, -ti; -ti, -tí *F* speed
skonfiškovať, -ujem, -ujú *P + Acc* to confiscate
slepá ulica *F* blind alley
služobný *Adj* job-related; **služobná cesta** *F* business trip
spoločník, -a; spoločníci, spoločníkov *M* companion
spoplatnený *Adj* charging the toll

IX. Use the correct forms after the prepositions listed:

k (môj dobrý priateľ)
k (krásna manekýnka)
oproti (naša nová škola)
vďaka (vaše zaujímavé projekty)
napriek (tvoje zdravotné problémy)
oproti (tie nízke domy)

X. Preložte do slovenčiny:

To whom are you going? I am going to my grandfather and grandmother's. They live in Martin opposite the railway station. I have some presents for them. I bought a vase for my grandmother and a book for my grandfather.

XI. Odpovedzte:

1. Komu obyčajne blahoželáte k narodeninám? **2.** Komu kupujete darčeky? **3.** Komu posielate listy? **4.** Komu pomáhate nakupovať? **5.** Komu varíte obed? **6.** Komu dávate svoje telefónne číslo? **7.** Komu telefonujete najčastejšie? **8.** Komu píšete básne? **9.** Komu požičiate peniaze? **10.** Komu treba zakázať fajčiť? **11.** Komu treba pomáhať? **12.** Komu čítate po slovensky? **13.** Rozumiete všetkému po slovensky? **14.** Čomu nerozumiete? **15.** Učí sa vám slovenčina ľahko? **16.** Páči sa vám slovenčina?

XII. Preložte do slovenčiny:

1. Do you have a computer? **2.** Do you have internet at home? **3.** What do you use your computer for? **4.** Do you use it for listening to music? **5.** Do you play games on the computer? **6.** Do you read anything about Slovakia or in Slovak on the internet? **7.** Do you chat on the internet? **8.** Do you pay much for the internet?

XIII. Form adjectives:

sever, juh, leto, obec, jeseň, štát, trest, rieka, ruka, noc, deň, večer, kniha

XIV. Change the following sentences so that the pronoun is unstressed:

Príklad: *Daj to jemu.   Daj mu to.*
1. Mne to treba.
2. Jej nepomôžem.
3. Nám rozumejú.
4. Im sme neblahoželali.
5. Jej sa to páči.
6. Jemu sa to nepáči.

XV. Change the verb into a noun:

Príklad: *skonfiškovať – skonfiškovanie*
prekročiť, povoliť, doručiť, založiť, spievať, cvičiť, preložiť, cestovať, počítať, písať, plávať, lietať, objednať, skúšať

XVI. Odpovedzte:

1. Chodíte niekedy autom na výlety? **2.** Kam chodíte? **3.** Kto obyčajne šoféruje? **4.** Jazdíte veľmi rýchlo? **5.** Zastavujú vás často policajti? **6.** Platíte často pokuty?

XVII. React in the following way:

Príklad: *Môžem to zaplatiť?   Už je to zaplatené.*
1. Nedoručili to?
2. Preložíte tento text?
3. Opravia tvoj počítač?
4. Založíte novú firmu?
5. Skonfiškujú im majetok?

XVIII. Preložte do slovenčiny:

1. If you have time, read it.
2. If you know him, ask him about it.
3. If you want to, bring it to me.
4. If I had had time, I would have done it.
5. If you had gone to the party, you would have enjoyed it.
6. If I had met him, I would have told him the story.
7. If I knew about it, I would be happy.

XIX. Fill in the missing words/forms:

1. Kedy .... ste mohli opraviť náš televízor?
2. Koľko .... som si mal priniesť peňazí?
3. Keby som mal čas, ... (pomôcť) by som mu.

---

stav, -u; -y, -ov *M* condition, state
stávať sa, -am sa, -ajú sa *NP* gradually to become
súčasť, -ti; -ti, -tí *F* (inherent) part
svietiť, -im, -ia *NP* to switch on/use headlights
technický *Adj* technical
technológia, -ie; -ie, -ií *F* technology
telegrafista, -u; -i, -ov *M* telegrapher
telekomunikačný *Adj* pertaining to telecommunication(s)
televízia, -ie; -ie, -ií *F* television
tisícročie, -ia; -ia, -í *N* millenium
tovar, -u; -y, -ov *M* goods
to vieš, že you bet that; you can be sure that
trestať, -ám, -ajú *NP + Acc + Instr* to punish sb by sth
trestný *Adj* penal, criminal; **trestný čin** criminal deed;
    trestný zákon penal code

trh, -u; -y, -ov *M* market
účel, -u; -y, -ov *M* purpose
urobiť skúšku *F* to pass an/the examination
úspešný *Adj* successful
uväznenie, -ia; -ia, -í *N* imprisonment
väzba, -y; -y, väzieb *F* custody detention
včas in time
vodič, -a; -i, -ov *M* driver
vodičský preukaz *M* driver's licence
vozidlo, -a; -á, -diel *N* vehicle
voziť, -ím, -ia *NP + Acc* to carry, to transport
vplyv, -u; -y, -ov *M* influence; **pod vplyvom** + *Acc* under the influence of sb/sth
vybavenie, -ia; -nia, -ní *N* equipment
výrobca, -u; -ovia, -ov *M* producer, manufacturer

4. Peter, ak by si mal tú knihu, požičal .... si mi ju?
5. Nerobil .... som si s tým starosti.
6. Kde .... ste chceli bývať?
7. Nemali .... ste tam chodiť.
8. Keby .... (prísť) neskoro, počkali by sme ich.

XX. Preložte (použite *nech* alebo zámeno *s .....koľvek*):

1. Whatever I tell them, they are angry.
2. Wherever he lives, he is happy there.
3. Whenever he calls, I am glad to hear him.
4. Whoever said it, he was right.
5. However far away he lives, he often comes to visit us.
6. Whosever the car is, it looks nice.

XXI. Odpovedzte:

Ako dlho sa učíte po slovensky?
Viete už veľa po slovensky?
Čítate slovenské noviny?
Pozeráte slovenské televízne programy?
Rozumiete, keď ľudia hovoria po slovensky rýchlo?
Viete písať listy po slovensky?
Čo je na slovenčine najťažšie?
Čo je na slovenčine najľahšie?
Viete zaspievať nejakú slovenskú pieseň?

XXII. Jazykolam:

Povedali naši vašim,
aby prišli vaši k našim.
Keď neprídu vaši k našim,
tak nech prídu naši k vašim.

XXIII. Naučte sa porekadlo:

*Čo sa za mladi naučíš,
na starosť
akoby si našiel.*

(Who learns young forgets not when he is old.)
(Old age is the time of rediscovery.)

XXIV. Komu by ste dali tieto darčeky?

XXIV. Naučte sa slovenskú hymnu:

výrobný *Adj* pertaining to production;
   výrobné náklady production costs
vznikať, -ám, -ajú *NP* to arise, to keep arising
začať, začnem, začnú *P + Acc* to begin, to start;
   začať sa učiť to start studying
zákaz, -u; -y, -ov prohibition; **zákaz predbiehania** *M*
   no overtaking; **zákaz státia** no stopping/parking;
   zákaz vjazdu no entry; **zákaz zastavenia** no stopping
zakázaný *Adj* prohibited
zakázať, zakážem, zakážu *P + Acc* to prohibit
zakladať, -ám, -ajú *NP + Acc* to found, to establish

záloha, -u; -y, záloh *F* advance/partial payment, deposit
zaplatenie, -ia *N* payment
zapnutý *Adj* switched on
závod, -u; -y, -ov *M* factory, plant
zdroj, -a; -e, -ov *M* source
zložiť, -ím, -ia *P + Acc* to deposit
značka, -y; -y, -čiek *F* 1. trade mark 2. sign;
   dopravná značka traffic sign
značný *Adj* considerable
železničné priecestie *N* grade crossing

1. SPELLING DATA

a) Words Spelled with y – Vybrané slová a slová od nich utvorené

B   by, aby, byť, bystrý, Bystrica, Bytča, byť, nábytok, bydlisko, bývať, príbytok, dobytok, obyčaj, kobyla, býk, bylina, bydlo, byt, dobyť, odbyt
byť – *to be*
biť – *to beat*

M   my, mykať, mýliť sa, myslieť, umývať, mydlo, myš, šmýkať sa, hmyz, žmýkať, priemysel, Myjava, mýto, mys
my – *we*
mi – *(to) me*

P   pýcha, pýtať sa, pýr, kopyto, prepych, pysk, pykať, pýšiť sa, pytliak
pysk – *mouth (of an animal)*
pisk – *the sound of a pipe*

R   ryba, rýchly, ryť, rýpať, hrýzť, kryť, koryto, korytnačka, strýc, ryčať, ryža, bryndza, rys *(1. feature, 2. lynx)*,
Korytnica, rýdzi, rýdzik, brýzgať, rytier, trýzniť, rým

S   syn, syr, sýty, sypať, syseľ, syčať, sýkorka, sychravý, vysychať

V   vysoký, zvyk, vy *(you)*, výr, výskať, vyť, vy- *(prefix)*, vyžla *(setter – dog)*
výr – *eagle-owl*
vir – *whirl*
vyť – *to howl*
viť – to weave *(a wreath)*
zavíjať – *to enwrap*

Z   jazyk, nazývať, ozývať sa, prezývať, pozývať, vyzývať

-ly/lý   lyko, lysý, lýtko, lyžica, blýskať sa, mlyn, plyn, plytký, vzlykať, slýchať, lyže, pomaly

b) Words Spelled with ä – Písanie ä

päsť, päť, päta, opäť, späť, smäd, bába, holúbä, žriebä, väčší, vädnúť, väz, obväz, zväz, hovädo, nevädza, svätý, deväť, väzeň

2. DECLENSION PATTERNS – Vzory skloňovania

a) NOUNS – Podstatné mená

Masculine

Sg	Nom	chlap	hrdina	dub	stroj
	Gen	chlapa	hrdinu	duba	stroja
	Dat	chlapovi	hrdinovi	dubu	stroju
	Acc	chlapa	hrdinu	dub	stroj
	Loc	(o) chlapovi	(o) hrdinovi	(o) dube	(o) stroji
	Instr	chlapom	hrdinom	dubom	strojom
Pl	Nom	chlapi	hrdinovia	duby	stroje
	Gen	chlapov	hrdinov	dubov	strojov
	Dat	chlapom	hrdinom	dubom	strojom
	Acc	chlapov	hrdinov	duby	stroje
	Loc	(o) chlapoch	(o) hrdinoch	(o) duboch	(o) strojoch
	Instr	chlapmi	hrdinami	dubmi	strojmi

Feminine

Sg	Nom	žena	ulica	dlaň	kosť
	Gen	ženy	ulice	dlane	kosti
	Dat	žene	ulici	dlani	kosti
	Acc	ženu	ulicu	dlaň	kosť
	Loc	(o) žene	(o) ulici	(o) dlani	(o) kosti
	Instr	ženou	ulicou	dlaňou	kosťou
Pl	Nom	ženy	ulice	dlane	kosti
	Gen	žien	ulíc	dlaní	kostí
	Dat	ženám	uliciam	dlaniam	kostiam
	Acc	ženy	ulice	dlane	kosti
	Loc	(o) ženách	(o) uliciach	(o) dlaniach	(o) kostiach
	Instr	ženami	ulicami	dlaňami	kosťami

Neuter

Sg	Nom	mesto	srdce	vysvedčenie	dievča
	Gen	mesta	srdca	vysvedčenia	dievčaťa
	Dat	mestu	srdcu	vysvedčeniu	dievčatii
	Acc	mesto	srdce	vysvedčenie	dievča
	Loc	(o) meste	(o) srdci	(o) vysvedčení	(o) dievčati
	Instr	mestom	srdcom	vysvedčením	dievčaťom
Pl	Nom	mestá	srdcia	vysvedčenia	dievčatá
	Gen	miest	sŕdc	vysvedčení	dievčat
	Dat	mestám	srdciam	vysvedčeniam	dievčatám
	Acc	mestá	srdcia	vysvedčenia	dievčatá
	Loc	(o) mestách	(o) srdciach	(o) vysvedčeniach	(o) dievčatách
	Instr	mestami	srdcami	vysvedčeniami	dievčatami

b) ADJECTIVES – Prídavné mená

		M	F	N	M	F	N
Sg	Nom	pekný	pekná	pekné	cudzí	cudzia	cudzie
	Gen	pekného	peknej	pekného	cudzieho	cudzej	cudzieho
	Dat	peknému	peknej	peknému	cudziemu	cudzej	cudziemu
	Acc +Anim	pekného	peknú	pekné	cudzieho	cudziu	cudzie
	−Anim	pekný			cudzí		
	Loc	(o) peknom	(o) peknej	(o) peknom	(o) cudzom	(o) cudzej	(o) cudzom
	Instr	pekným	peknou	pekným	cudzím	cudzou	cudzím
Pl	Nom +Anim	pekní	pekné	pekné	cudzí	cudzie	cudzie
	−Anim	pekné	cudzie				
	Gen	pekných	pekných	pekných	cudzích	cudzích	cudzích
	Dat	pekným	pekným	pekným	cudzím	cudzím	cudzím
	Acc +Anim	pekných	pekné	pekné	cudzích	cudzie	cudzie
	−Anim	pekné			cudzie		
	Loc	(o) pekných	(o) pekných	(o) pekných	(o) cudzích	(o) cudzích	(o) cudzích
	Instr	peknými	peknými	peknými	cudzími	cudzími	cudzími

		M	F	N
Sg	Nom	otcov	otcova	otcovo
	Gen	otcovho	otcovej	otcovho
	Dat	otcovmu	otcovej	otcovmu
	Acc +Anim	otcovho	otcovu	otcovo
	−Anim	otcov		
	Loc	(o) otcovom	(o) otcovej	(o) otcovom
	Instr	otcovým	otcovou	otcovým
Pl	Nom +Anim	otcovi	otcove	otcove
	−Anim	otcove		
	Gen	otcových	otcových	otcových
	Dat	otcovým	otcovým	otcovým
	Acc +Anim	otcových	otcove	otcove
	−Anim	otcove		
	Loc	(o) otcových	(o) otcových	(o) otcových
	Instr	otcovými	otcovými	otcovými

c) PRONOUNS – Zámená

i. Personal – Osobné

Sg		1st Pers	2nd Pers	3rd Pers M	F	N
	Nom	ja	ty	on	ona	ono
	Gen	mňa, ma	teba, ťa	jeho, ho, neho,-ňho, -ň	jej, nej	jeho, ho, neho
	Dat	mne, mi	tebe, ti	jemu, mu, nemu	jej, nej	jemu, mu, nemu
	Acc	mňa, ma	teba, ťa	jeho, ho, neho, -ňho	ju, ňu	ho
	Loc	(o) mne	(o) tebe	(o) ňom	(o) nej	(o) ňom
	Instr	mnou	tebou	ním	ňou	ním
Pl		1st Pers	2nd Pers	3rd Pers		
	Nom +Anim	my	vy	oni	ony	ony
	−Anim			ony		
	Gen	nás	vásich, nich	ich, nich	ich, nich	
	Dat	nám	vám	im, nim	im, nim	im, ním
	Acc +Anim	nás	vásich, nich	ich, ne	ich, ne	
	−Anim		ich, ne			
	Loc	(o) nás	(o) vás	(o) nich	(o) nich	(o) nich
	Instr	nami	vami	nimi	nimi	nimi

ii. Possessive – Privlastňovacie

Sg		M	F	N	Pl	M	F	N
Nom		môj	moja	moje	+Anim –Anim	moji moje	moje	moje
Gen		môjho	mojej	môjho		mojich	mojich	mojich
Dat		môjmu	mojej	môjmu		mojim	mojim	mojim
Acc +Anim		môjho	moju	moje		mojich	moje	moje
–Anim		môj				moje		
Loc	(o)	mojom	(o) mojej	(o) mojom		(o) mojich	(o) mojich	(o) mojich
Instr		mojím	mojou	mojím		mojimi	mojimi	mojimi

iii. Demonstrative - Ukazovacie

Sg		M	F	N	Pl	M	F	N
Nom		ten	tá	to	+Anim –Anim	tí tie	tie	tie
Gen		toho	tej	toho		tých	tých	tých
Dat		tomu	tej	tomu		tým	tým	tým
Acc +Anim		toho	tú	to		tých	tie	tie
–Anim		ten	tie					
Loc	(o)	tom	(o) tej	(o) tom		(o) tých	(o) tých	(o) tých
Instr		tým	tou	tým		tými	tými	tými

3. MEASURES AND WEIGHTS – Miery a hmotnosť

a) Linear Measures – Dĺžkové miery

1 metre = 10 decimetres = 100 centimetres =
= 1000 millimetres
1 kilometre = 1000 metres

10 millimetres	= 1 centimetre
10 centimetres	= 1 decimetre
100 centimetres	= 1 metre
1000 metres	= 1 kilometre
1 centimetre	= 0.39 inch
1 metre	= 1.09 yard
1 kilometre	= 0.62 statute mile
1 inch	= 2.54 centimetres
1 foot	= 30.48 centimetres
	= 0.30 metre
1 yard	= 91.44 centimetres
	0.91 metre
1 statute mile	= 1.61 kilometer
1 nautical mile	= 1.85 kilometer

b) Weights – Hmotnosť

1 kilogram	= 100 decagrams = 1,000 grams
1 ton	= 1,000 kilograms
1 kilogram	= 2.2 pounds

	Avoirdupois	Troy
1 grain	= 0.065 grams	0.065 grams
1 ounce	= 28.35 grams	31.10 grams
1 pound	= 45.4 decagrams	37.33 decagrams
	= 0.45 kilograms	0.37 kilograms
1 long ton	= 1,016 kilograms	
	= 1.02 ton	
1 US short ton	= 907.19 kilograms	
	= 0.907 ton	

c) Capacity – Objem

1 litre = 10 decilitres = 1,000 millilitres

Liquid

		GB	US
1 litre	=	0.22 gallons	0.26 gallons
	=	1.76 pint	2.11 pint
	=	35.10 fluid ounces	33.81 fluid ounces

	GB	US
1 fluid ounce	= 0.284 decilitre	0.296 deciliter
1 pint	= 0.568 litre	0.473 liter
1 quart	= 1.136 litre	0.946 liter
1 gallon	= 4.546 litres	3.785 liters

Dry

	GB	US
1 pint	= 0.568 litre	0.551 liter
1 quart	= 1.138 litre	1.101 liter
1 bushel	= 34.228 litres	35.328 liters

4. NAMES IN THE CALENDAR – Mená v kalendári

	Januar	Februar	Marec	April	Maj	Jun
1.	-	Tatiana	Albín	Hugo	-	Žaneta
2.	Alexandra	Erik, Erika	Anežka	Zita	Žigmund	Xénia
3.	Daniela	Blažej	Bohumil	Richard	Galina	Karolína
4.	Drahoslav	Veronika	Kazimír	Izidor	Florián	Lenka
5.	Andrea	Agáta	Fridrich	Miroslava	Lesana	Laura
6.	Antónia	Dorota	Radoslav	Irena	Hermína	Norbert
7.	Bohuslava	Vanda	Tomáš	Zoltán	Monika	Róbert
8.	Severín	Zoja	Alan	Albert	Ingrida	Medard
9.	Alexej	Zdenko	Františka	Milena	Roland	Stanislava
10.	Dáša	Gabriela	Branislav	Igor	Viktória	Margaréta
11.	Malvína	Dezider	Angela	Július	Blažena	Dobroslava
12.	Ernest	Perla	Gregor	Estera	Pankrác	Zlatko
13.	Rastislav	Arpád	Vlastimil	Aleš	Servác	Anton
14.	Radovan	Valentín	Matilda	Justína	Bonifác	Vasil
15.	Dobroslav	Pravoslav	Svetlana	Fedor	Žofia	Vít
16.	Kristína	Ida	Boleslav	Danica	Svetozár	Blanka
17.	Nataša	Miloslava	Ľubica	Rudolf	Gizela	Adolf
18.	Bohdana	Jaromír	Eduard	Valér	Viola	Vratislav
19.	Drahomíra	Vlasta	Jozef	Jela	Gertrúda	Alfréd
20.	Dalibor	Lívia	Víťazoslav	Marcel	Bernard	Valéria
21.	Vincent	Eleonóra	Blahoslav	Ervín	Zina	Alojz
22.	Zora	Etela	Beňadik	Slavomír	Júlia	Paulína
23.	Miloš	Roman	Adrián	Vojtech	Želmíra	Sidónia
24.	Timotej	Matej	Gabriel	Juraj	Ela	Ján
25.	Gejza	Frederik	Marián	Marek	Urban	Tadeáš
26.	Tamara	Viktor	Emanuel	Jaroslava	Dušan	Adriána
27.	Bohuš	Alexander	Alena	Jaroslav	Iveta	Ladislav
28.	Alfonz	Zlatica	Soňa	Jarmila	Viliam	Beáta
29.	Gašpar	Radomír	Miroslav	Lea	Vilma	Peter, Pavol
30.	Ema		Vieroslava	Anastázia	Ferdinand	Melánia
31.	Emil		Benjamín		Petronela	

	Júl	August	September	Október	November	December
1.	Diana	Božidara	Drahoslava	Arnold	Denisa	Edmund
2.	Berta	Gustáv	Linda	Lavoslav	-	Bibiána
3.	Miloslav	Jerguš	Belo	Stela	Hubert	Oldrich
4.	Prokop	Dominik	Rozália	František	Karol	Barbora
5.	Cyril a Metod	Hortenzia	Regina	Viera	Imrich	Oto
6.	Patrícia	Jozefína	Alica	Natália	Renáta	Mikuláš
7.	Oliver	Štefánia	Mariana	Eliška	René	Ambróz
8.	Ivan	Oskár	Miriama	Brigita	Bohumír	Marína
9.	Lujza	Ľubomíra	Martina	Dionýz	Teodor	Izabela
10.	Amália	Vavrinec	Oleg	Slavomíra	Tibor	Radúz
11.	Milota	Zuzana	Bystrík	Valentína	Martin	Hilda
12.	Nina	Darina	Mária	Maximilián	Svätopluk	Otília
13.	Margita	Ľubomír	Ctibor	Koloman	Stanislav	Lucia
14.	Kamil	Mojmír	Ľudomil	Boris	Irma	Branislava
15.	Henrich	Marcela	Jolana	Terézia	Leopold	Ivica
16.	Drahomír	Leonard	Ľudmila	Vladimíra	Agnesa	Albína
17.	Bohuslav	Milica	Olympia	Hedviga	Klaudia	Kornélia
18.	Kamila	Helena	Eugénia	Lukáš	Eugen	Sláva
19.	Dušana	Lýdia	Konštantín	Kristián	Alžbeta	Judita
20.	Eliáš	Anabela	Ľuboslav	Vendelín	Félix	Dagmara
21.	Daniel	Jana	Matúš	Uršula	Elvíra	Bohdan
22.	Magdaléna	Tichomír	Móric	Sergej	Cecília	Adela
23.	Oľga	Filip	Zdenka	Alojzia	Klement	Nadežda
24.	Vladimír	Bartolomej	Ľuboš	Kvetoslava	Emília	Adam a Eva
25.	Jakub	Ľudovít	Vladislav	Aurel	Katarína	-
26.	Anna	Samuel	Edita	Demeter	Kornel	Štefan
27.	Božena	Silvia	Cyprián	Sabína	Milan	Filoména
28.	Krištof	Augustín	Václav	Dobromila	Henrieta	Ivana
29.	Marta	Nikola	Michal	Klára	Vratko	Milada
30.	Libuša	Ružena	Jarolím	Šimon	Ondrej	Dávid
31.	Ignác	Nora		Aurélia		Silvester

5. BANK HOLIDAYS – Štátne sviatky

1. január	– Nový rok; Deň vzniku Slovenskej republiky (1993)
6. január	– Traja králi
...	– Veľký piatok
...	– Veľkonočný pondelok
1. máj	– Sviatok práce
5. júl	– Deň slovanských vierozvestcov Cyrila a Metoda
19. august	– výročie Slovenského národného povstania
1. september	– Deň Ústavy Slovenskej republiky
15. september	– Sedembolestná Panna Mária
1. november	– Sviatok všetkých svätých
24. december	– Štedrý deň
25. december	– 1. sviatok vianočný
26. december	– 2. sviatok vianočný

6. BIBLIOGRAPHY OF SELECTED BOOKS ON THE SLOVAK LANGUAGE AND SLOVAKIA
Bibliografia vybraných kníh o slovenčine a Slovensku

a) Textbooks:

Baláž, Peter – Darovec, Miloslav – Trebatická, Heather: Slovak for Slavicists. SPN, Bratislava 1991 (plus dictionary and tapes)

Hammer, Louise B.: Manual for Individualized Studies: Elementary Slovak I, Elementary Slovak II. Columbus, OH: Ohio State University Foreign Language Publication, Nos. 112, 112A, 113, 113 A (plus tapes), 1994

Hammer, Louise B.: Manual for Individualized Studies: Intermediate Slovak I, Intermediate Slovak II. Columbus. OH: Ohio State University Foreign Language Publication (plus tapes), 1995

Holíková, Klaudia – Weissová, Mária: Základy slovenčiny. Essential Slovak. Grundkurs Slowakisch. Slovacco Elementare. Učebnica. Pracovný zošit. Danubiaprint, Bratislava 1995; ISBN 80-218-0179-4

Holíková, Klaudia (ed.) et al.: Dobrý deň, slovenčina. KON-PRESS, Bratislava 1991 (plus dictionary and tapes)

Mistrík, Jozef: Basic Slovak. SPN, Bratislava 1980; ISBN 80-08-01333-8 (plus tapes)

Oravec, Ján – Prokop, Jozef: Slovenčina pre krajanov hovoriacich po anglicky. A Slovak Textbook for English-Speaking Countrymen. Matica slovenská, Martin 1986

Swan, Oscar E. – Gálová-Lörinc, Sylvia: Beginning Slovak. Slavica Publishers, Columbus 1990

Votruba, Martin: Elementary and Intermediate Slovak. University of Pittsburgh (year not given)

b) Grammars:

Bázlik, Miroslav – Kubišová, Alžbeta: Porovnávacia gramatika anglického a slovenského jazyka II. Univerzita Komenského, Bratislava 1991

Bázlik, Miroslav – Votruba, Martin: Porovnávacia gramatika angličtiny a slovenčiny. Univerzita Komenského, Bratislava 1983

Mistrík, Jozef: A Grammar of Contemporary Slovak. SPN, Bratislava 1988

Mistrík, Jozef: Gramatika slovenčiny. SPN, Bratislava 1994; ISBN-80-08-02184-5

Pauliny, Eugen: Slovenská gramatika (Opis jazykového systému). SPN, Bratislava 1981

c) Dictionaries:

Bilingual:

Bocková, Viera et al.: Anglicko-slovenský ekonomický slovník. Elita, Bratislava 1993

Franko, Štefan: Anglicko-slovenský slovník. English-Slovak Dictionary. Economics, Economy. Slovacontact, Prešov 1993

Konuš, Jozef J.: Slovak-English Phraseological Dictionary. Slovensko-anglický frazeologický slovník. Slovak Catholic Sokol, Passaic 1969

Kvetko, Pavol: Anglicko-slovenský frazeologický slovník. SPN, Bratislava 1984

Kvetko, Pavol: Slovensko-anglický frazeologický slovník. SPN, Bratislava 1995

Šimko, Ján: Anglicko-slovenský slovník. SPN, Bratislava 1967; 1991

Vilikovská, J., Vilikovský, P.: Slovensko-anglický slovník. SPN, Bratislava 1971

Slovak:

Kačala, Ján – Pisarčíková, Mária (editors): Krátky slovník slovenského jazyka. Veda, Bratislava 1987

Majtán, Milan (ed.): Historický slovník slovenského jazyka I/A – J. Veda, Bratislava 1991

Mistrík, Jozef: Frekvencia slov v slovenčine. Vydavateľstvo SAV, Bratislava 1969

Mistrík, Jozef: Retrográdny slovník slovenčiny. UK, Bratislava 1976

d) Other Materials

Činčura, Andrew: An Anthology of Slovak Literature. University Hardcovers. Riverside 1976

Dolník, Juraj: Lexikológia. Univerzita Komenského, Bratislava 2003; ISBN 80-223-1733-0

Dolník, Juraj: Spisovná slovenčina a jej používatelia. Stimul, Bratislava 2000

Drobná, Oľga et al.: Slovensko moje. Perfekt, Bratislava 1996

Furdík, Juraj: Slovenská slovotvorba. Ed. Martin Ološtiak. Náuka, Prešov 2004

Hajko, Vladimír – Filkorn, Vojtech (editors): Encyklopédia Slovenska, 6 volumes. Veda, Bratislava 1985

Hajko, Vladimír – Filkorn, Vojtech (editors): Malá encyklopédia Slovenska. Veda, Bratislava 1987

Hammerová, Louise – Ripka, Ivor: Speech of American Slovaks. Jazykové prejavy amerických Slovákov. Veda, Bratislava 1994; ISBN 80-224-0151-X

Horecký, Ján: Slovenčina v našom živote. SPN, Bratislava 1988

Horecký, Ján – Buzássyová, Klára – Bosák, Ján a kol.: Dynamika slovnej zásoby súčasnej slovenčiny. Veda, Bratislava 1989; ISBN 80-224-0047-5

Kirschbaum, Joseph M.: Slovak Language and Literature. Essays. Readings in Slavic Literatures 12, ed. J. B. Rudnyckyj. Winnipeg, Cleveland, 1975; ISBN 75-5250

Kirschbaum, Stanislav J.: A History of Slovakia. The Struggle for Survival. St. Martin' Press, New York; ISBN 0-315-10403-0

Kovtun, George J.: Czech and Slovak Literature in English. A Bibliography. Library of Congress, Washington 1984

Mannová, E. – Daniel, D. P. (editors): A Guide to Historiography in Slovakia. Veda, Bratislava 1995

Mikuš, Jozef A.: Slovakia. A Political and Constitutional History. Veda, Bratislava 1995

Mistrík, Jozef: Moderná slovenčina. Veda, Bratislava 1984

Mrva, Ivan: Slovensko – Dejiny v kocke. Perfekt, Bratislava 2003

Rudinsky, Norma L: Incipient Feminists: Women Writers in the Slovak National Revival. Slavica Publishers, Columbus 1991

Rudinsky, Norma L. (editor and transl.): That Alluring Land. Slovak Stories by Timrava. University of Pittsburgh Press, Pittsburgh and London 1992; Slovenský biografický slovník. Matica slovenská, Martin 1992

Smith, J. S.: Not Waiting for Miracles (Seventeen Contemporary Slovak Poets). Transl. by Viera S. Smith, Štefánia Allen. Modrý Peter, Levoča 1993

Špiesz, Anton – Čaplovič, Dušan: Ilustrované dejiny Slovenska. Perfekt, Bratislava 2006

Spiesz, Anton – Caplovic, Dusan – Bolchazy, Ladislav: Illustrated Slovak History. Perfekt, Bratislava 2006

Strhan, Milan, Daniel. D. P. (editors): Slovakia and the Slovaks – A Concise Encyclopaedia. Encyclopaedical Institute of the Slovak Academy of Sciences/Goldpress Publishers, Bratislava 1994; ISBN 80-85584-11-5

Trebatická, Heather (transl.): In Search of Homo Sapiens. 25 Contwemporary Slovak Short Stories. Slovak Writers Society, Bolchazy-Carducci Publishers, 2002. ISBN 80-8061-118-1

7. BRIEF SURVEY OF SLOVAK HISTORY
Stručný prehľad slovenských dejín

1 mil. BC	– beginnings of human inhabitation of Slovakia
end of 5th century	– arrival of the Slavs in Slovakia mid-6th century – arrival of the Avars
623-658	– Samo's Empire – the oldest West-Slavic state. Established to protect the Slavs from the attacks of nomadic Huns.
826-829	– 1st Christian church on our territory built and consecrated in Nitra
833	– Duke Mojmír establishes the Great Moravian Empire after annexing Pribina's principality of Nitra. The Great Moravian Empire was on the territory of modem Slovakia, Moravia, Bohemia, Silesia and parts of Hungary and Austria, with its main centers in Slovakia and Moravia.
863	– arrival of brothers Cyril and Methodius in Slovakia at the invitation of Prince Rastislav. These Byzantine missionaries christened the local inhabitants, created an alphabet for their language and translated parts of the Scriptures into their language. Old Church Slavonic was approved by the Pope as a liturgical language
907	– disintegration of the Great Moravian Empire, above all as a result of Hun and Frankish invasions
1000	– Slovakia is made part of the feudal Hungarian state for almost 1.000 years
13th century	– municipal rights granted to a number of Slovak towns (e.g. Banská Štiavnica 1238, Trnava 1238, Zvolen 1238, Nitra 1248, Banská Bystrica 1255, Kežmarok 1269, Levoča 1271, Bratislava 1291)
1465	– in Bratislava King Matthias Corvinus founds the first university in Slovakia – Academia Istropolitana
1526	– at the Battle of Mohács the Hungarian Empire defeated by the Turkish Ottoman Empire. Consequently, in 1536 for nearly 300 years afterwards Bratislava became the capital of the Hungarian Kingdom, the seat of governmental offices, of the Parliament, of the Archbishopric and the coronation town of Hungarian kings and queens
1635	– Jesuit university founded in Trnava
late 18th century	– the liberal reforms of Maria Theresa and her son Joseph II enabled the National Revival Movement of the Slovaks
1787	– first codification of the Slovak language by Anton Bernolák (based on West Slovak dialects)
1843	– second codification of the Slovak language by Ľudovít Štúr (based on Central Slovak dialects and continued in modern standard literary Slovak)
1848-1849	– movement for Slovak national autonomy led by the Slovak National Council
1861	– Memorandum of the Slovak Nation expressing the desire for national autonomy
1863	– the founding of Matica slovenská – the Slovak national cultural institution in Martin
1867	– Austro-Hungarian "Ausgleich" (Compromise) which by constructing a dual state enabled the beginning of a period of extreme oppression of the Slovaks by the Hungarians. Most Slovak schools were closed and the Slovak language was ousted from official and educational use
1875	– the forced closing of Matica slovenská
1914-1918	– World War I
1915	– the Cleveland Agreement between the Czechs and the Slovaks to establish a common federal state of the two nations with autonomous Slovakia
1918	– the Pittsburgh Agreement to establish the democratic Czecho-Slovak Republic with Slovakia as its part
1918	– on Octobre 28 establishment of the Czecho-Slovak Republic after the disintegration of the Austro-Hungarian monarchy
1919	– Milan Rastislav Štefánik, co-founder of the Czecho-Slovak Republic, a Slovak astronomer, politician and general in the French Anny, dies in an airplane accident near Bratislava
1938	– in an arbitration judgement in Vienna Hitler awarded one fifth of Slovak territory to Hungary – Czechoslovakia broken up as a result of the Munich treaty
1939	– on March 13 the Slovak State formed, basically as a result of Hitler's threat of dividing Slovakia among Germany, Hungary and Poland
1939-1945	– World War II
1944	– Slovak National Uprising against fascism
1945	– re-establishment of the Czechoslovak Republic
1948	– in the February coup democracy in Czechoslovakia defeated by the rise of communist dictatorial regime
1968	– Prague Spring – Czechoslovakia, under the leadership of the Slovak Alexander Dubček, tries to develop a more democratic reformed socialism – on August 21 Warsaw Pact troops invade Czechoslovakia
1989	– beginning of the Velvet Revolution which led to the demise the totalitarian communist regime and renewal of democracy
1992	– in July the Slovak National Council proclaims the sovereignty of the Slovak Republic – on September 3 the Slovak Constitution adopted and signed
1993	– on January 1 the independent and sovereign Slovak Republic formed after the division of Czechoslovakia – on January 19 Slovak Republic becomes member of the UNO – on June 30 Slovakia becomes member of the Council of Europe
2004	– on May 1 Slovakia becomes member of the European Union

DICTIONARY – SLOVNÍK

a and
á *Interj* oh
abeceda, -y; -y, abecied *F* alphabet
aby + *Past Tense* (so) that
adresa, -y; -y, adries *F* address
Afrika, -y *F* Africa
ahoj/te *(Infml Coll Sg/Pl; used also by children and teenagers)* hi; bye
aj also, too
ak if
akademický *Adj* pertaining to university; academic; **akademický maliar** *M* painter with an academic degree
ako 1. as 2. how
ako sa máš/máte? *(Sg Infml/Pl or Sg Fml)* how are you?
ako sa ti/vám páči ...? *(Sg Infml/Pl or Sg Fml)* how do you like ...?; **ako sa ti/vám to páči?** *(Sg Infml/Pl or Sg Fml)* how do you like it?; **ako sa ti/vám páči na Slovensku?** *(Sg Infml/Pl or Sg Fml)* how do you like it in Slovakia?
ako sa to povie? how do you say it? how does one say it?; **ako sa to povie po slovensky?** how do you say it/that in Slovak? what is it in Slovak?
ako sa voláš/voláte? *(Sg Infml/Pl or Sg Fml)* what is your name?
ako... tak aj... ...as well as...
ako to? how come?
akoby as if
aktuálny *Adj* topical, current, up-to-date
aký, -á, -é *(about quality, kind, etc.)* what, of what kind
akýkoľvek any, of whatever kind
album, -u; -y, -ov *M* album
ale but; however
alebo or
alkohol, -u *(usually only Sg) M* alcohol
Alžbeta, -y; -y, Alžbiet *F* Elizabeth
Američan, -a; -ia, -ov *M* American (male)
Američanka, -y; -y, -niek *F* American (female)
americký *Adj* American
ananás, -u; -y, -ov *M* pineapple
anglicko-slovenský *Adj* English-Slovak
anglicky or po anglicky *Adv* (in) English
anglický *Adj* English
angličtina, -y *F* English language
ani 1. either; *(with neg.)* neither, nor 2. not even
áno yes
Antarktída, -y *F* Antarctica
antiradar, -u; -y, -ov *M* antiradar (detector)
apoštol, -a; -i, -ov *M* apostle
apríl, -a; -y, -ov *M* April
Argentína, -y *F* Argentina
architektúra, -y; -y, architektúr *F* architecture
asi probably, perhaps
aspoň at least
atómová elektráreň *F* atomic power station
atómový *Adj* atomic, pertaining to atom
audio(-) *Adj* audio
august, -a; -y, -ov *M* August
aula, -y; -y, ául *F* (the main/largest) university auditorium
Austrália, -ie *F* Austrália
auto, -a; -á, áut *N* car; **autom** by car
autobazár, -u; -e, -ov *M* used cars sale; second-hand car dealers
autobiografia, -ie; -ie, -ií *F* autobiography
autobus, -u; -y, -ov *M* bus; **autobusom** by bus

automobil, -u; -y, -ov *M* car, automobile
automobilový *Adj* pertaining to car(s)
autor, -a; -i, -ov *M* author
autorádio, -ia; -iá, -ií *N* car radio
autoservis, -u; -y, -ov *M* car-repair shop, garage, service station
autoškola, -y; -y, autoškôl *F* driving school
avokádo, -a; -a, avokád *N* avocado
Ázia, -e *F* Asia
Ázijec, -jca; -jci, -jcov *M* an Asian
až as far as
babka, -y; -y, babiek *F (Infml)* grandmother, grandma
baklažán, -u; -y, -ov *M* eggplant
bábkový *Adj* pertaining to puppets
baliť sa, -ím sa, -íme sa *NP* to pack (one's things)
Baltické more *N* the Baltic Sea
banán, -a; -y, -ov *M* banana
banka, -y; -y, bánk *F* bank; **do banky** to the bank; **v banke** at/in the bank
bankomat, -u; -y, -ov *M* automatic teller
bar, -u; -y, -ov *M* bar, saloon
baraní *Adj* pertaining to lamb or sheep
báseň, -sne; -sne, -sní *F* poem
basketbalový *Adj* pertaining to basketball
básnik, -a; -ci, -kov *M* poet
batožina, -y; -y, -žín *F* luggage
bazén, -a; -y, -ov *M* swimming pool
behať, -ám -ajú *NP* to be running
beletria, -e *(usually only Sg) F* belles lettres, fiction
beloch, -a; belosi, belochov *M* white person
benzín, -u; -y, -ov *M* gas; *BE* petrol
bezdrôtový *Adj* cordless
bezmäsitý *Adj* without meat
bezpečnostný *Adj* pertaining to safety; **bezpečnostný pás** *M* seat belt
beztrestne *Adj* without any punishment
bežný *Adj* common, ordinary
Biblia, -ie; -ie, -ií *F* Bible
bicykel, -kla; -kle, -klov *M* bicycle; **na bicykli** by bicycle; **jazdiť na bicykli** to ride a bicycle; **mám pokazený bicykel** my bicycle is broken
Bielorusko, -a *N* Belorus
biely *Adj* white
biografia, -ie; -ie, -ií *F* biography
biografický *Adj* biographical
blahoželať, -ám, -ajú *NP (+ Dat + k + Dat)* to congratulate (sb on sth)
blízko *Adv* near, nearby
blízky *Adj* near
Boh, -a; -ovia, -ov *M* God, Lord
bohatý *Adj* rich
bohoslovecký *Adj* theological
bohužiaľ *Adv* unfortunately
bol, -a, -o; -i *(Past Tense of byť)* was/were
bolesť, -ti; -ti, -tí *F* pain
bolieť, -i, -ia *(no 1st or 2nd Pers Sg or Pl)*; Past bolel *NP* to hurt; **bolí ma hlava** my head aches
bonboniéra, -y; -y, bonboniér *F* box of chocolates/of chocolate candy
bozkávať, -am, -ajú *NP + Acc* to be kissing
Bože *(Vocative of Boh)* God, Lord
brada, -y; -y, brád *F* chin
brat, -a; -ia, -ov *M* brother
brať, beriem, berú *NP* to take
brat(r)anec -nca; -nci, -ncov *M* male cousin
bravčový *Adj* pertaining to pork
Brazília, -ie *F* Brazil
broskyňa, -ne; -ne, broskýň *F* peach

bryndzové halušky, -ých -šiek *Pl* small potato dumplings with sheep cheese

brzda, -y; -y, bŕzd *F* braking device, brake

brzdiť, -im, -ia *NP* to break, to be breaking

budem *(Future Tense of byť)* I will be

budova, -y; -y, budov *F* building

budú *(3rd Pers Pl Future Tense of byť)* (they) will be

budúci *Adj* future

budúcnosť, -ti *(only Sg) F* future

bufet, -u; -y, -ov *M* snack bar

Bulharsko, -a *N* Bulgaria

by *(conditional particle)*

byt, -u; -y, -ov *M* apartment

byť, som, sú; Past bol *NP* to be; **byť na rade** to be sb's turn (in a line)

bývať, bývam, bývajú *NP* to live, to be living

celkom *Adj* quite

celý *Adj* whole, entire; po celý deň during the whole day

cena, -y; -y, cien *F* 1. price 2. prize

centrum, -tra; -trá, centier *N* center; **do centra mesta** to the center of town, *(direction)* downtown; **v centre** *(+ Gen)* in the centre (of)

ceruzka, -y; -y, ceruziek *F* pencil

cesnak, -u; -y, -ov *M* garlic

cesta, -y; -y, ciest *F* trip, journey; road

cestný *Adj* pertaining to roads; **cestná daň** road tax

cestopis, -u; -y, -ov *M* travelogue

cestovať, cestujem, cestujú *NP (+ Instr)* to travel (by)

cestovný *Adj* pertaining to travel; traveler's

cestujúca, -ej; -e, -ich *F* female passenger, traveler

cestujúci, -eho; -i, -ich *M* male passenger, traveler

cez + Acc 1. across 2. during; **cez prázdniny** during the holidays

cibuľa, -le; -le, cibúľ *F* onion

cibuľka, -y; -y, cibuliek *F* young onion, scallion

cigareta, -y; -y, cigariet *F* cigarette

cítiť, -im, -ia *NP* to feel; **cítiť sa dobre/zle** to feel well/badly off

citový *Adj* emotional

citrón, -u; -y, -ov *M* lemon

civilizácia, -ie; -ie, -ií *F* civilization

coca cola [koka kola] also kokakola, -y; -y, cocacol/kokakol *F* coca cola

colný *Adj* pertaining to the customs office; **colná kontrola** checking by customs officers

cudzí *Adj* foreign

cudzinec, -nca; -nci, -cov *M* foreigner

cukor, cukru *(usually only Sg) M* sugar

cukrová repa *F* sugar beet

cukrovar, -u; -y, -ov *M* sugar mill

cukrovka, -y *(Coll) F* diabetes

cukrový *Adj* pertaining to sugar

cunami *(Nondecl) N* tsunami

cvičenie, -ia; -ia, -í *N* exercise

čaj, -u; -e, -u; -ov *M* tea

čakať, -ám, -ajú *NP* to wait, to be waiting

čarovný *Adj* charming

čas, -u; -y, -ov *M* time; **po celý čas** all the time

časť, -ti; -ti, -tí *F* part

často *Adv* often

častý *Adj* frequent

čašník, -a; čašníci, čašníkov *M* waiter

čau/te *(Infml Coll Sg/Pl) (used mostly by young people)* hi; bye

čelo, -a; -á, čiel *N* forehead

čerešňa, -e; -e, -í *F* cherry

černoch, -a; černosi, černochov *M* black person

čerpacia stanica *F* gas station, filling station

čerstvý *Adj* fresh

červený *Adj* red; **červený melón** watermelon; **žltý melón** cantaloupe

Česko, -a *N* Czechia

český *Adj* Czech

česky/po česky *Adv* (in) Czech

či whether, if

čí *M* whose

čia *F* whose

čie *N; Pl* whose

Čierne more *N* the Black Sea

čierny *Adj* black

čin, -u; -y, -ov *M* deed

Čína, -y *F* China

činohra, -y; -y, -hier *F* drama theatre

číslo, -a; -a, čísel *N* number; **číslo pasu** passport number

číslovka, -y; -y, -viek *F* numeral

čítaj/te *(Imper of čítať)* read

čítanie, -ia; -ia, -í *N* reading

čítať, -am, -ajú *NP + Acc* to read sth

čitateľ, -ľa; -lia, -ľov *M* reader

čiže that is

člen, -a; -ovia, -ov *M +Hum* member

členok, -nka; -nky, -nkov *M* ankle

čln, -a; -y, -ov *M* boat, row boat

človek, -a; ľudia, ľudí *M* 1. man, human being 2. *(impersonal generic reference to a person or people in general)* one, you

čo what

čo ja viem? *(Coll)* what do I know?; who knows?

čo najskôr as soon as possible

čo platím? how much is it? *(literally: what do I pay?)*

čo stojí/stoja...? how much is/are … ?; **čo to stojí?** how much is it?

čoho *(Gen of čo)* (of) what

čokoláda, -y; -y, čokolád *F* (a bar of) chocolate

čokoládový *Adj* pertaining to chocolate

čoskoro *Adv* soon

črevo, -a; -á, čriev *N* intestine

dag *(Abbr from dekagram)* decagram

daň, -e; -e, -í *F* tax

Dánsko, -a *N* Denmark

darček, -a; -y, -ov *M* (small) present

dať, dám, dajú *P + Acc* to place, to put; to give; **dajte mi vedieť** let me know

dať si, -ám si, -ajú si *P + Acc (Coll)* to have sth (to drink or to eat)

dátum, -u; -y, -ov *M* date

dávať, -am, -ajú *NP* to be giving

dávno *Adv* long ago

dávny *Adj* remote, ancient

dážď, dažda; dažde, dažďov *M* rain

ďakovať, ďakujem, ďakujú *NP (+ Dat + za + Acc)* to thank *(sb for sth)*; **ďakujem** (I) thank (you/sb); **ďakujem pekne** thank you very much

ďalej *Adv* further

ďaleko *Adv* far

ďalší *Adj* the following; **ďalší prosím** next, please

dbať, dbám, dbajú *NP + o + Acc* to see to, to take care of

dcéra, -y; -y, dcér *F* daughter

december, -bra; -bre, -brov *M* December

deciliter, -tra; -tre, -trov *M* deciliter (about 1/2 cup)

dedičný *Adj* hereditary

dedko, -a; -ovia, -ov *M (Coll, expresses endearment)* grandpa

dedo, dedko, -a; -ovia, -ov *M (Infml)* grandfather

dejiny, -ín *(only Pl)* history

deka N Nondecl (Coll Abbr from **dekagram**) decagram
dekagram, -u; -y, -ov M decagram
dekan, -a; -i, -ov M dean
dekanát, -u; -y, -ov M dean's office
deň, dňa; dni, dní M day; **do troch dní** in/within three days
denne Adv daily
denník, -a; -y, -ov M daily
desať ten
desaťročie, -ia; -ia, -í N decade; **po niekoľko desaťročí** for several decades
desiata, -y; -e, desiat F snack between breakfast and lunch, midmorning snack
desiatovať, -ujem, -ujú NP to have a snack between breakfast and lunch
desiaty tenth
detektívka, -y; -y, -vok F (Coll) detective story/novel
detektívny Adj pertaining to detective stories
deväť nine
deväťdesiat ninety
devätnásť nineteen
deviaty ninth
dezert, -u; -y, -ov M dessert
diaľnica, -e; -e, diaľnic F motorway, freeway
diaľničný Adj pertaining to a motorway/freeway
dielo, -a; -a, diel N work of art, work (e.g. book)
dieťa, dieťaťa; deti, detí N child
diétny Adj dietary, dietetic
dievča, -čaťa; -čatá, -čat N girl
dispozícia, -ie; -ie, -ií F disposal; **mať k dispozícii** to have at one's disposal
distribuovať, -uujem, -uujú NP + Acc to distribute
distribútor, -a; -i, -ov M distributor
div, -u; -y, -ov M wonder
divadlo, -a; -á, divadiel N theatre
divina, -y (only Sg) F venison
dl (Abbr from **deciliter**) deciliter
dlaň, -ne; -ne, -ní F palm of the hand; **o takú dlaň** for such a palm of the hand
dlho (for a) long time
dlhodobý Adj long-lasting
dlhý Adj long
dĺžka, -y; -y, dĺžok F length; **o dĺžke** of the length of
dnes today
do + Gen 1. to, into 2. within; **do banky** to the bank
doba, -y; -y, dôb F era, epoch
dobierka, -y; -y, -rok F cash on delivery; **na dobierku** (as) cash on delivery mail
dobre Adv well, fine
dobré popoludnie N good afternoon
dobré predpoludnie N good morning (used during later morning hours till noon)
dobré ráno N good morning
dobrú chuť F bon appetit
dobrú noc F good night
dobrý Adj good
dobrý deň M greeting during daytime (not in the evening or at night; compare to Australian "good day")
dobrý večer M good evening
dobytok, -tka (only Sg) M cattle
dodatok, -tku; -tky, -tkov M supplement
dohodou Adv by negotiation
dojesť, -jem, -jedia; Past dojedol P + Acc to finish eating, to eat up
dokonca Adv even
doktor, -a; -i, -ov M male doctor
doktorka, -y; -y, -riek F female doctor
doľava Adv to the left

dolu Adv down, downstairs; downwards
doluuvedený Adj hereunder stated
dom, -u; -y, -ov M house; **v dome** in the house
doma at home
domáci Adj within the country
domácnosť, -ti; -ti, -tí F household
domov home (direction)
doobeda Adv before noon
dopiť, dopijem, dopijú P + Acc to finish drinking, to drink up
doplň/te (Imper of **doplniť**) fill in
doplniť, -ím, -ia P + Acc to fill in
doprava[1] Adv to the right
doprava[2] F traffic; transportation
dopravný Adj 1. pertaining to traffic 2. pertaining to transportation; **dopravná značka** F traffic sign; **dopravné predpisy** traffic rules/regulations
dopravovať, -ujem, -ujú NP + Acc to transport, to keep transporting
doručený Adj delivered
doručovať, -ujem, -ujú NP to deliver
dospelosť, -ti (only Sg) adulthood
dosť Adv considerably; quite, sufficiently; quite a lot; **dosť** (+ Gen) enough (of), considerable amount (of)
dostať, dostanem, dostanú P + Acc to get, to obtain
dostatočne Adv sufficiently
dostatok, -tku M sufficient quantity, enough
dotazník, -a; -y, -ov M questionnaire, personal data form
doteraz up to now
dovážať, -am, -ajú NP + Acc to be importing
dovidenia see you, good-bye
dovolenka, -y; -y, dovoleniek F vacation, holidays
dovoliť, -ím, -ia P + Dat + Acc to allow sb sth; **dovoľte, aby som** let me
dovoz, -u (only Sg) M import; **z dovozu** imported (literally: from import)
dôležitý Adj important
dôsledok, -dku; -dky, -dkov M consequence; **v dôsledku** + Gen in consequence of, as a result of
drahý Adj 1. expensive 2. dear (used for relatives or close friends)
dramatik, -a; -ci, kov M playwright
dramaturg, -a; -ovia, -ov M script writer, repertoire adviser
drevársky Adj wood-processing
drevený Adj wooden
driemať, driemem, driemu NP to be taking a nap, to be nodding off
drobné (only Pl) change
druh, -u; -y, -ov M 1. kind, sort 2. species
druhý second (in sequence)
držať palce + Dat to keep one's fingers crossed for sb
duchovný Adj spiritual, intellectual
Dunaj, -a M the Danube
dusený Adj stewed
dusiť, -ím, -ia NP + Acc to stew
duša, -e; -e, -í F soul; **v duši** in the soul
dva two
dvadsať twenty
dvaja M +Hum two
dvanásť twelve
dvere, dverí (only Pl) door; **na dverách** (Loc) on the door
dvesto two hundred; **dvesto korún** two hundred crowns
dýchať, -am, -ajú NP to breathe; **ťažko sa mi dýcha** I have difficulties when breathing, it is difficult for me to breathe
dynamický Adj dynamic, dramatic
džavot, -u; -y, -ov M chatter
džem, -u; -y, -ov M jam; **s džemom** with jam
džezový Adj pertaining to jazz

džús, -u; -y, -ov *M* juice
e-mail [ímeil], -u; -y, -ov *M* e-mail
egreš, -a; -e, -ov *M* gooseberry
ekonomický *Adj* economic
ekonomika, -y; -y, ekonomík *F* economy
elektráreň, -rne; -rne, -rní *F* power station
elektronická pošta *F* electronic mail
elektrotechnický *Adj* pertaining to electrical engineering
encyklopédia, -ie; -ie, -ií *F* encyclopaedia
esejista, -u; -i, -ov *M* essay writer, essayist
Estónsko, -a *N* Estonia
ešte still; yet; **ešte len** only, just
euro, -a; -á, eur *(or Nondecl) N* Euro *(monetary unit)*;
    za euro for euro
Európa, -y *F* Europe
európsky *Adj* European
existovať, -ujem, -ujú *NP* to exist
fajčiar, -a; -i, -ov *M* smoker
fajčiť, -ím, -ia *NP + Acc* to smoke
fajn all right, fine, well
fakt, -u; -y, -ov *M* fact
fakulta, -y; -y, fakúlt *F* faculty (the building and the institution);
    na fakulte *(Loc)* at the faculty
farba, -y; -y, farieb *N* color; **akej farby** of what colour
farebný *Adj* color, colored
farmaceutický *Adj* pharmaceutical
fax, -u; -y, -ov *M* fax; **faxom** by fax
fazuľa, -le; -le, fazúľ *(as food usually only Sg) F* bean(s)
fazuľový *Adj* pertaining to beans
február, -a; -re, -ov *M* February
festival, -u; -y, -ov *M* festival
fikcia, -ie; -ie, -ií *F* fiction
filé *(Nondecl) N* fillet
filozofická fakulta *F* faculty of arts
filozofický *Adj* philosophical, pertaining to philosophy or arts
finančný *Adj* financial
Fínsko, -a *N* Finland
firma, -y; -y, firiem *F* firm, company
Florida, -y *F* Florida; **na Floride** in Florida
folklórny *Adj* pertaining to folklore
fotoaparát, -u; -y, -ov *M* camera
fotografia, -ie; -ie, -ií *F* photograph; **fotografia na vízum**
    visa photograph
frajer, -a; -i, -ov *M (Coll)* boyfriend
frajerka, -y; -y, frajeriek *F (Coll)* girlfriend
Francúz, -a; -i, -ov *M* Frenchman
Francúzka, -y; -y, -zok *F* Frenchwoman
Francúzsko, -a *N* France
francúzsky *Adj* French
fráza, -y; -y, fráz *F* phrase
fúkať, -am, -ajú *NP* to blow; **fúka vietor** the wind is blowing
garáž, -e; -e, -í *F* garage
geografický *Adj* geographical
gotický *Adj* gothic
grafik, -a; -ci, -kov *M* graphic artist
grafika, -y; -y, grafík *F* graphic arts
granátové jablko *N* pomegranate
Grécko, -a *N* Greece
grécky *Adj* Greek
guláš, -a; -e, -ov *M* goulash
hádanka, -y; -y, -niek *F* riddle
hala, -y; -y, hál *F* hall
halier, -a; -e, -ov *M* heller (one hundredth of a koruna)
haló hallo
havarijný *Adj* pertaining to accidents
helenizmus, -u *M* Hellenism
herec, -rca; -rci, -rcov *M* actor

herečka, -y; -y, -čiek *F* actress
história, -ie *(usually only Sg) F* history
hladká múka *F* finely ground flour
hladný *Adj* hungry
hľadať, hľadám, hľadajú *NP + Acc* to be looking for
hlas, -u; -y, -ov *M* voice
hlások, -ska; -sky, -skov *M (Diminutive of hlas)* voice
hlava, -y; -y, hláv *F* head; **na hlave** on the head
hlávkový šalát *M* 1. lettuce 2. lettuce salad
hlavný *Adj* main
hlboký *Adj* deep; **hlboký tanier** soup plate
hlučný *Adj* noisy
hlúpy *Adj* stupid, dumb
hmla, -y; -y, hmiel *F* fog; **je hmla** there is (a) fog
hneď right now, in a minute
hnedý *Adj* brown
hoci although
hocičo anything; **hocičo sa môže stať** anything can happen
hociktorý, -á, -é any, whichever
hodina, -y; -y, hodín *F* hour; **o pol hodiny** in half an hour
hodinky, hodiniek *(only Pl)* watch
hodiny, hodín *(only Pl)* clock
Holandsko, -a *N* Holland
hora, -y; -y, hôr *F* mountain
hore *Adv* up, upstairs; upwards
hornatý *Adj* mountaineous
hosť, -a; hostia, hostí *M* guest
hostiteľ, -a; -lia, -ľov *M* host
hosťovať, -ujem, -ujú *NP* to have visiting performances
hotel, -a; -y, -ov *M* hotel
hotový *Adj* ready, finished
hovädzí *Adj* pertaining to beef
hovoriť, -ím, -ia *NP* to speak; **hovoriť po anglicky** to speak
    English; **hovoriť po slovensky** to speak Slovak
hra, -y; -y, hier *F* 1. game 2. play
hrach, -u *(as food only Sg) M* pea
hrachový *Adj* pertaining to peas
hrad, -u; -y, -ov *M* castle
hranatý *Adj* square
hranica, -e; -e, hraníc *F* border *(when referring to the borders
    surrounding a country, in Slovak the plural is used)*
hranolčeky, -ov *(only Pl) (Coll)* french fries
hrášok, -šku; -šky, -škov *(as food only Sg) M* pea
hrať, -ám, -ajú *NP* to play
hrdlo, -a; -á, hrdiel *N* throat
hrozno, -a; -á, hrozien *(usually only Sg) N* grape
hruď, -e; -e, -í *F* chest (of the body)
hruška, -y; -y, hrušiek *F* pear
hudobný *Adj* musical; **hudobné slávnosti** *(Pl)* music festival
husací *Adj* pertaining to goose
hutnícky *Adj* metallurgic
hydina, -y *(only Sg) F* poultry
hymna, -y; -y, hýmn *F* anthem
chcieť, chcem, chcú; *Past* chcel *Mod* to want; **(ne)chce
    sa mi** I (do not) feel like
chemický *Adj* chemical
chladič, -a; -e, -ov *M* radiator (in a car)
chladnička, -y; -y, chladničiek *F* refrigerator
chlapec, -pca; -pci, -ov *M* boy
chlieb, chleba; chleby, chlebov *M* bread
chmeľ, -u *(usually only Sg) M* hops
chodec, -dca; -dci, -ov *M* pedestrian
chodidlo, -a; -á, chodidiel *N* sole of the foot
chodiť, chodím, chodia *NP* to attend; (repeatedly/frequently)
    to go; **chodiť spolu** *(Coll)* to be dating (each other)
cholera, -y *F* cholera
cholesterol, -u *(usually only Sg) M* cholesterol

choroba, -y; -y, chorôb *F* illness, disease, health disorder
chorý *Adj* sick
chovať, -ám, -ajú *NP + Acc* to breed, to deal with animal husbandry
chrániť, -im, -ia *NP* to protect
chrípka, -y; -y, chrípok *(usually only Sg) F* flu, influenza; **mám chrípku** I have the flu
chutný *Adj* tasty
chvalabohu fortunately, thank God/goodness
chvíľa, e; -e, chvíľ *F* a (little/short) while; **o chvíľu** in a while; **chvíľu** for a while
idem *(1st Pers Sg of ísť)* I am going; **idem domov** I am going home
igelitový *Adj* plastic
ihličnatý *Adj* coniferous
ich 1. their(s) 2. *(Acc of oni)* them
ilustrácia, -ie; -ie, -ií *F* illustration; **na ilustráciu** for the sake of illustration
ilustrátor, -a; -i, -ov *M* illustrator
inak otherwise; at other times
India, -ie *F* India
indický *Adj* Indian, pertaining to India
infarkt, -u; -y, -ov *M* heart attack
informácia, -ie; -ie, -ií *F* information
informačný *Adj* pertaining to information
inštitúcia, -ie; -ie, -ií *F* institution
intelektuálny *Adj* intellectual
internát, -u; -y, -ov *M* student hostel
internet, -u; -y, -ov *M* internet
interný *Adj* internal
investor, -a; -i, -ov *M* investor
iný, -á, -é other, different
inzerát, -u; -y, -ov *M* advertisement
Írsko, -a *N* Ireland; **z Írska** from Ireland
ísť, idem, idú; *Past* išiel, išla; *Imper* choď/te; Future pôjdem *NP* to go; to travel; **ísť na nákup** to go shopping; **ísť pešo** to go on foot
izba, -y; -y, -ieb *F* room
ja I; me
jablko, -a; -á, jablk *N* apple
jabĺčko, -a; -a, jabĺčok *N* apple
jahoda, -y; -y, jahôd *F* strawberry
jaj(!) *(expressing pity or displeasure; also a reaction to pain or to being frightened)* wow (!)
Jakub, -a; -ovia, -ov *M* Jacob
január, -a; -e, -ov *M* January
jar, -i; -i, -í *F* spring
jarný *Adj* pertaining to spring
jaskyňa, -ne; -ne, jaskýň *F* cave
jasné *(Coll)* sure, of course, right
jazda, -y; -y, jázd *F* drive/ride
jazdiť, -ím, -ia *NP (+ na + Loc)* to ride; to drive; **jazdiť na bicykli** to ride a bicycle; **jazdiť na aute** to drive a car
jazero, -a; -á, jazier *N* lake
jazyk, -a; -y, -ov *M* language
jazykolam, -u; -y, -ov *M* tongue twister
je *(3rd Pers Sg of byť)* (he/she/it) is
jedáleň, -lne; -lne, -lní *F* dining room
jedálny lístok *M* menu (card)
jedenásť eleven
jediný the only one
jedlo, -a; -á, jedál *N* food; meal
jednoizbový *Adj* (pertaining to) one-room
jednoposteľový *Adj* pertaining to a single room
jednosmerná ulica *F* one-way street
jednotlivý *Adj* particular, individual
jeho *(M/N Possessive Pronoun)* his; its

jej *(F Possessive Pronoun)* her(s)
jeseň, -e; -e, -í *F* fall, British autumn
jesenný *Adj* pertaining to fall
jogurt, -u; -y, -ov *M* yogurt
ju *(Acc Sg of ona)* her
juh, -u *M* south; **na juhu** on/in the south
júl, -a; -y, -ov *M* July
jún, -a; -y, -ov *M* June
južný *Adj* southern, south
kačací *Adj* pertaining to duck
kaleráb, -u; -y, -ov *M* kohlrabi
kam where to
kamarátka, -y; -y, kamarátok *F* friend (female)
kamión, -u; -y, -ov *M* heavy truck
kamzík, -a; -ci/ky, -kov *M* chamois
Kamzík, -a *M* a hill above Bratislava in the Carpathians
Kanada, -y *F* Canada
kancelária, -e; -e, -í *F* office (of an office worker); **v kancelárii** in an/the office
kandidovať, -ujem, -ujú *NP (+ na + Acc)* to run for, to be the candidate for
kapusta, -y; -y, kapúst *F* cabbage
Karpaty, Karpát *Pl* the Carpathians, the Carpathian mountains
karta, -y; -y, -riet *F* card
kašľať, -lem, -ľú *NP* to cough
katalóg, -u; -y, -ov *M* catalog
katastrofa, -y; -y, katastrof *F* catastrophe
katedra, -y; -y, katedier *F* department (of a faculty)
katedrála, -y; -y, katedrál *F* cathedral
káva, -y; -y, káv *F* coffee
kaviár, -u; -e, -ov *M* caviar
každodenný *Adj* daily, occurring every day
každoročne *Adv* yearly
každý, -á, -é every; each
kde where
keď when
kedy when; **na kedy?** for when?
kel, -u; -y, -ov *M* kale
kg *(Abbr from kilogram)* kilogram
kilo, -a; -á, kil *(Coll Abbr from kilogram) N* kilogram
kilogram, -u; -y, -ov *M* kilogram (about 2.2 lb)
kilometer, -tra; -tre, -trov *M* kilometer
kino, -a; -á, kín *N* movies, cinema; **do kina** to the movies/cinema; **v kine** at/in the movies/cinema
kivi *Nondecl N* kiwi
klobása, -y; -y, klobás *F* sausage
kľúč, -a; -e, -ov *M* key
km/hod = kilometer za hodinu *M* kilometer per hour
knedľa -le; -le, -lí *F* (large raised) dumpling
kniha, -y; -y, kníh *F* book
kníhkupectvo, -a; -á, kníhkupectiev *N* book store; **v kníhkupectve** in a/the book store
knižka, -y; -y, knižiek *F* book
koberec, -rca; -rce, -ov *M* carpet
koho *Gen/Acc* whom
koláč, -a; -e, -ov *M* cake
koľaj, -e; -e, -í *F* track, *BE* quay
koleno, -a; -á, kolien *N* knee
koľko how many; **koľko je hodín?** what time is it? *(literally: how many hours is it?)*; **koľko máš/máte rokov?** *(Sg Infml/Pl or Sg Fml)* how old are you?
komédia, -ie; -ie, -ií *F* comedy
komín, -a; -y, ov *M* chimney
kompetenčný *Adj* pertaining to competence or professionalism
komunikácia, -ie; -ie, -ií *F* communication

končiť, -ím, -ia *NP* to be finishing, to finish
končiť sa, -í sa *(no 1st or 2nd Pers Sg or Pl),* -ia sa *NP*
    to be ending
konečne *Adv* finally
koniec, -nca; -nce, -ncov *M* end; **na koniec** to the end;
    na konci at the end
kontakt, -u; -y, -ov *M* contact
kontaktovať, -ujem, -ujú *P/NP* to contact
kontinent, -u; -y, -ov *M* continent
kontrola, -y; -y, kontrol *F* 1. checking, check-up, inspection
    2. checkpoint
konzultačné hodiny office hours
konzultovať, -tujem, -tujú *NP* to have consultations;
    to consult
kopa, -y;, -y, kôp *F* pile, heap
kopírovacie stredisko *N* copy center
korenený *Adj* spiced
koreniť, -ím, -ia *NP + Acc* to add spices
korešpondencia, -ie *(only Sg) F* correspondence
koruna, -y; -y, korún *F* crown (Slovak monetary unit)
kostol, a; -y, -ov *M* church
košík, -a; -y, -ov *M* basket
kozub, -a; -y, -ov *M* fireplace
kôň, -a; kone, koní *M* horse
krajina, -y; -y, krajín *F* country
krása, -y; -y, krás *F (+ Gen)* the beauty (of) *(in Slovak often
    the plural is used when referring to the beauty of
    a country or countryside)*
krásny *Adj* beautiful
-krát time(s) *(expressing how many times)*
krátky *Adj* short
kreditná karta *F* credit card
kreslo, -a; -á, kresiel *N* armchair
krieda, -y; -y, kried *F* chalk
kriminálny *Adj* criminal
krk, -u; -y, -ov *M* neck
krstné meno *N* first name
krv, -i *F* blood
krvný *Adj* pertaining to blood
kto who; **kto je tam** who is there? who is it? who is calling?
ktorý, -á, -é which
kufor, -fra; -fre, -frov *M* suitcase
kuchár, -a; -i, -ov *M* cook
kuchyňa, -e; -e, kuchýň *F* kitchen
kukurica, -e; -e, kukuríc *F* corn
kultúra, -y; -y, kultúr *F* culture
kultúrna pamiatka *F* cultural landmark
kultúrny *Adj* cultured; cultural
kúpalisko, -a; -á, kúpalísk *N* swimming pool
kupé *(Nondecl) N* compartment
kúpele, -ľov *(only Pl)* spa(s)
kúpeľňa, -ne; -ne, -ní *F* bathroom (the toilet is usually not
    part of it)
kúpiť, -im, -ia *P + Acc* to buy
kúpiť si, -im si, -ia si *P + Acc* to buy (for oneself)
kupovať, -ujem, -ujú *NP + Acc* to keep buying
kurací *Adj* pertaining to chicken
kurča, -aťa; -atá, -čiat *N* chicken
kurz, -u; -y, -ov *M* exchange rate
kus, -a; -y, -ov *M* piece
kvalita, -y; -y, kvalít *F* quality
kvasnice, -níc *(only Pl)* yeast
kvet, -u; -y, -ov *M* flower
kým until, by the time that
kyslá smotana *F* sour cream
kyslý *Adj* sour
kysnúť, -nem, -nú; *Past* kysol *NP (about dough)* to rise

lacnejší *(Comparative of* **lacný***) Adj* cheaper
lacný *Adj* cheap
ľadový *Adj* ice, pertaining to ice
ľahký *Adj* light; easy
lahodný *Adj* delicious
lakeť, lakťa; lakte, lakťov *M* elbow
lampa, -y; -y, lámp *F* lamp
laň, lane; lane, laní *F* a hind
láska, -y; -y, lások *F* love
láskavosť, -ti; -ti, -tí *F* favor
latinsky/po latinsky *Adv* (in) Latin
látka, -y; -y, -tok *F* substance
láva, -y; -y, láv *F* lava
lebo because
lekár, -a; -i, -ov *M* (medical) doctor (male); **u lekára** at the
    doctor's
lekáreň, -rne; -rne, -rní *F* pharmacy
lekárka, -y; -y, -rok *F* (medical) doctor (female)
lekársky *Adj* medical, pertaining to medicine
lekcia, -ie; -ie, -ií *F* lesson
len only, just
lepší *Adj (Comparative of* **dobrý***)* better
les, -a; -y, -ov *M* forest, wood
let, -u; -y, -ov *M* flight
letecky *Adv* by air mail
letenka, -y; -y, -niek *F* plane ticket
letieť, -ím, -ia; *Past* letel *NP* 1. to fly 2. *(Coll)* to be in, to be
    fashionable
letný *Adj* pertaining to summer
leto, -a; -á, liet *N* summer
letuška, -y; -y, letušiek *F* air hostess, flight attendant
líce, -a; -a, líc *N* cheek
liečenie, -ia; -ia, -í *N* spa treatment; medical therapy
liečiť, -im, -ia *NP* to treat (healthwise)
liečivý *Adj* therapeutic
liek, -u; -y, -ov *M* medication, medicine
lietadlo, -a; -á, -diel *N* airplane; **lietadlom** by plane
list, -u; -y, -ov *M* letter; **listom** by (a) letter
lístok, -tka; -tky, -tkov *M* ticket
literárny *Adj* literary
literatúra, -y; -y, literatúr *F* literature
literatúra faktu *F* non-fiction
Litva, -y *F* Lithuania
losos, -a; -y, -ov *M* salmon
Lotyšsko, -a *N* Latvia
ľudia, -í *(Pl of* **človek***)* people
ľudový *Adj* folk
ľudský *Adj* human, pertaining to mankind
lupienok, -nka; -nky, -nkov *M* chip
Luxembursko, -a *N* Luxemburg
luxusný *Adj* luxurious
lyžica, -e; -e, lyžíc *F* spoon
lyžička, -y; -y, lyžičiek *F* small spoon; teaspoon
lyžovať sa, lyžujem sa, lyžujú sa *NP* to ski
Maďarsko, -a *N* Hungary
maďarsky/po maďarsky *Adv* (in) Hungarian
magnetofón, -u; -y, -ov *M* tape recorder
máj, -a; -e, -ov *M* May
maj/te sa dobre *(Imper Sg Infml/Pl or Sg Fml)* have a
    good time
Maja, -e; -e, Máj *F (Infml for* **Mária***)* Mary
majetok, -tku; -tky, -tkov *M* property
majiteľ, -ľa; -lia, -ľov *M* owner
majster, -stra; -stri, -strov *M* maestro, master
makový *Adj* pertaining to poppy seed
Malé Karpaty, Malých Karpát *Pl* the Little Carpathians
malebný *Adj* picturesque

malina, -y; -y, malín *F* raspberry
maliar, -a; -i, -ov *M* painter
malý *Adj* small, little
mama, -y; -y, mám *F (Infml)* mother, mom
mamin mother's
mamička, -y; -y, -čiek *F (Coll, expresses endearment)* mom, mommy
mami *(Voc Infml)* mom
manažment, -u; -y, -ov *M* management
mandarínka, -y; -y, mandarínok *F* tangerine
manekýnka, -y; -y, -nok *F* fashion model
manžel, -a; -ia, -ov *M* husband
manželka, -y; -y, -liek *F* wife
mapa, -y; -y, máp *F* map; **mapa sveta** map of the world
marec, -rca; -rce, -rcov *M* March
marhuľa, -e; -e, marhúľ *F* apricot
Mária, -ie; -ie, -ií *F* Mary
maslo, -a; -á, masiel *(usually only Sg) N* butter
mastný *Adj* greasy
máš/máte telefón *(Sg Infml/Pl or Sg Fml)* you have a telephone (call)
mať[1], mám, majú *NP + Acc* to have
mať[2], mám, majú *+ Inf NP (+ Acc)* to be expected or obliged to (do); **mám prísť** I should come, I am (supposed) to come
matematicko-fyzikálny *Adj* pertaining to mathematics and physics
materská škola *F* nursery school
matka, -y; -y, matiek *F (slightly Fml)* mother
mäkko *Adv* softly; **aby im bolo mäkko** so that they could feel soft
mäsiarstvo, -a; -a, mäsiarstiev *N* butcher's (store); **v mäsiarstve** at the butcher's
mäso, -a; -á, mies *(usually only Sg) N* meat
mäsový *Adj* pertaining to meat
médium, -ia; -iá, -ií *N* medium
medzi among, between, in the number of
medzinárodný *Adj* international
melón, -a; -y, -ov *M* watermelon or cantaloupe; **červený melón** watermelon
menej *Adv (Comparative of little)* less
meno, -a; -á, mien *N* name; first name; **na meno** in the name
menu [menü] *N (Nondecl)* menu
mesačný *Adj* 1. monthly 2. moonlike, pertaining to the moon
mesiac, -a; -e, -ov *M* 1. month 2. moon; **po mesiaci** after a month; **o mesiac** in a month
mesto, -a; -á, miest *N* town, city; **do centra mesta** to the center of the town
meškať, -ám, -ajú *NP* to be late, to be delayed, to have a delay
meter, -tra; -tre, -trov *M* meter
miestenka, -y; -y, miesteniek *F* seat reservation
miestny *Adj* local
miesto, -a; -a, miest *N* place; seat
mi *(Dat Sg of ja)* (to) me
miestny *Adj* local
miesto, -a; -a, miest *N* seat; place
miešanec, -nca; -nci, -ncov *M* a person of mixed race
miešaný *Adj* mixed
miešať, -am, -ajú *NP + Acc* to mix
mihalnica, -e; -e, mihalníc *F* eyelash
mikrovlnná rúra *F* microwave oven
mikrovlnný *Adj* microwave
míľa, -e; -e, míľ *F* mile
miliarda, -y; -y, miliárd *F* billion
milión, -a; -y, -ov *M* (one) million

milý *Adj* kind, nice
mimo outside, elsewhere than
mimoriadne *Adv* extremely
minulosť, -ti *(only Sg) F* the past; **v minulosti** in the past
minulý *Adj* previous; last
minúta, -y; -y, minút *F* minute
misa, -y; -y, mís *F* bowl
Miško, -a; -ovia, -ov *M (Diminutive Infml for* **Michal***)* Mike; **Miškovi** *(Dat)* to Miško
mláďa, mláďaťa; mláďatá, mláďat *N* the young (of an animal); *(Poetical)* baby, child
mladý *Adj* young
mletý *Adj* ground
mlieko, -a *(usually only Sg) N* milk
mlieť, meliem, melú; *Past* mlel *NP + Acc* to grind
mne *(Dat Sg of ja)* (to) me
mne to nevadí *(Coll)* I do not mind it
mnohí, -é numerous
množstvo, -a; -á, množstiev *N* 1. a large number of 2. quantity
mobilný *Adj* mobile; **mobilný telefón** *M* mobile telephone
moderný *Adj* modern
modlitebný *Adj* pertaining to prayer(s); **modlitebná knižka** *F* prayer book, book of prayers
modliť sa, -ím sa, -ia sa *NP (za + Acc)* to pray (for)
modrý *Adj* blue
moment, -u; -y, -ov *M* moment; just a moment
morčací *Adj* pertaining to turkey
more, -a; -ia, -í *N* sea
motor, -a; -y, -ov *M* engine
motorka, -y; -y, motoriek *F* motorcycle; **na motorke** by motorcycle
možno perhaps, probably, maybe
možnosť, -ti; -ti, -tí *F + Gen* possibility (of)
môcť, môžem, môžu; *Past* mohol *Mod* 1. to be allowed to 2. to be willing (and able) to, can
môj, moja, moje my; mine
môže *(3rd Pers Sg of* **môcť***)* (he/she/it) can or is allowed to;
môže sa použiť it can be used
mraznička, -y; -y, mrazničiek *F* freezer
mrkva, -y; -y, mrkiev *(as food only Sg) F* carrot
mrznúť, -nem, -nú *NP* to freeze; **mrzne** it is freezing
múdrosť, -ti; -ti, -tí *F* wisdom
múdry *Adj* clever, bright, educated
múka, -y; -y, múk *F* flour
musieť, musím, musia; *Past* musel *Mod* to have to, must
múzický *Adj* pertaining to performing arts
muzikál, -u; -y, -ov *M* a musical
muž, -a; -i, -ov *M* man; *(Infml)* husband
mužský *Adj* male
my we, us
myslenie, -ia; -ia, -í *N* thinking
myslieť, myslím, myslia; *Past* myslel *NP (+ na + Acc)* to think (of/about)
myslím *(1st Pers Sg of* **myslieť***)* I think, I suppose
myšlienka, -y; -y, -nok *F (+ na + Acc)* thought, idea (about sth)
na *+ Acc* for (purpose); **na** *+ Loc* on (location)
načas on time
načerpať, -ám, -ajú *P + Acc* to fill up with sth
nádcha, -y *F* cold (with a running nose)
nádoba, -y; -y, nádob *F* dish
nadovšetko above all; (is) more important than anything else
nafta, -y; -y, náft *F* diesel fuel
náhodou *Adv* by (some/any) chance
najmä above all
najmenej the least

najprv (at) first

nájsť, nájdem, nájdu; *Past* našiel *P + Acc*   to find

najväčší *Adj (Superlative of* **veľký***)*   the largest

najviac *Adv (Superlative of* **veľa***)*   the most

najvýznamnejší *Adj (Superlative of* **významný***)*   the most significant

náklad, -u; -y, -ov *M*   1. load   2. *(usually Pl)*   cost(s)

nákladné auto *N*   truck

nakoniec *Adv*   finally; in the end

nákup, -u; -y, -ov *M*   shopping; **isť na nákup**   to go shopping

nákupný *Adj*   pertaining to shopping

nakupovať, -ujem, -ujú *NP*   to do the shopping, to be shopping

nalepiť, -ím, -ia *P + Acc + na + Acc*   to fix, to stick on

námestie, -ia; -ia, -í *N*   (town/village) square

naozaj   really

napájať, -am, -ajú *NP (+ na + Acc)*   to be connecting (to)

napísaný *Adj*   written

napísať, -šem, -šu *P + Acc*   to write

nápoj, -a; -e, -ov *M*   drink

napr. *(Abbr of* **napríklad***)*   e.g., for example

náprava, -y; -y, náprav *F + Acc*   remedying sth

napraviť, -ím, -ia *P + Acc*   to put right, to remedy

napriek tomu   in spite of that/it

napríklad   for example

národ, -a; -y, -ov *M*   nation

narodeniny, narodenín *(only Pl)*   birthday

narodiť sa, -ím sa, -ia sa *P*   to be born

národná kultúrna pamiatka *F*   national cultural landmark

národnosť, -ti; -ti, -tí *F*   (ethnic) nationality

národný *Adj*   national

nasledujúci *Adj*   following

nástupište, -šťa; -štia, nástupíšť *N*   station platform

nastupovať, nastupujem, nastupujú *NP (+ do + Gen)*   to be getting on, to be boarding (a bus, a plane, etc.)

naši   my family, my folks

našťastie   fortunately

nauč/te sa *(Imper of* **naučiť sa***)*   learn

naučiť sa, -ím sa, -ia sa *P + Acc*   to learn sth

návšteva, -y; -y, návštev *F*   visit; **na návšteve**   visiting, on a visit; **na návštevu**   for a visit

navštíviť, -im, -ia *NP*   to visit

nazdar *(slightly old-fashioned)*   hello; bye

nazvať, nazvem, nazvú *P + Acc + Instr*   to name, to give a/the name; **nazval si ho láskou**   you gave it the name of love

Neapol, -a *M*   Naples

nebezpečenstvo, -a; -á, nebezpečenstiev *N*   danger

nebezpečný *Adj*   dangerous

nebol, -a, -o; -i *(Past Tense of* **nebyť***)*   was not

nebývať, -am, -ajú *NP*   not to live

neďaleko *Adv*   nearby

nedávno *Adv*   not long ago

nehoda, -y; -y, nehôd *F*   accident

nech *(Imper Particle for 3rd Pers)*   may (he/she/they)

nech sa páči   1. here you are   2. (when offering sth) please   3. after you

nechať, nechám, nechajú *P + Acc*   to leave

nechcieť, nechcem, nechcú *Mod + Acc*   not to want to; **nechce sa mi** + *Inf*   I do not feel like (doing sth)

nechutný *Adj*   tasteless; disgusting

nejaký, -á, -é   some, some sort of

Nemecko, -a *N*   Germany

nemecky/po nemecky *Adv*   (in) German

nemecký *Adj*   German

nemysliteľný *Adj*   inconceivable

neodmysliteľný *Adj*   inherent, essential

neporiadny *Adj*   disorderly

nerozumieť, -iem, -ejú; *Past* nerozumel *NP*   not to understand

neskôr *Adv*   later

nevadí *(Coll)*   it does not matter; I do not mind; **to nevadí**   that does not matter

nevedieť, neviem, nevedia; *Past* nevedel *NP*   not to know

nevesta, -y; -y, neviest *F*   1. daughter-in-law   2. bride

nevhodný *Adj*   inappropriate

nevoľnosť, -ti *F*   sickness

nevyhnutne *Adv*   indispensably, certainly

nezaškodiť, -ím, -ia *NP*   not to do (any) harm

nezáujem, -jmu *(only Sg) M*   lack of interest

nič   nothing

ničí, -ia, -ie   nobody's

nie   1. no *(as a sentential negative response)*   2. not *(with the conjugated forms of the verb* **byť** *or with non-verbal negation)*

niečo   something

niekam *(direction)*   somewhere

niekde *(location)*   somewhere

niekedy   sometimes

niekoľkí *(M +Hum Pl of* **niekoľko***)*   several

niektorý, -á, -é   some

nielen ... ale aj   not only ... but also

niesť, nesiem, nesú; *Past* niesol *NP*   to carry

nikam *(direction)*   nowhere

nikde *(location)*   nowhere

nikdy   never

nikto   nobody

Nízke Tatry, Nízkych Tatier *Pl*   the Low Tatras

nízko *Adv*   low

nížina, -y; -y, nížin *F*   the lowlands

no   well, so *(a hesitation or a contact word)*; **no čo** *(Coll)*   so what; well; **no dobre**   well, all right; all right then; **no a potom**   well, and then

noc, -i; -i, -í *F*   night; **v noci**   at night

noha, -y; -y, nôh *F*   leg; foot

nominovaný *Adj*   nominated

Nórsko, -a *N*   Norway

nos, -a; -y, -ov *M*   nose

nosiť, -ím, -ia *NP + Acc*   to be carrying, to carry; **nosiť v srdci**   to carry in one's heart

novela, -y; -y, noviel *F*   novelette

november, -bra; -bre, -ov *M*   November

novinový *Adj*   pertaining to newspapers; **novinová správa** *F*   newspaper news; **novinový stánok**, -nku; -nky, -nkov *M*   newspaper stall/stand

noviny, novín *(only Pl)*   newspaper

nový *Adj*   new

nôž, noža; nože, nožov *M*   knife

nudný *Adj*   boring

o *(about time)*   1. in, within   2. at; **o chvíľu**   in a (little/short) while

obdobie, -ia; -ia, -í *N*   1. season   2. period, era; **v období** + *Gen*   in the period of

obec, obce; obce, obcí *F*   community

obed, -a; -y, -ov *M*   lunch; **na obed**   1. at noon   2. for lunch

obedovať, -ujem, -ujú *NP*   to have lunch

obchádzka, - y; -y, -dzok *F*   detour

obchod, -u; -y, -ov *M*   store, shop

obchodný *Adj*   pertaining to business; **obchodný dom**   department store

objaviť, -i, -ia *P*   to discover, to find

objednať, -ám, -ajú *P + Acc (+ pre + Acc)*   to order, to make a reservation of sth (for sb)

objednávka, -y; -y, -vok *F*   order

objímať, -am, -ajú *NP + Acc*   to be embracing/hugging

oblasť, -ti; -ti, -tí *F*   area

oblička, -y; -y, obličiek *F*   spleen
obľúbený *Adj*   favorite, popular
obočie, -ia; -ia, -í *N*   eyebrow
obohatenie, -ia *(usually only Sg) N*   enrichment
obraz, -u; -y, -ov *M*   picture, painting
obrázok, -zka; -zky, -zkov *M*   picture (photograph, (little) drawing or reprint of a picture)
obrazový *Adj*   picture, pictorial
obroda, -y; -y, obrôd *F*   revival
obrovský *Adj*   huge
obrus, -u; -y, -ov *M*   tablecloth
obsadenie, -ia *(only Sg) N (+ Acc)*   cast (of a play, etc.)
obsadený *Adj*   occupied; (about e.g. a seat) taken; (about a plane, bus, etc.) full
obsah, -u; -y, -ov *M*   content
obsahovať, obsahujem, obsahujú *NP*   to contain
obsluha, -y; -y, obslúh *F*   service
obyčajne *Adv*   usually
obývačka, -y; -y, obývačiek *F*   living room
obývaný *Adj*   inhabited
obývať, -am, -ajú *NP + Acc*   to inhabit
obyvateľ, -ľa; -lia, -ľov *M*   inhabitant, citizen
oceán, -u; -y, -ov *M*   oceán
ocko, -a; -ovia, -ov *M*   *(Coll, expresses endearment)*   dad, daddy
ocot, octu; -y, -ov *M*   vinegar
od   since, from the time of; **od roku**   since/from the year; **od** + *Gen*   (away) from; **od nás**   from us
odborník, -a; -ci, -kov *M*   specialist
odbytisko, -a; -á, odbytísk *N*   market (for delivering goods)
oddávna *Adv*   since long ago, for a long time
oddych, -u *(only Sg)*   rest, relaxation
odhaliť, -ím, -ia *P*   to reveal
odchádzať, -am, -ajú *NP*   to be leaving
odkedy   since when
odkiaľ   where from
odlet, -u; -y, -ov *M*   departure (of an airplane)
odmietnuť, -nem, -nu *NP + Acc*   to refuse
odobrať, odoberiem, odoberú *P + Acc*   to take, to withhold, to confiscate
odporný *Adj*   disgusting
odpoveď, -e; -e, -í *F (+ na + Acc)*   answer (to sth)
odpovedať, -ám, -ajú *NP*   to answer; **odpovedz/te** *(Imper of **odpovedať**)*   to answer
odstrániť, -im, -ia *P + Acc*   to do away with
odtiaľ   from there
odtiaľto   from here
odvážiť, -im, -ia *P + Acc*   to weigh
ohraničovať, -ujem, -ujú *NP + Acc*   to form the border of
ohrozovať, ohrozujem, ohrozujú *NP + Acc*   to endanger
ojazdený *Adj*   *(about cars)* used, second-hand
okamih, -u; -y, -ov *M*   moment; **v okamihu**   in no time, instantaneously; **za okamih**   in no time, in a moment
okno, -a; -á, okien *N*   window; **pri okne**   at/by the window
oko, -a; oči, očí *N*   eye
okolie, -ia; -ia, -í *N*   surroundings; **po okolí**   in the surroundings
okolo   around
okrem + *Gen*   except for; **okrem toho**   in addition (to that)
okres, -u; -y, -ov *M*   district
okrúhly *Adj*   round, having a round shape
október, -bra; -bre, -brov *M*   October
olej, -a; -e, -ov *M*   oil, lubricant
olovrant, -u; -y, -ov *M*   afternoon snack
olovrantovať, -ujem, -ujú *NP*   to have a/the afternoon snack
oltár, -a; -e, -ov *M*   altar
Olympijské hry *Pl*   Olympic Games
olympijský *Adj*   Olympic

omnoho   (by) much more
on   he
ona   she
oni   they
ono   it
ony *(referring to F, N; M –Anim)*   they
opakovaný *Adj*   repeated
opera, -y; -y, opier *F*   opera; **na operu**   to an opera
operný *Adj*   operatic
opravený *Adj*   repaired
opraviť, opravím, opravia *P + Acc*   to repair; **dať opraviť** + *Acc*   to have something repaired
opustený *Adj*   deserted
opýtať sa, -am sa, -ajú sa *P*   to ask
oranžový *Adj*   orange
Organizácia Spojených národov (OSN) *F*   United Nations Organization (UNO)
organizmus, -u; -y, -ov *M*   body, organism
orientovať sa, -ujem sa, -ujú sa *NP (+ na + Acc)*   to be oriented (upon)
originál, -u; -y, -ov *M*   original
osem   eight
osemdesiat   eighty
osemnásť   eighteen
oslava, -y; -y, osláv *F*   celebration
oslovenie, -ia; -ia, -í *N*   addressing sb
osobnosť, -ti; -ti, -tí *F*   personality
osobný *Adj*   personal; **osobný automobil** *M*   (motor) car, automobile
ostatný, -á, -é   other
ostrov, -a; -y, -ov *M*   island
osud, -u; -y, -ov *M*   destiny, fate
ošípaná, -ej; -é, -ých *(declined as Adj) F*   pig
otázka, -y; -y, otázok *F*   question
otcov   father's
otec, otca; otcovia, otcov *M*   father
otvorený *Adj*   open
otvoriť, -ím, -ia *P + Acc*   to open
otvoriť sa, -ím sa, -ia sa *P*   to become opened
oválny *Adj*   oval
ovca, e; -e, oviec *F*   sheep
ovládať, -am, -ajú *NP*   to know, to be able to handle
ovocie, -a *(only Sg) N*   fruit
ovzdušie, -ia *(only Sg) N*   atmosphere
oznámiť, -im, -ia *P (+ Acc + Dat)*   to announce (sth to sb)
ôsmy   eighth
P. S. *Abbr from Latin* **post scriptum** (in correspondence introduces an afterthought)
pacient, -a; -i, -ov *M*   patient
páčiť sa, -im sa, -ia sa *(+ Dat) NP*   1. to be liked (by) 2. to like; **nech sa páči**   1. here you are 2. (when offering sth) please 3. after you; **páči sa mi** + *Nom*   I like sb/sth; **páči sa ti** + *Nom*   you like sth/sb; do you like sth/sb?
palacinka, -y; -y, palaciniek *F*   pancake; crêpe
palec, palca; palce, palcov *M*   thumb
palivo, -a; -á, palív *N*   fuel
pamätať sa, -ám sa, -ajú sa *NP (+ na + Acc)*   to remember, to recall
pamiatka, -y; -y, -tok *F*   landmark; souvenir
pán, -a; -i, -ov *M*   Mr; sir, gentleman
pani, -i/-ej; -i/-ie, paní *F*   Mrs; lady, madam
paprika, -y; -y, paprík *F*   (green, red, yellow) pepper
pár, -u; -y, -ov *M*   pair
paradajka, -u; -y, paradajok *F*   tomato
paradajkový *Adj*   pertaining to tomatoes
park, -u; -y, -ov *M*   park
parkovisko, -a; -á, parkovísk *N*   parking lot

párok, -rku; -rky, -rkov *M* hot dog

partner, -a; -i, -ov *M* colleague, partner

pas, -u; -y, -ov *M* passport; **číslo pasu** passport number

pás, -u; -y, -ov *M* belt; **bezpečnostný pás** seat belt

pasová kontrola *F* the checking of passports; passport checkpoint

pasový *Adj* pertaining to passport

patriť, -ím, -ia + medzi + *Acc NP* rank in the number of

päť five

päťjazyčný *Adj* in five languages

päťdesiat fifty

pätnásť fifteen

pečeň, -ne; -ne, -ní *F* liver

pečený *Adj* baked; roasted

pedagogický *Adj* pedagogical

pekne *Adv* nicely

pekný *Adj* nice, nice-looking, pretty, handsome

peniaze, peňazí *(only Pl)* money

penzia, -ie; -ie, -ií *F* retirement, pension; **na penzii** in retirement, retired

pero, -a; -á, pier *N* pen

pes, psa; psi/psy, psov *M* dog

pestovať, -ujem, -ujú *NP + Acc* to grow sth

pešo *Adv* on foot; **ísť pešo** to go on foot

Peter, -tra; -trovia, -trov *M* Peter

petržlen, -u; -y, -ov *M* parsley

piatok, -tka; -tky, -tkov *M* Friday

piaty fifth

piecť, pečiem, pečú; *Past* piekol *NP + Acc* to bake

pieseň, -sne; -sne, -sní *F* song

pilot, -a; -i, -ov *M* pilot

pilulka, -y; -y, -liek *F* pill; **po jednej pilulke** one pill at a time

pirohy, -ov *(Pl)* **so syrom** dough filled with cheese, usually shaped in squares and boiled

písací stôl *M* desk

písať, píšem, píšu *NP + Acc* to write sth

písať sa, píšem sa, píšu sa; *Past* písal sa *NP* to be written

písať si, píšeme si, píšu si *NP* to write to each other

písmo, -a; -a, písiem *N* script, letters; handwriting; (system of) writing

písomne *Adv* in writing

píš/te *(Imper of* **písať***)* write; **píšte tlačeným písmom** print, write in printed letters

piť, pijem, pijú; *Past* pil *NP* to drink

pitie, -ia *(only Sg) N* drinking; **na pitie** for drinking

pivo, -a; -á, pív *N* beer

pivovarnícky *Adj* pertaining to breweries, beer-producing

plachý *Adj* timid, shy

plán, -u; -y, -ov *M* plan

platiť, -ím, -ia *NP* to pay

platný *Adj* valid

platobná karta *F* bank card, handybank card

plaváreň, -rne; -rne, -rní *F* swimming pool

plávať, -am, -ajú *NP* to swim

plece, -a; plecia, pliec *N* shoulder

pleso, -a; -á, plies *N* moraine lake

plnený *Adj* stuffed

plniť, -ím, -ia *NP + Acc* to stuff; to fill

plný *Adj* full

plocha, -y; -y, plôch *F* runway; area

pľúca, pľúc *(usually Pl)* lungs

plyn, -u; -y, -ov *M* gas

plytký *Adj* shallow; **plytký tanier** *M* dinner plate

pneumatika, -y; -y, pneumatík *F* tire

po 1. after; **po tom, čo** after sth 2. **po celý čas** all the time 3. **po päť korún** five crowns each

pobrežný *Adj* coastal, pertaining to the sea shore or shore of the ocean

pobyt, -u; -y, -ov *M* stay

pocit, -u; -y, -ov *M* feeling

počas during

počasie, -ia *(usually only Sg) N* weather

početný *Adj* numerous

počítač, -a; -e, -ov *M* computer; **na počítači** on the computer

počítať, -am, -ajú *NP + Acc* to count sth

počkať, počkám, počkajú *NP (+Acc)* to wait (for)

počuť, počujem, počujú *NP + Acc* to hear

počúvať, -am, -ajú *NP + Acc* to be listening, to listen to; **počúvaj/te** *(Imper of* **počúvať***)* listen

poď/te *(Imper of* **ísť***)* come; **poď/te ďalej** *(Imper of* **ísť***)* come in; **poď/te sem** *(Imper of* **ísť***)* come here

podeliť sa *(+ o + Acc) P* to share sth

podľa + *Acc* by, according to

poďme *(Imper of* **ísť***)* let us go

podmienka, -y; -y, -nok *F (+ na + Acc)* condition (for)

podmorský *Adj* submarine, occurring under the surface of the sea or ocean

podnikateľ, -ľa; -lia, -ľov *M* businessman, enterpreneur

podnikateľský *Adj* entrepreneurial, pertaining to business

podobne the same (to you); **podobne ako** similarly to

podpis, -u; -y, -ov *M* signature

podrobný *Adj* detailed

podunajský *Adj* Danubian, pertaining to the area along the Danube

poézia, -ie; -ie, -ií *F* poetry

pohár, -a; -e, -ov *M* glass, cup

pohľadnica, -e; -e, pohľadníc *F* picture postcard

pohlavie, -via; -via, -ví *N* sex

pohnutý *Adj* *(negatively)* dramatic, hard

pohodlný *Adj* comfortable

pohorie, -ia; -ia, -í *N* mountain range

pohyb, -u; -y, -ov *M* physical activity; movement

poistenie, -ia; -ia, -í *N* insurance; **havarijné poistenie** accident insurance; **povinné poistenie** third party insurance

pokazený *Adj* broken; **mám pokazený bicykel** my bicycle is broken

pokaziť, -ím, -ia *P + Acc* to cause sth to become broken or out of order

pokaziť sa, -ím sa, -ia sa *P* to get out of order, to break down

pokladňa, -dne; -dne, -dní *F* ticket office; cashier's desk; **pri pokladni** at the cashier's

pokladníčka, -y; -y, -čok *F* female ticket officer

pokračovať, -ujem, -ujú *NP (+ v + Loc)* to continue (in sth)

pokrstiť, -ím, -ia + *Acc* to Christianize

pol + *Gen* half (of)

polícia, -ie; -ie, -ií *F* police

polička, -y; -y, poličiek *F* shelf

polievka, -y; -y, -vok *F* soup

poľnohospodársky *Adj* agricultural

poľnohospodárstvo, -a *(usually only Sg) N* agriculture

poloha, -y; -y, polôh *F* location

položený *Adj* located, situated

Poľsko, -a *N* Poland

poludnie, -ia; -ia, -dní *N* noon; **na poludnie** at noon

pomáhať, -am, -ajú *NP* to help (continuously or repeatedly)

pomaly *Adv* slowly

pomaranč, -a; -e, -ov *M* an orange

pomedzi + *Acc* in-between

pomerne *Adv* considerably, rather

pomoc, -i *F (only Sg)* help, assistance; **prvá pomoc** first aid

pomocník, -a; pomocníci, pomocníkov *M* helper, assistant

pomôcť, pomôžem, pomôžu; *Past* pomohol *P* to help

pondelok, -lka; -lky, -lkov *M* Monday

poobede in the afternoon

poplatok, -u; -tky, -tkov *M* fee
popoludní in the afternoon
popoludnie, -ia; -ia, -í *N* afternoon
poprosiť, -ím, -ia *P + Acc + o + Acc* to ask sb for sth
porážka, -y; -y, -žok *(Coll) F* stroke
porekadlo, -a; -á, -diel *N* proverb
poriadok, -dku; -dky, -dkov *M* order
Portugalsko, -a *N* Portugal
poschodový *Adj* having two floors or more than one floor
posielať, -am, -ajú *NP + Acc + Dat* to be sending sth to sb
poskytnúť, -nem, -nú *P + Acc* to provide, to give
poskytovať, -ujem, -ujú *NP + Acc + pre + Acc* to offer, to provide sth for sb
poslať, pošlem, pošlú *P + Acc* to send
posledný *Adj* last
poslucháreň, -rne; -rne, -rní *F* university auditorium, large classroom
posol, posla; poslovia, poslov *M* messenger
posteľ, -e; -e, -í *F* bed
postihnutý *Adj* affected, afflicted
poškodzovať, poškodzujem, poškodzujú *NP* to harm, to do harm to (continuously or repeatedly), to damage
pošta, -y; -y, pôšt *F* 1. mail; 2. post office; **na pošte** at the post office
poštár, -a; -i, -ov *M* mailman
poštovné, -ého *(only Sg) N* postage
potom then
potraviny, potravín *(usually only Pl)* 1. food, food products 2. food store, grocery; **v potravinách** at the grocery
potrebný *Adj* necessary
potrebovať, -bujem, -bujú *NP + Acc* to need
potvrdenie, -ia; -ia, -í *N* certificate
používať, -am, -ajú *NP + Acc* to use
Považie, -ia *N* region along the Váh river
považovať, -ujem, -ujú *NP* to consider
povedať, poviem, povedia; *Imper* **povedz** *P (+ Acc + Dat)* to say, to tell *(sth to sb)*
povedz/te *(Imper of* **povedať***)* say
povesť, -ti; -ti, -tí *F* legend
poviedka, -y; -y, -dok *F* short story
povinne *Adv* obligatorily
povinnosť, -i; -i, -í *F* obligation, duty
povinný *Adj* obligatory, mandatory
povodeň, -dne; -dne, -dní *F* flood
povolanie, -ia; -ia, -í *N* occupation, profession
povolený *Adj* allowed, permitted
pozdrav, -u; -y, -ov *M* 1. greeting 2. greeting card
pozdravovať, -ujem, -ujú *NP + Acc* to extend or send greetings to
pozerať, -ám, -ajú *NP + Acc* to be looking at
pozitívny *Adj* positive
poznať, -ám, -ajú *NP/P + Acc* to be acquainted/familiar with
pozor, -u *(only Sg) M* attention; **dávať na seba pozor** to take care, to be careful
pozrieť (sa), pozriem (sa), pozrú (sa); *Past* pozrel (sa) *P (+ na + Acc)* to (have a) look (at)
pozri/te *(Imper of* **pozrieť***)* look
požehnaný *Adj* blessed
požiar, -u; -e, -ov *M* fire
požičať, požičiam, požičajú *P + Acc + Dat* to lend sth to sb
požiť, -ijem, -ijú *P + Acc* to consume (alcohol, medications)
práca, -e; -e, prác *F* work
pracovať, pracujem, pracujú *NP* to work
pracovňa, -ne; -ne, -ní *F* (university teacher's) office
pracovný *Adj* pertaining to work; **pracovné miesto** *N* position at work; job (opening)
praktická skúška *F* test of practical (driving) skills
prameň, -a; -ne, -ov *M* (mineral or thermal) spring

prastará mama *F* great-grandmother
prastarý otec *M* great-grandfather
pravda, -y; -y, právd *F* truth
pravidelný *Adj* regular
pravnučka, -y; -y, -čiek *F* great granddaughter
pravnuk, -a; pravnuci, pravnukov *M* great grandson
právnický *Adj* pertaining to law
prázdniny, prázdnin *(only Pl)* vacation, holidays; **cez prázdniny** during the holidays
prázdny *Adj* empty
pre *+ Acc* for sb/sth; for (the sake of); because of; **pre seba** for oneself (myself, yourself…)
preclenie, -ia *N* imposing duty; **na preclenie** to be declared
prečo why
pred *+ Instr* before, ago; **pred mesiacom** a month ago
predajňa, -e; -e, -í *F* store
predať, predám, predajú *P + Acc* to sell sth
predavač, -a; -i, -ov *M* shop assistant, attendant (male), sales person
predavačka, -y; -y, -čiek *F* shop assistant, attendant (female)
predávaný *Adj* (being sold)
predávať, -am, -ajú *(NP + Acc)* to be selling, to sell
predbiehanie, -ia; -ia, -í *N* overtaking
predjedlo, -a; -á, -dál *N* appetizer
predložiť, -ím, -ia *P + Acc* to submit
prednášať, -am, -ajú *NP + Acc* to lecture on sth
prednáška, -y; -y, -šok *F* lecture
prednosť, -ti; -ti, -tí *F* advantage; **dať prednosť v jazde** to give right of way
predok, -dka; -dkovia, -dkov *M* ancestor, predecessor
predpis, -u; -y, -ov *M* regulation
predpísať, -šem, -šu *P* prescribe
predpoludnie, -ia; -ia, -dní *N* time between (early) morning and noon
predpoludním before noon
predsieň, -ne; -ne, -ní *F* entrance hall
predstavenie, -ia; -ia, -í *N* performance
predstaviť, -ím, -ia *P + Acc* to introduce
predvčerom *Adv* the day before yesterday
preferencia, -ie; -ie, -ii *F* preference
prehliadka, -y; -y, -dok *F* (medical) examination
prechádzka, -y; -y, prechádzok *F* walk
prechladnutie, -ia *N* (having caught) a cold
priechod, -u; -y, -ov *M* crossing; **priechod pre chodcov** *M* pedestrian crossing
preklad, -u; -y, -ov *M* translation; **v preklade** in translation
prekladať, -ám, -ajú *NP + Acc* to translate, to be translating
prekladateľ, -ľa; -lia, -ľov *M* translator
prekročenie, -ia; -ia, -í *N + Acc* exceeding sth; **prekročenie rýchlosti** exceeding the speed limit, speeding
prekročiť, -ím, -ia *P + Acc* to exceed
prekvapený *Adj* surprised
prekvapiť, -ím, -ia *P + Acc* to surprise
preložiť, -ím, -ia *P + do (into) + Gen (+ Acc)* to translate sth into sth; **prelož/te do angličtiny/slovenčiny** *(Imper of* **preložiť***)* translate into English/Slovak
prenajať, prenajmem, prenajmú *P + Acc* (to offer) to rent sth
prepáčiť, -ím, -ia *P + Dat + Acc* to excuse sb for sth
prepáč/te *(Imper of* **prepáčiť***)* excuse me/us/sb
presvedčiť, -ím, -ia *P* to convince
preto that is why
pretože as, because
preukaz, -u; -y, -ov *M* licence; card
prevencia, -ie *F* prevention
prezentácia, -ie; -ie, -ii *F* presentation
pri *+ Loc* at, near, by; **pri okne** at/by the window
priam actually, literally

priamy *Adj* direct
priateľ, -a; -ia, -ov *M* friend (male)
priateľka, -y; -y, -liek *F* friend (female)
priaznivo *Adj* favorably
priaznivý *Adj* favorable
príbuzná, -ej; -é, -ých *F* a relative (female)
príbuzný, -ého; -i, -ých *M* a relative (male)
pricestovať, -ujem, -ujú *P* to arrive (after travelling)
príčina, -y; -y, príčin *F* reason; **na príčine je** the reason is
pridať, -ám -ajú *P + Acc* to add
pridrahý *Adj* too expensive
priemysel, -slu; -sly, -slov *M* industry
priemyselno-poľnohospodársky *Adj* industrial-agricultural
priemyselný *Adj* industrial
priezvisko, -a; -á, priezvisk *N* last name, surname
prichádzať, -am, -ajú *NP* to come, to keep coming
príjemný *Adj* pleasant
príklad, -u; -y, -ov *M* example
prikryť, prikryjem, prikryjú *P + Acc* to cover
príloha, -y; -y, príloh *F* trimmings, garnish
princíp, -u; -y, -ov *M* principle
priniesť, prinesiem, prinesú; *Past* priniesol *P + Acc* to bring
prípadne *Adv* or
pripomenúť, -niem, -nú *P* to remind
pripraviť, -ím, -ia *P + Acc* prepare; **pripraviť o + Acc** deprive of
príroda, -y *(only Sg) F* countryside, nature
prírodný *Adj* natural, concerning nature
prirodzený *Adj* natural, not man-made
príslušenstvo, -a; -á, -stiev *N* bathroom and toilet
prispieť, prispejem, prispejú *P (+ k + Dat)* to contribute to
prísť, prídem, prídu; *Past* prišiel; *Imper* príď *P* to come, to arrive; **prísť o + Acc** to be deprived of sth, to lose sth; **prísť o život** to lose one's life
pristávací *Adj* pertaining to landing
pristávacia dráha *F* landing strip/runway
pristávať, -am, -ajú *NP* to be landing
prístup, -u; -y, -ov *M* access
priťahovať, -ujem, -ujú *NP + Acc* to attract, to keep attracting
priveľa too much
problém, -u; -y, -ov *M* problem
profesionálny *Adj* professional
profesor, -a; -i, -ov *M* (male) profesor
profesorka, -y; -y, -riek *F* (female) professor
program, -u; -y, -ov *M* program
promile *Nondecl N* pro mille
prostredie, -ia; -ia, -í *N* environment
prostriedok, -dku; -dky, -dkov *M* means
prosím 1. here you are 2. *(when offering sth)* please 3. *(in response to* ďakujem; *in Slovak it is impolite not to say anything)* you are welcome 4. after you 5. please; **prosím?** 1. *(when answering the phone)* hallo? 2. *(when not understanding or hearing something well)* pardon me?
prosiť, -ím, -ia *NP (+ Acc)* to ask (sb)
prosiť si, -ím si, -ia si *NP + Acc* to be asking for sth/sb; **prosím si** I would like (to have); (asking for something) please
protiklad, -u; -y, -ov *M* an opposite, sth having opposite meaning
próza, -y; -y, próz *F* prose
prozaik, -a; -ci, -kov *M* prose writer
prst, -a; -y, -ov *M* finger
pršať *NP* to rain; **prší** it is raining
prudký dážď *M* heavy rain
PSČ *(Abbr from* **poštové smerovacie číslo***)* (postal) zip code
pult, -u; -y, -ov *M* counter; **na pulte** on the counter; **pri pulte** at the counter

pusto *Adv* empty, deserted; **aby im pusto nebolo** so that they would not feel deserted
rad, -u; -y, -ov *M* line; **byť na rade** to be one's turn; **je na rade** it is his/her turn (in a line)
rád, rada, rado; radi glad; **som rád/rada/rado** I am glad
rádio, -ia; -iá, -ii *N* radio
radosť, -ti *(only Sg) F* joy
radšej *(Comparative of* **rád***)* 1. better, preferably 2. (should) better, preferably
rakovina, -y; -y, - rakovín *F* cancer
Rakúsko, -a *N* Austria
rameno, -a; -á, ramien *N* arm
raňajky, raňajok *(only Pl)* breakfast
ranený *Adj* wounded
ráno, -a; -a, rán *N* morning
rasca, -e *(only Sg) F* caraway seed
rásť, rastiem, rastú *NP* to grow
rastlina, -y; -y, rastlín *F* plant
rastlinná výroba *Adj* crop production and horticulture
rastlinný *Adj* pertaining to plants
realizmus, -zmu *(usually only Sg) M* realism
rebro, -a; -á, rebier *N* rib
recepcia, -ie; -ie, -ií *F* reception (office in a hotel)
recepčná/recepčný *F/M* receptionist (female/male)
recept, -u; -y, -ov *M (+ na + Acc)* 1. recipe (for sth) 2. (medical) prescription
reč, -i; -i, -í *F* speech
redakcia, -ie; -ie, -ií *F* editorial office
redaktor, -a; -i, -ov *M* editor
reďkvička, -y; -y, -čiek *F* radish
regál, -u; -y, -ov *M* shelve (along the aisles)
rehabilitácia, -ie; -ie, -ií *F* convalescence, rehabilitation
rekreácia, -ie; -ie, -ií *F* holiday making
rektor, -a; -i, -ov *M* rector (university president)
rektorát, -u; -y, -ov *M* rector's office
renesančný *Adj* pertaining to renaissance
repa, -y; -y, riep *F* beet
republika, -y; -y, republík *F* republic
résumé [rezumé] *Nondecl N* résumé
reštaurácia, -ie; -ie, -ií *F* restaurant; **v reštaurácii** at a restaurant
rezeň, rezňa; rezne, rezňov *M* chop
riad, -u; -y, -ov *M* dishes (can also be used in the singular number as a collective noun)
riaditeľ, -ľa; -lia, -ľov *M* director
riaditeľka, -y; -y, riaditeliek *F* female director
ríbezľa, -le; -le, -lí *F* red currant
rieka, -y; -y, riek *F* river
ríša, -e; -e, ríš *F* empire
roastbeef [rozbíf], -u; -y, -ov *M* roastbeef
robiť, -ím, -ia *NP* to do; **robiť skúšku** *F* to take an/the examination
ročné obdobie *N* season of the year
ročný *Adj* pertaining to a/the year; **18-ročný** eighteen years old
rodič, -a; -ia, -ov *M* parent
rodina, -y; -y, -dín *F* family
rodinný *Adj* pertaining to the family
rodné meno *N* 1. surname at birth; 2. maiden name
rodokmeň, -a; -ne, -ňov *M* family tree
rok, -u; -y, -ov *M* year; **má osem rokov** (he/she/it) is eight years old
rokovanie, -ia; -ia, -í *N* talks, negotiations
Róm, -a; -ovia, -ov *M* Romany, Gypsy
román, -u; -y, -ov *M* novel
romantizmus, -zmu *(usually only Sg) M* romanticism
rovno *Adv* straight

rozhlas, -u; -y, -ov *M* radio
rozhlasový *Adv* pertaining to radio; **rozhlasová hra** *F* radio play
rozhodnúť sa, -nem sa, -nú sa *P* to decide, to make one's decision
rozhovor, -u; -y, -ov *M* dialogue
rozličný *Adj* various, different
rozpadnúť sa, rozpadne sa, rozpadnú sa *(no 1st or 2nd Pers Sg or Pl)*; *Past* rozpadol sa *P* to disintegrate
rozprávať, rozprávam, rozprávajú *NP* to talk, to speak
rozprávať sa, -am sa, -ajú sa *NP* to talk (mutually)
rozprávka, -y; -y, -vok *F* fairy tale
rozsiahly *Adj* extensive
rozumieť, -miem, -mejú; *Past* rozumel *NP* to understand
rozvedený *Adj* divorced
rozvoj, -a *(only Sg) M* development
rozvrh, -u; -y, -ov *M* timetable
rožok, rožka; rožky, rožkov *M* roll
ruka, -y; -y, rúk *F* 1. hand 2. arm; **do rúk** into one's/sb's hands
Rumunsko, -a *N* Roumania
rúra, -y; -y, rúr *F* oven
Rusín -a; -i, -ov *M* Ruthenian
Rusko, -a *N* Russia
ružový *Adj* pink
rybí *Adj* pertaining to fish
rýchlik, -a; -y, -ov *M* fast train
rýchlo *Adv* fast, quickly
rýchly *Adj* quick, fast
ryža, -e *(usually only Sg) F* rice
s + *Instr* with; **s láskou** with love; **s pozdravom** sincerely (*literally:* with a greeting)
sadni/te si (*Imper of* **sadnúť si**) sit down; **sadnime si** *Imper* let us sit down
sadnúť si, sadnem si, sadnú si; *Past* sadol/sadla si; *Imper* **sadni/te si** *P* to sit down
sadra, -y *F* plaster cast
saláma, -y; -y, salám *F* salami
sám, sama, samo, sami alone, by oneself
samostatný *Adj* separate; sovereign, independent
samotný, -á, -é *Adj* itself (*it precedes the modified noun*); **samotná Levoča** Levoča itself
samozrejme of course
scéna, -y; -y, scén *F* scene; stage; **na najvýznamnejších operných scénach sveta** on the most prominent operatic stages of the world
science-fiction (*pronounced as in English) Nondecl F* science-fiction
sci-fi [sci-fi] *N* sci-fi
sedem seven
sedemdesiat seventy
sedemnásť seventeen
sem (*direction*) here
semester, -stra; -stre, -strov *M* semester
seminár, -a; -e, -ov *M* seminar
september, -bra; -bre, -brov *M* September
servus (*old-fashioned; used by older people*) hello; bye
sesternica, -e; -e, -níc *F* female cousin
sestra, -y; -y, sestier *F* sister
sever, -u *M* north; **na sever** to the north; **na severe** on/in the north
severný *Adj* northern, north
severovýchodný *Adj* north-eastern; **na severovýchodnom Slovensku** in north-eastern Slovakia
sezónny *Adj* seasonal
si (*2nd Pers Sg of* **byť**) (you) are
síce although

siedmy seventh
sieť, -te; -te, -tí *F* network
silný *Adj* strong, hefty
sivý *Adj* grey
sklený *Adj* pertaining to glass
skleróza, -y; -y, róz *F* sclerosis
skonfiškovať, -ujem, -ujú *P + Acc* to confiscate
skriňa, -e; -e, skríň *F* cabinet, wardrobe
skrinka, -y; -y, skriniek *F* cabinet
skrutka, -y; -y, skrutiek *F* screw
skúsenosť, -ti; -ti, -tí *F* experience, expertise, knowledge
skúsiť, skúsim, skúsia *P + Acc* to try
skúšať, -am, -ajú *NP + Acc* to examine sb/sth
skúška, -y; -y, -šok *F* examination, exam; **mám skúšku** I have an exam; **robiť skúšku** to take an examination; **urobiť skúšku** to pass an examination
slabý *Adj* weak
sladkosť, -ti; -ti, -tí *F* sth sweet, sweets
sladký *Adj* sweet
slaný *Adj* salty
slanina, -y; -y, slanín *F* bacon
slečna, -y; -y, -čien *F* miss, young lady, unmarried woman
slepý *Adj* blind; **slepá ulica** *F* blind alley; **slepé črevo** *(Coll) N* appendix
slivka, -y; -y, sliviek *F* plum
slivovica, -e; -e, slivovíc *F* plum brandy
slobodný *Adj* 1. single 2. free
slobodný umelec *M* free-lance artist
Slovák, -a; Slováci, Slovákov *M* Slovak (male)
slovenčina, -y *F* Slovak language
Slovenka, -y; -y, Sloveniek *F* Slovak (female)
Slovensko, -a *N* Slovakia; **na Slovensko** to Slovakia; **na Slovensku** in Slovakia; **zo Slovenska** from Slovakia
slovensky/po slovensky *Adv* (in) Slovak
slovenský *Adj* Slovak
slovník, -a; -y, -ov *M* vocabulary; dictionary
slovo, -a; -á, slov *N* word
sľúbiť, -im, -ia *P + Acc* to promise
slúžiť, -im, -ia *NP (+ na + Acc + pre + Acc)* to serve (for sth for sb)
služobný *Adj* job-related; **služobná cesta** *F* business trip
smädný *Adj* thirsty
sme (*1st Pers Pl of* **byť**) (we) are
smiať sa, smejem sa, smejú sa; *Past* smial sa *NP* to laugh
smieť, smiem, smú; *Past* smel *Mod* to be allowed/permitted to
smotana, -y; -y, smotán *F* cream
smršť, -te; -te, -tí *F* strong destructive wind, whirlwind
smutný *Adj* sad
sneh, -u *M* snow; **padá sneh** it is snowing
snežiť *NP* to snow; **sneží** it is snowing
sobota, -y; -y, sobôt *F* Saturday
sociálny *Adj* social
sóda, -y; -y, sód *F* soda water (gaseous unsweetened colorless drink)
software or **softvér,** -u; -ry, -rov *M* software
soľ, -i; -i, -í *F* salt
sólista, -u; -i, -ov *M* soloist
Solún, -a *M* Salonika, ancient Thesalonica (a town in Greece)
som (*1st Pers Sg of* **byť**) (I) am
sopka, -y; -y, sopiek *F* volcano
spálňa, -e; -e, spální *F* bedroom
spadnúť, spadnem, spadnú; *Past* spadol/spadla *P* to fall down
spať, spím, spia *NP* to sleep
späť *Adv* back, backward(s)
spätný projektor, -a; -y, -ov *M* overhead projector
spev, -u; -y, -ov *M* singing
spiatočný lístok *M* return ticket

spievať, -am, -ajú *NP*   to sing

spisovateľ *M*   writer

Spojené štáty americké   United States of America

spokojný *Adj*   satisfied

spoločnosť, -ti; -ti, -tí *F*   company

spolu   together; **chodiť spolu**   to be dating (each other)

spolupracovať, -ujem, -ujú *A/P*   to cooperate, to collaborate

spoplatnený *Adj*   charging the toll

sporák, -u; -y, -ov *M*   range, stove (for cooking)

spôsobiť, -ím, -ia *P*   to cause

správa, -y; -y, správ *F*   news (item)

sprievodca, -u; -ovia, -ov *M*   guide *(both as book or person declined as +Hum)*

srdce, -a; -ia, sŕdc *N*   heart; **zo srdca** *(in correspondence)* cordially; **v srdci** *(+ Gen)*   in the heart (of)

srdečne *Adj*   cordially *(used in correspondence as English sincerely)*

srdečný *Adj*   cordial; **srdečný pozdrav**   sincere greetings

stále *Adv*   all the time

stanica, -e; -e, staníc *F*   (railway/bus) station

stará dievka, -y; -y, -vok *F (Derogatory)*   old maid

stará mama *F*   grandmother

starať sa, -ám sa, -ajú sa + *o + Acc*   to take care of

starostlivosť, -ti *F*   care

staroveký *Adj*   ancient

starý *Adj*   old

starý mládenec *M*   bachelor

starý otec *M*   grandfather

starý rodič *M*   grandparent

stať sa, stanem sa, stanú sa; *Past* stal sa *P*   to happen, to occur

stáť, stojím, stoja *NP*   1. to stand   2. to cost; **čo stojí/ stoja...?**   how much is/are...?

stav, -u; -y, -ov *M*   condition, state

stávať sa, -am sa, -ajú sa *NP*   gradually to become

ste *(2nd Pers Pl of* **byť***)*   (you) are

stehno, -a; -á, stehien *N*   thigh

stena, -y; -y, stien *F*   wall

steward, -a; -i, -ov *M*   flight attendant

sto   one hundred; **sto korún**   one hundred crowns

stolička, -y; -y, -čiek *F*   chair

stolík, -a; -y, -ov *M*   little table

stoj!   Stop!

stopa, -y; -y, stôp *F*   foot *(measure of length)*

storočie, -ia; -ia, -í *N*   century

stôl, stola; stoly, stolov *M*   table

strach, -u *M*   fear; **mám strach**   I am afraid

strašne *Adv (Coll)*   terribly, very much

stravovanie, -ia *N*   nutrition; **zdravé stravovanie**   healthy diet

streda, -y; -y, stried *F*   Wednesday

stredisko, -a; -á, stredísk *N*   center *(institution)*

stredný *Adj*   1. *(pertaining to school level)* secondary   2. central; **stredná elektrotechnická škola**   secondary electrotechnical school

stredoeurópsky *Adj*   Central European

stredoškolák, -láka; -láci, -lákov *M*   secondary school student

stredoveký *Adj*   medieval

strecha, -y; -y, striech *F*   roof

stres, -u; -y, -ov *M*   stress

stretnutie, -ia; -ia, -í *N*   meeting

strojársky *Adj*   pertaining to machine engineering

strom, -u; -y, -ov *M*   tree

strúhaný *Adj*   grated

strúhať, -am, -ajú *NP (+ Acc)*   to grate

strýko, -a; -ovia, -ov *M*   uncle (father's brother)

stryná, -ej; -é, strýn *F*   aunt (father's sister)

studený *Adj*   cold

stúpať, -am, -ajú *NP*   to be increasing

sťažovať, sťažujem, sťažujú *NP + Acc*   to make difficult

sú *(3rd Pers Pl of* **byť***)*   (they) are

súbor, -u; -y, -ov *M*   ensemble

súčasnosť, -ti *(usually only Sg) F*   the present (time(s)); **v súčasnosti**   at present

súčasť, -ti; -ti, -tí *F*   (inherent) part

sucho, -a *N*   drought

super *Adj (one form for all genders, Nondecl)* or *Adv (Youth Slang)*   great, excellent

supermarket, -u; -y, -ov *M*   supermarket

súrodenec, -nca; -nci, -ncov *M*   sibling *(while sibling is not frequently used,* súrodenec *is a common and frequent reference to brothers and/or sisters)*

sused, -a; -ia, -ov *M*   neighbour

súťaž *F*   competition

svadba, -y; -y, svadieb *F*   wedding

svätý *Adj*   saint

svet, -a; -y, -ov *M*   world; **vo svete**   in the world; **na celom svete**   in the whole world

svetlo, -a; -á, svetiel *N*   light

svetlo-   light-coloured; **svetlohnedý**   light-brown

svetlý *Adj*   light(coloured)

svetový *Adj*   pertaining to the world; universal; **svetová strana,** -y; -y, strán *F*   cardinal point

svetoznámy *Adj*   world-renowned

sviatok, -tku; -tky, -tkov *M*   holiday

svietiť, -im, -ia *NP*   1. to shine   2. to be lit   3. to switch on/to use headlights

svoj, -a, -e   one's own (mine, yours...)

svokor, -kra; -krovia, -krov *M*   father-in-law

svokra, -y; -y, -kier *F*   mother-in-law

sympatický *Adj*   nice, pleasant

syn, -a; -ovia, -ov *M*   son

syr, -a; -y, -ov *M*   cheese

šalát, -u; -y, -ov *M*   1. salad   2. lettuce

šek, -u; -y, -ov *M*   by check; **šekom**   by check

šesť   six

šesťdesiat   sixty

šestnásť   sixteen

šiesty   sixth

šikovný *Adj*   handy, skillful

šírka, -y; -y, šírok *F*   width; **o šírke**   of the width of

široký *Adj*   wide

šiška, -y; -y, -šiek *F*   donut

škandinávsky *Adj*   Scandinavian

škaredý *Adj*   ugly

škoda, -y; -y, škôd *F*   1. damage   2. pity in: **(je to) škoda** (, že)   it is a pity (that)

škodlivý *Adj*   harmful

škola, -y; -y, škôl *F*   school

školenie, -ia; -ia, -í *N*   briefing, training

šofér, -a; -i, -ov *M*   driver

šoférovať, -ujem, -ujú *NP (+ Acc)*   to drive

Španielsko, -a *N*   Spain

špecialista, -u; -i, -ov *M*   specialist

špenát, -u; -y, -ov *M*   spinach

šport, -u; -y, -ov *M*   šport

športovanie, -ia *N*   sporting activities, doing sport(s)

štartovací *Adj*   pertaining to taking off or starting; **štartovacia dráha** *F*   runway

štartovať, -ujem, -ujú *NP*   to start

šťastie, -ia; -ia, -í *N*   happiness; (good) luck

šťastný *Adj*   happy; **šťastnú cestu**   have a nice trip; **šťastný let**   have a nice trip *(literally: happy flight)*

štát, -u; -y, -ov *M*   state

štátna príslušnosť *F*   citizenship

štátny *Adj*   pertaining to state

štíhly *Adj* slim

štipľavý *Adj* hot (from spices, above all hot paprika)

štít, -u; -y, -ov *M* peak

štrnásť fourteen

študent, -a; -i, -ov *M* (male) student

študentka, -y; -y, študentiek *F* (female) student

študentský *Adj* pertaining to students

štúdium, -dia; -diá, -dií *N* studies

študovať, -ujem, -ujú *(NP + Acc)* to study (sth); **študuje angličtinu/slovenčinu** (he/she/it) studies English/Slovak

študovňa, -e; -e, -í *F* reading room

štvorcový *Adj* square

štvorposteľový *Adj* with/having four beds

štvrť a quarter

štvrtok, -tka; -tky, -tkov *M* Thursday

štvrtý fourth

štýl, -u; -y, -ov *M* style

štyridsať forty

šunka, -y; -y, šuniek *F* ham

švagor, -gra; -grovia, -grov *M* brother-in-law

švagriná, -ej; -né, švagrín *F* sister-in-law

Švajčiarsko, -a *N* Switzerland

Švédsko, -a *N* Sweden

tá *F* that

tabak, -u *(usually only Sg) M* tobacco

tabuľa, -e; -e, tabúľ *F* 1. blackboard 2. board

tak 1. so 2. *(a hesitation or contact word to begin a statement)* well, so; tak ako? well, how are you? *(in style and tone similar to* how are you doing)

takmer *Adv* nearly

takže so (that); hence, thus

Tále, -ľov *(only Pl)* the Tále ski and tourist resort in the Low Tatras

Taliansko, -a *N* Italy

tam there

tanier, -a; -e, -ov *M* plate

taška, -y; -y, tašiek *F* bag

táto *F* this

tatranský *Adj* pertaining to the Tatras

taxík, -a; -y, -ov *M* taxi cab; **taxíkom** by taxi

taxikár, -a; -i, -ov *M* taxi-driver (male)

ťažko *Adv* with difficulty/difficulties

ťažký *Adj* heavy; difficult

teda hence, thus

technický *Adj* technological, technical

technika, -y; -y, techník *F* technology, technical equipment

technológia, -ie; -ie, -ii *F* technology

tekutina, -y; -y, -tín *F* liquid; **tekutiny** *(only Pl in this meaning)* beverages

teľací *Adj* pertaining to veal

telefonicky *Adv* by/over the telephone

televízny *Adj* pertaining to TV

televízor, -a; -y, -ov *M* television set

telefón, -u; -y, -ov *M* telephone; *(Coll)* telephone call; **máš telefón** you have a phone call; **mobilný telefón** mobile telephone

telefonát, -u; -y, -ov *M* telephone call

telefonicky *Adv* by/over the telephone

telefonovať, -ujem, -ujú *NP* to make a telephone call

telegrafista, -u; -i, -ov *M* telegrapher

telekomunikačný *Adj* pertaining to telecommunication(s)

televízia, -ie; -ie, ií *F* television

televízor, -a; -y, -ov *M* television set

telo, -a; -á, tiel *N* body

telocvičňa, -e; -e, -í *F* gymnasium

ten that

tenis, -u *(only Sg) M* tennis

tenký *Adj* thin

tenor, -u; -y, -ov *M* tenor; tenorist

tento this

teplo *Adv* in: je teplo it (i.e. the weather) is warm

teplý *Adj* warm

teraz now

teší ma *(after sb is introduced to you)* nice to meet you

tešiť sa, -ím sa, -ia sa *NP (+ na + Acc)* to look forward to

teta, -y; -y, tiet *F* aunt (mother's sister)

text, -u; -y, -ov *M* text

ti *(Dat Sg of* **ty***)* (to) you

tí *M +Hum* those

tie *M −Hum, F, N* those

tieto *M −Hum, F, N* these

tiecť, tečie, tečú *(no 1st and 2nd Pers Sg or Pl)*; *Past* tiekol *NP* (+ do +Acc) to flow (into)

tiež also, too

tichý *Adj* quiet

tisíc one thousand

tisícročie, -ia; -ia, -í *N* millenium

títo *M +Hum* these

t. j. *(Abbr from* **to jest***)* i.e., that is

tlačené písmo *N* printed letters; **tlačeným písmom** in printed letters

tlačiareň, -rne; -rne, -rní *F* printer

tlak, -u; -y, -ov *M* pressure

tma, -y *(only Sg) F* darkness; **je tma** it is dark *(literally:* (there) is darkness)

tmavo- dark-coloured; **tmavohnedý** dark-brown

tmavý *Adj* dark

to it; that; **to je všetko** that's it, that's all; **to vieš, že** you bet that; you can be sure that

tohtoročný *Adj* pertaining to this year, this year's

tornádo, -a; -a, tornád *N* tornado

torta, -y; -u, tort *F* tart, cake

toto this

tovar, -u; -y, -ov *M* goods

továreň, -rne; -rne, -rní *F* factory

tradícia, -ie; -ie, -ií *F* tradition

transkontinentálny *Adj* transcontinental

trasa, -y; -y, trás *F* itinerary, route

treba (it is/they are) necessary; **im to treba** they need it; **je treba** it is necessary

trestať, -ám, -ajú *NP + Acc + Instr* to punish sb by sth

trestný *Adj* penal, criminal; **trestný čin** criminal deed; **trestný zákon** penal code

tretí third (in sequence)

tretina, -y; -y, tretín *F* (one) third

trh, -u; -y, -ov *M* market

tri three

tridsať thirty

trieda, -y; -y, tried *F* class, classroom

trinásť thirteen

trištvrte na *(when telling the time)* a quarter to

trochu a bit, a little

troska, -y; -y, trosiek *F (usually in Pl)* ruins, débris

trvať, -ám, -ajú *NP* to last, to take (a certain time)

tu here; **tu (je)** this is *(when identifying oneself in a telephone call)*

tučný *Adj* 1. fat 2. *(about food)* greasy, fat

turista, -u; -i, -ov *M* tourist

turistický *Adj* tourist

tvár, -e; -e, -í *F* face

tvoj, tvoja, tvoje *(Infml 2nd Pers Sg Possessive Pronoun)* your (s)

tvoriť, -ím, -ia *NP + Acc* to form, to be formed by

ty *(2nd Pers Sg Infml)* you

týfus, -u *M* typhoid fever

tykať, -ám, -ajú *NP + Dat* to be on *ty* terms, to use the informal form of address

typ, -u; -y, -ov *M* type; **typu** of the type

týždeň, -dňa; -dne, -dňov *M* week

u *+ Gen* at (sb's place or home); **u nás** at our home/place; **u nich (doma)** at their home

ubytovanie, -ia; -ia, -í *N* accommodation

úcta, -y *(only Sg) F* respect; **s úctou** with respect(s)

učebňa, -e; -e, -í *F* classroom; **v učebni** in a/the classroom

učebnica, -e; -e, -níc *F* textbook

účel, -u; -y, -ov *M* purpose

účinne *Adv* effectively

učiť, učím, učia *NP + Acc* to teach sb/sth

učiť sa, -ím sa, -ia sa *NP (+ Acc)* to learn, to study, to be learning/studying

učiteľ, -a; -ia, -ov *M* teacher (male)

učiteľka, -y; -y, -liek *F* teacher (female)

údaj, -a; -e, -ov *M (+ o + Loc)* information, data (about)

udalosť, -ti; -ti, -tí *F* event

údený *Adj* smoked

údiť, -im, -ia *NP + Acc* to smoke (food)

udržanie, -ia *N* maintaining, preservation, preserving

uhorka, -y; -y, uhoriek *F* cucumber

uhorkový *Adj* pertaining to cucumbers

ucho, -a; uši, uší *N* ear

ujo, -a; -ovia, -ov *M* uncle (mother's brother)

ukázať, ukážem, ukážu *NP + Acc* to show

Ukrajina, -y *F* Ukraine

ulica, -e; -e, ulíc *F* street

úloha, -y; -y, úloh *F* role

umelec, -lca; -lci, -lcov *M* artist

umelecký *Adj* artistic, pertaining to fiction

umenie, -ia; -ia, -í *N* art

umývačka, -y; -y, -čiek **riadu** *F* dishwasher

unavený *Adj* tired

únia, -ie; -ie, ií *F* union

univerzita, -y; -y, -zít *F* university; **na univerzite** at a/the university

univerzitný *Adj* pertaining to university

úprimne *Adv* sincerely

úradníčka, -y; -y, úradničok *F* clerk, office worker (female)

úradník, -a; úradníci, úradníkov *M* clerk, office worker (male)

úradný *Adj* official

určite *Adv* certainly

urobiť, -ím, -ia *P* to do; **urobiť skúšku** *F* to pass an/the examination

úroda, -y; -y, úrod *F* crop, harvest

úroveň, -vne; -vne, -vní *F* level

úsilie, -ia; -ia, -í *N* effort

úsmev, -u; -y, -ov *M* smile

úspech, -u *(only Sg) M* success; **mať úspech** to be successful, to have success

úspešný *Adj* successful

uťahovať si, uťahujem si, uťahujú si *NP + z + Gen (Coll)* to be pulling sb's leg, to be kidding sb; **ty si zo mňa uťahuješ** you are pulling my leg

utorok, -rka; -rky, -rkov *M* Tuesday

uvádzať, -am, -ajú *NP + Acc* to state

uväznenie, -ia; -ia, -í *N* imprisonment

uviesť, uvediem, uvedú; *Past* uviedol *P + Acc* to state sth

územie, -ia; -ia, -í *N* territory

úzky *Adj* narrow

uznanie, -ia; -ia, -í *N* recognition

už already, yet; **už to je** that's it; it is already done; **už tri dni** for three days already/now (**už** is usually not placed at the end of the sentence or statement)

užitočný *Adj* useful

v/vo *+ Loc* at, in

vadiť, vadím, vadia *NP + Dat (Coll)* to matter, to be a matter of objection to sb

vagón, -u; -y, -ov *M* (train) car

Váh, -u *M* the Váh river

váhať, -am, -ajú *NP* to hesitate

vajíčko, -a; -a, vajíčok *N* egg

valuta, -y; -y, valút *(usually only Pl) F* hard currency; **za valuty** for hard currency

vám *(Dat of vy)* to/for you

vanilkový *Adj* pertaining to vanilla

varený *Adj* boiled; cooked

variť, -ím, -ia *NP + Acc* to boil; to cook

váš, **vaša**, **vaše** *(2nd Pers Pl or Fml 2nd Pers Sg Possessive Pronoun)* your(s)

váza, -y; -y, váz *F* vase

väzba, -y; -y, väzieb *F* custody detention

vážený *Adj* respected

vážny *Adj* serious

väčší *Adj (Comparative of* **veľký***)* bigger, larger

väčšinou *Adv* mostly

včas in time

včera *Adv* yesterday

vďačný *(+ Dat + za + Acc)* obliged, thankful (to sb for sth)

vďaka, -y *(only Sg) (Coll) F (+ Dat + za + Acc)* thanks (to sb for sth)

vdova, -y; -y, vdov *F* widow

vdovec, -vca; -vci, -vcov *M* widower

vec, -i; -i, -í *M* thing; **to je jej vec**, -i; -i, -í *F* that is her matter/business

večer, -a; -y, -ov *M* evening

večera, -e; -e, -í *F* dinner, supper *(evening meal)*; **na večeru** for dinner

večerať, -iam, -ajú *NP* to have dinner/supper

večierok, -rka; -rky, -rkov *M* party

veď 1. as 2. *(Interj)* well

veda, -y; -y, vied *F* science

vedieť, viem, vedia; *Past* vedel *NP + Acc* to know; **vedieť po anglicky/po slovensky** to (be able to) speak English/Slovak; **dajte mi vedieť** let me know; **to vieš, že** you bet that

vegetarián, -a; -i, -ov *M* vegetarian

veľa *Adv* a lot of, many, much

veľa šťastia (lots of) good luck

Veľká Británia *F* Great Britain

Veľká noc *F* Easter

Veľkomoravská ríša *F* Great Moravian Empire – a 9th century Slavonic empire whose main centers (Nitra and Devín) were on the territory of Slovakia

veľkonočný *Adj* pertaining to Easter

veľký *Adj* big

veľmi *Adv* very

veľvyslanec, -nca; -nci, -ncov *M* ambassador

veru *(in responses)* yes, certainly

veselý *Adj* joyful

veterný *Adj* pertaining to wind

vchod, -u; -y, -ov *M* entrance; **pri vchode** at the entrance

viacej *(a variant of* **viac***) Adv* more

Vianoce, Vianoc *Pl* Christmas

vianočný *Adj* pertaining to Christmas

video, -a; -á, videí *N* VCR

videofilm, -u; -y, -ov *M* video (movie)

videotechnika, -y; -y, videotechník *F* video-technology, video-technical equipment

vidlička, -y; -y, vidličiek *F* fork

viem *(1st Pers Sg of* **vedieť***)* I know

viera, -y; -y, vier *F* creed, religion, faith

vietor, vetra; vetry, vetrov *M* wind; **fúka vietor** the wind is blowing

Vihorlat, -u *M* the Vihorlat (mountain)

víkend, -u; -y, -ov *M* weekend

vinič, -a; -e, -ov *M* vine

víno, -a; -a, vín *N* wine

vitaj/te(!) *(2nd Pers Sg Infml/2nd Pers Pl)* welcome!

vízum, víza; víza, víz *N* visa

vkus, -u; -y, -ov *(usually only Sg) M* taste or preference (in fashion, etc.)

vláda, -y; -y, vlád *F* government

vlak, -u; -y, -ov *M* train; **vlakom** by train

vlas, -u; -y, -ov *M* hair

vlastne *Adv* actually, in fact

vlastný *Adj* one's own

vľavo *Adv* left, on the left; to the left

vlažný *Adj* lukewarm

vlna, -y; -y, vĺn *F* wave

vnučka, -y; -y, vnučiek *F* granddaughter

vnuk, -a; vnuci, vnukov *M* grandson

vnútrozemský *Adj* landlocked

voda, -y; -y, vôd *F* water

vodič, -a; -i, -ov *M* driver

vodičský preukaz *M* driver's licence

vodopád, -u; -y, -ov *M* waterfall

volať, -ám, -ajú *NP + Acc* to call

volať sa, -ám sa, -ajú sa *NP* to be called, to have some name; **volám sa** my name is

voľný *Adj* available, free; **voľné miesto** *N* available seat

von *Adv* *(direction)* outside

vopred *Adv* in advance

vozidlo, -a; -á, -diel *N* vehicle

vozík, -a; -y, -ov *M* shopping cart

voziť, -ím, -ia *NP + Acc* to carry, to transport

vôbec at all

vplyv, -u; -y, -ov *M* influence; **pod vplyvom** + *Acc* under the influence of sb/sth

vplývať, -am, -ajú *NP +* na + *Acc* to influence

vpravo *Adv* right; on the right

vpredu *Adv* in the front

vraj supposedly, it is said that

vreckový *Adj* pocket-size

vstávať, -am, -ajú *NP* to be getting up

všade everywhere

však however, nevertheless; **však?** right? isn't it? ...

všeobecný *Adj* general

všetko everything, all; **všetko ostatné** everything else; **to je všetko** that's it, that's all; **všetko dobré** all the best; best wishes

všimnúť si, všimnem si, všimnú si; *Past* **všimol/všimla si** *P + Acc* to notice

vy *(Pl or Fml Sg)* you

vybavenie, -ia; -ia, -ní *N* equipment

výborný *Adj* excellent

vybrať, vyberiem, vyberú *P + Acc* to take out, to draw

vybrať si, vyberiem si, vyberú si *P + Acc* to choose

vydať, -ám, -ajú *P + Acc* to publish

vydatá *Adj* *(about a woman)* married

vydávanie, -ia *(only Sg) N* publishing

vydavateľstvo, -a; -á, vydavateľstiev *N* publishing house

vyhlásený *Adj* declared

vyhlásiť, -im, -ia *P + Acc* to declare

výhodný *Adj* convenient

východ, -u *M* east; **na východe** on/in the east

východný *Adj* eastern, east

východoslovenský *Adj* East Slovak

vykať, -ám, -ajú *NP + Dat* to be on *vy* terms, to use the formal form of address

výlet, -u; -y, -ov *M* trip, excursion, outing; **na výlet** for a trip, for an excursion

vymiesiť, -im, -ia *P + Acc* to knead

vyprážaný *Adj* fried

vyprážať, -am, -ajú *NP + Acc* to fry (usually after dipping subsequently in flour, eggs and breadcrumbs)

vypredaný *Adj* sold out

vypúšťať, -am, -ajú *NP + Acc* to be letting out, to be emitting

výraz, -u; -y, -ov *M* expression

vyrezávať, -am, -ajú *NP + Acc* to carve

výroba, -y; -y, výrob *F* production

výrobca, -u; -ovia, -ov *M* producer, manufacturer

výrobný *Adj* pertaining to production; **výrobné náklady** production costs

výrobok, -bku; -bky, -bkov *M* product

vyskúšať, -am, -ajú *P + Acc* to try out, to test, to examine

výskyt, -u *(only Sg) M* occurrence

vyskytovať sa, -ujem sa, -ujú sa *NP* occur

vysoká škola *F* university level school

Vysoké Tatry, Vysokých Tatier *Pl* the High Tatras

vysoko *Adv* high, at a great height

vysokoškolský *Adj* pertaining to university

vysoký *Adj* tall, high

vystupovať, -ujem, -ujú *NP* 1. to perform 2. to be getting off

výstava, -y; -y, výstav *F* exhibition

vysvedčenie, -ia; -ia, -í *N* grades, student record

vyše more than, above

vyšetrenie, -ia; -ia, -í *N* (medical) examination

výška, -y; -y, výšok *F* altitude

výtvarný *Adj* pertaining to visual art(s)

vyvrátiť, -im, -ia *P + Acc* to uproot, to topple

významný *Adj* significant, outstanding

vyžiadať si, -am si, -ajú si *P + Acc* to require, to necessitate in

vzadu *Adv* at the back

vzdelanie, -ia *(usually only Sg) N* education

vzdelanosť, -ti *(only Sg) F* level of education

vzduch, -u *M* air

vziať, vezmem, vezmú; *Past* vzal *P + Acc* to take

vziať si, vezmem si, vezmú si; *Past* vzal si *P + Acc* to take (for oneself)

vznikať, -á, -ajú *(no 1st or 2nd Pers Sg) NP* to arise, to keep arising

vzniknúť, -ne, -nú *(no 1st or 2nd Pers Sg)*; *Past* vznikol *P* to arise

vždy always

WC [vécé] *N (Nondecl)* toilet, restroom (ladies'/men's room)

whisky *F (Nondecl)* whisky

z *(+ Gen)* from (sth/sb)

za *(+ Acc)* for (sth/sb)

zábava, -y; -y, zábav *F* enjoyment, fun

zabaviť sa, -im sa, -ia sa *P* to enjoy oneself, to have fun

zábavný *Adj* amusing, funny

zabezpečovať, -ujem, -ujú *NP + Acc* to provide

zabudnúť, -dnem, -dnú; *Past* zabudol *P (+* na + *Acc)* to forget

začať, začnem, začnú *P + Acc* to begin, to start; **začať sa učiť** to start studying

začiatok, -tku; -tky, -tkov *M* beginning; **od začiatku** from/since the beginning

začínať sa, -am sa, -ajú sa *NP* to start, to begin

zahraničie, -ia *(only Sg) N* foreign country/countries; **v zahraničí** abroad

zahraničný *Adj* foreign

záhrada, -y; -y, záhrad *F* garden

záchod, -u; -y, -ov *M (Coll)* toilet

záchranár, -a; -i, -ov *M* member of a rescue team, rescuer

zajtra *Adv* tomorrow

zákaz, -u; -y, -ov *M* prohibition; **zákaz predbiehania** no overtaking; **zákaz státia** no stopping/parking; **zákaz vjazdu** no entry; **zákaz zastavenia** no stopping

zakázaný *Adj* prohibited

zakázať, zakážem, zakážu *P + Acc* to prohibit

zákazník, -a; -ci, -kov *M* customer

zakladať, -ám, -ajú *NP + Acc* to found, to establish

základný *Adj* basic

záloha, -y; -y, záloh *F* advance/partial payment, deposit

založiť, -ím, -ia *P + Acc* to found, to establish

zameniť, -ím, -ia *P + Acc + za + Acc* to exchange sth for sth

zamestnanie, -ia; -ia, -í *N* employment

zamestnaný *Adj* employed

zamestnávať, -am, -ajú *NP + Acc* to be employing, to employ

zamestnávateľ, -ľa; -lia, -ľov *M* employer

zámok, -mku; -mky, -mkov *M* chateau

západ, -u *M* west; **na západe** on/in the west

západný *Adj* western, west

zápal, -u; -y, -ov *M* inflammation

zapálený *Adj* inflamed

zápas, -u; -y, -ov *M* match, meet

zapísať, zapíšem, zapíšu *P + Acc* to record in writing

zaplatenie, -ia *N* payment

zaplatiť, -ím, -ia *P (+ za + Acc)* to pay (for)

zapnutý *Adj* switched on

zariadený *Adj* furnished

zároveň at the same time

záruka, -y; -y, záruk *F* warranty

zas again

zať, -a; -ovia, -ov *M* son-in-law

zatiaľ 1. in the meanwhile, during that time 2. so far

zatvorený *Adj* closed

zatvoriť, -ím, -ia *P + Acc* to shut, to close

záujem, -jmu; -jmy, -jmov *M (+ o + Acc)* interest (in); **mať záujem o** to be interested in, to have interest in

zaujímať, -am, -ajú *NP + Acc* to be of interest to; to be interested in; **zaujíma ho architektúra** he is interested in architecture

zaujímať sa, -am sa, -ajú sa *NP o + Acc* to be interested in; **zaujíma sa o divadlo** he is interested in theater

zaujímavý *Adj* interesting

závod, -u; -y, -ov *M* factory, plant

zavolať, -ám, -ajú *P* to call

zazvoniť, zazvoním, zazvonia *P* to ring (the bell)

zážitok, -tku; -tky, -tkov *M* experience

zbierka, -y; -y, -rok *F* collection; **zbierka básní/poviedok** collection of poems/short stories

zbohom good-bye

zdevastovať, -ujem, -ujú *P* to devastate

zdravie, -ia *(only Sg) N* health; **na zdravie** 1. to your health, cheers; 2. God bless you *(to sb who is sneezing)*

zdravo *Adv* in a healthy way

zdravotný *Adj* pertaining to health (care)

zdravší *Adj (Comparative of **zdravý**)* healthier

zdravý *Adj* healthy

zdroj, -a; -e, -ov *M* source

zdvorilostný *Adj* polite, concerning politeness *(used only with inanimate nouns)*

zelenina, -y *(only Sg) F* vegetables

zelený *Adj* green

zeler, -u; -y, -ov *M* celery

Zem, -e *F* Earth

zemeguľa -e; -e, zemegúľ *F* globe

zemetrasenie, -ia; -ia, -í *N* earthquake

zemiak, -a; -y, -ov *M* potato

zemiakový *Adj* pertaining to potatoes; **zemiaková kaša** *Adj* potato purée; **zemiaková placka,** -y; -y, placiek *F* potato pancake; **zemiakové lupienky** potato chips

zima, -y; -y, zím *F* winter; **je zima** it (i.e. the weather) is cold

zimný *Adj* pertaining to winter

získať si, -am si, -ajú si *P + Acc* to gain, to achieve

získavať, -am, -ajú *NP + Acc* to be acquiring

zísť sa, zídem sa, zídu sa; *Past* zišiel sa *P* to come in handy

zjednotený *Adj* united, unified

zlatý *Adj* golden

zle *Adj* not well, badly

zlomiť, -ím, -ia *P + Acc* to change; **zlomiť si ruku** to break one's arm

zložiť, -ím, -ia *P + Acc* to deposit

zmeniť, -ím, -ia *P + Acc* to change

zmerať, -iam, -ajú *NP* to measure

zmeškať, -ám, -ajú *P + Acc* to miss, to be late for; **nechcem ju zmeškať** I do not want to miss it

zmrzlina, -y; -y, zmrzlín *F* ice cream

značka, -y; -y, -čiek *F* 1. trade mark 2. sign; **dopravná značka** traffic sign

značný *Adj* considerable

znamenať, -ám, -ajú *NP* to mean, to represent

známka, -y; -y, -ok *F* stamp; postal stamp

známy *Adj* (well-)known

znečistený *Adj* polluted

znečistiť, -ím, -ia *P + Acc* to pollute

znečisťovať, -ujem, -ujú *NP* to be polluting

zničiť, -ím, -ia *P + Acc* to destroy

znížiť, -i, -ia *P + Acc* to lower sth

zo from *(used before* z, s *or a consonantal cluster)*

zobrať, zoberiem, zoberú *P + Acc* to take (sb/sth along)

zomrieť, -iem, -ú; *Past* zomrel *P* to die

zrejme *Adv* evidently, unquestionably

zreštaurovaný *Adj* restored

zreštaurovať, -ujem, -ujú *P (+ Acc)* to restore

zriedkakedy *Adv* rarely, seldom

zrkadlo, -a; -á, zrkadiel *N* mirror

zrušený *Adj* cancelled

zub, -a; -y, -ov *M* tooth

zvedavý *Adj (na + Acc)* curious (about)

zviera, -aťa; -atá, -at *N* animal

žalúdok, -dka; -dky, -dkov *M* stomach

žáner, -nru; -nre, -nrov *M* genre

že that *(relative conjunction)*

želať, -ám, -ajú *NP + Dat + Acc* to wish sb sth

želať si, -ám si, -ajú si *NP + Acc* to wish, to desire

železničný *Adj* pertaining to railroad; **na železničnej stanici** at a/the railway station; **železničné priecestie** *N* grade crossing

žena, -y; -y, žien *F* woman; *(Infml)* wife

ženatý *Adj (about a man)* married

ženský *Adj* female

žiačka, -y; -y, -čok *F* pupil (female)

žiaden/žiadny, žiadna, žiadne no, none, no one

žiadosť, -ti; -ti, -tí *F* application

žiak, -a; žiaci, žiakov *M* pupil (male)

žiť, žijem, žijú *NP* to live

živočíšna výroba *Adj* livestock production

živočíšny *Adj* pertaining to animals

život, -a; -y, -ov *M* life; **prísť o život** to lose one's life

životný *Adj* pertaining to life; **životné prostredie** *N* (ecological) environment

životopis, -u; -y, -ov *M* biography

životospráva, -y *F* lifestyle (including nutrition)

živý *Adj* alive

žltačka, -y; -y, -čiek *F* jaundice

žltý *Adj* yellow; **žltý melón** cantaloupe

žurnalistika, -y *F* journalism